KB274144

떡볶이 사주

따끔하게 풀어낸 쉬운 사주 이야기

떡볶이 사주

초판 1쇄 인쇄일 2026년 3월 10일
초판 1쇄 발행일 2026년 3월 16일

지 은 이 하원만
펴 낸 이 양옥매
디 자 인 표지혜 송다희
마 케 팅 송용호
교   정 조준경

펴낸곳 도서출판 책과나무
출판등록 제2012-000376
주소 서울특별시 마포구 방울내로 79 이노빌딩 302호
대표전화 02.372.1537   **팩스** 02.372.1538
이메일 booknamu2007@naver.com
홈페이지 www.booknamu.com
ISBN 979-11-6752-772-1 (03180)

☆ 따끈하게 풀어낸 쉬운 사주 이야기 ☆

하원만 지음

떡볶이
사주

어렵고 고루한 명리학을 '떡볶이'처럼
누구나 쉽게 다가갈 수 있게 풀어내다!

四柱

책나무과무

떡볶이처럼 친근하게
내 인생 레시피를 찾는 법

오병곤

터닝포인트 경영연구소 대표, 『내 인생의 첫 책 쓰기』, 『스마트 라이팅』 저자

이 책의 저자 하원만과의 첫 만남을 기억합니다. 6년 전, 컨설팅 일로 방문한 중소기업에서 우연히 그를 만났습니다. 당시 그의 첫 모습은 고단하고 삶의 무게가 느껴졌지만, 눈빛만큼은 자신의 삶을 온전히 이해하고자 하는 뜨거운 불꽃으로 가득 차 있었습니다. "준비된 자에게 기회가 온다."는 말처럼, 그는 스스로를 단련하며 그 기회를 기다렸고, 오랜 시간 동안 수많은 스승을 찾아 명리학에 대한 갈증을 채워 나갔습니다.

저자와의 특별한 인연 덕분에 나 또한 우여곡절 끝에 명리(命理)의 세계로 이끌렸습니다. 처음에는 회의적이었습니다. 하지만 내가 타고난 음양오행의 기운을 들여다보고, 지나온 삶의 주요 사건들을 운(運)의 흐름에 대입해 보는 과정은 마치 내 인생의 숨겨진 코드를 해독하는 것 같았습니다.

내가 오랫동안 외면하고 부정했던 나의 모습까지 선명하게 드러났을 때, 비로소 내 인생이 왜 이렇게 흘러왔는지를 온전히 이해할 수 있

게 되었고, 앞으로의 삶에 대한 깊은 통찰이 제 마음속에 차올랐습니다. 그제야 나는 내 인생의 리듬을 느끼며 어떤 맛과 향을 가진 삶의 레시피를 만들어 갈지 깨닫게 되었습니다.

이것이 바로 명리의 본질입니다. 용한 역술가를 찾아다니는 대신, 자기 운명은 스스로 봐야 합니다. 스스로 공부해야만 내 인생을 온전히 받아들이고 주도적으로 이끌어 갈 수 있기 때문입니다. 이것이 내가 명리에 대해 갖고 있는 지론이며, 이 책은 바로 이 지론을 현실화합니다. 누구나 자신의 운명에 대해 쉽게 파악할 수 있는 현실적인 방법론을 '일주(日柱)'를 중심으로 풀어 줍니다. 일주는 사주팔자의 핵심으로, 나라는 사람의 본질을 가장 명확하게 보여 주는 코드입니다. 60가지 일주만 이해해도 자신과 타인의 타고난 성향, 인생의 흐름을 읽어 낼 수 있습니다.

왜 '떡볶이' 사주일까요?

떡볶이가 남녀노소에게 사랑받는 소울푸드인 것처럼, 이 책은 어렵고 고루했던 명리학을 떡볶이처럼 친근하고, 신선하고, 누구나 쉽게 다가갈 수 있게 풀어냈습니다. 복잡한 격식과 이론에 갇히는 대신, 내 운명의 '맵단짠'한 맛을 즉각적으로 경험하고 '나만의 레시피'를 찾아가는 법을 가르쳐 줍니다. 이것이 바로 이 책만의 차별적이며 실용적인 강점입니다.

명리는 길흉화복을 맞추는 미신과 무속의 영역이 아닙니다. 50만 가지가 넘는 경우의 수를 어떻게 정확히 예측하겠습니까? 양자역학이 불확정성의 원리를 말하듯, 운명도 정해진 것이 아닙니다. 오직 매 순간의 선택이 운명을 만듭니다. 특별한 노력이 없으면 담배를 계속 피우겠지만, 결단과 정성이 있다면 내일 끊을 수 있듯이, 운명은 소멸될 수도, 생성될 수도 있습니다. 세네카가 말한 것처럼 운명은 자발적인 사람은 안내하지만, 그렇지 않은 사람은 질질 끌고 갑니다. 운명대로 사는 것이 아니라 운명을 변화시키는 것입니다.

저자와 함께 많은 사람들의 사주를 보며 깨달은 것이 있습니다. 인간은 완벽하게 불완전한 존재라는 것. 누구나 오행의 불균형을 안고 태어납니다. 어떤 이는 물이 모자라고, 어떤 이는 불이 넘칩니다. 공평합니다. 사주에는 좋고 나쁜 사주가 없습니다. 문제는 이 불균형을 어떻게 이해하고 조화시키느냐입니다.

본인의 명(命)과 운(運)을 아는 것은, 삶의 리듬 속에서 때에 맞게 나아가고 물러서는 지혜를 줍니다. 현실의 불행처럼 보이는 사건마저도 성장의 계기로 삼을 수 있는 힘입니다. 이 불완전함을 인정하고 조화를 이루어 가는 과정, 그것이 이 책이 가르쳐 주는 인생의 지도입니다.

나는 저자의 사주 통변을 오랫동안 옆에서 지켜보았습니다. 그는 항상 따뜻하고 긍정적인 상담을 해 주었기에 우리는 그의 사주를 '오케이 사주'라고 불렀습니다. 이는 단순한 성정 때문이 아니라, 그가 운명에 대한 깊은 낙관을 가지고 있기 때문이라고 나는 믿습니다. 우연은 때가 지나 감이 떨어지듯 필연적 운명이 됩니다. 내 삶을 주도적으로 끌고 간다는 것은, 무슨 일이 찾아와도 그것이 더 좋은 삶의 전조임을 받아들이는 것입니다.

이 책은 혼돈의 시대를 살고 있는 젊은 세대를 위한 안내서입니다.
정해진 길이 없는 시대, 스스로 길을 만들어 가야 하는 시대에 자신의 본질을 이해하는 것보다 중요한 출발점은 없습니다.

 떡볶이 사주

책에도 운명이 있습니다. 제때 세상에 태어나 필요한 사람에게 닿는 책이 좋은 책입니다. 나는 이 책이 바로 그런 운명을 지닌 책이라 믿습니다.

그리고 나는 감히 저자의 운명을 예견합니다. 그는 미래를 예측하는 포춘텔러가 아니라, 미래를 꿈꾸게 하는 스토리텔러의 길을 걸어갈 것입니다. 평온하고 깊은 인생을 살아갈 것입니다. 나는 진심으로 그의 꽃이 활짝 피기를 바랍니다.

나와 너를 잇는 지도,
사주라는 길

나는 누구인가? 나는 어디서 와서 어디로 가는가?

살면서 우리는 끊임없이 이런 질문과 마주한다. 나 역시 어릴 때부터 같은 물음을 가지고 살았다. 덕분에 '애늙은이 같다'라는 말을 자주 들었다. 눈에 보이는 것보다 보이지 않는 것들에 대한 호기심이 많았다.

중학교 시절 내가 살던 동네는 달이 가까웠다. 작은 집들이 빼곡히 모인 달동네에서 친구도 많지 않았던 나는 종종 옥상에 올라 밤하늘을 바라보곤 했다. 끝없이 펼쳐진 밤하늘의 별빛은 설명할 수 없는 신비로움과 아름다움으로 다가왔고, 손을 뻗으면 닿을 것 같은 미지의 세계가 있었다. 그때의 기억은 아직도 생생하다.

그렇게 보이지 않는 것에 대한 호기심은 자연스럽게 인문학, 심리학, 동양철학으로 이어졌다. 그러나 삶의 여정은 강물처럼 흘러 대학에서는 전산학을 전공하여 프로그래머로 살아가며 인문학과는 거리가 먼 현실 속에서 살았다. 그러다 결혼을 하고 첫아이가 태어나면서 또 다른 질문이 찾아왔다.

이 아이는 누구인가? 이 아이는 어디서 와서 어디로 가는가?

아이가 자라 사춘기가 되었다. 성장통을 지켜보며 나와는 다른 존재를 이해하는 것이 얼마나 어려운 일인지 깨닫게 되었다. 아이가 흔들릴 때 우리 부부도 함께 흔들렸다. 초보 부모로서 방향을 잡는 것이 어려웠다. 그때 잠시 접어 두었던 사주책을 다시 펼쳤다.

예전에는 단순한 호기심으로 사주를 공부했다면 이번에는 달랐다. 아이를 더 깊이 이해하고 싶었고 아이가 겪는 어려움을 함께 헤쳐 가고 싶었다. 아이의 사주를 보고 상황을 들여다보니 내가 알고 있던 것과 전혀 다른 모습이 보이기 시작했다. 아이는 겉으로는 활발하고 당찬 모습이었지만 속으로는 스스로를 통제하는 기질을 가지고 있었던 것이다. 그동안 기가 세다고만 생각했던 나는 아이의 내면을 제대로 보지 못한 채 아이를 더 엄격하게 통제하려고만 했었다. 마음 깊이 미안한 감정이 밀려왔다.

사주를 통해 아이의 특성을 이해하니 아이의 기질과 성장 과정들이 선명하게 보였다. 터널 속을 지나고 있는 아이에게 언제 빛이 찾아올지 알게 되면서 막연한 불안감에서 벗어날 수 있었다. 사주는 단순한 운세 풀이가 아니라 자신과 타인을 이해하는 도구라는 말이 비로소 실감되었다.

이러한 깨달음을 나누고 싶다. 사주는 신비주의가 아니다. 자연의 원리인 음양오행을 바탕으로 삶과 흐름을 이해하는 학문이다. 하지만 기존의 사주 책들은 깊이가 있되 쉽게 접근하기 어려운 경우가 많다. 그래서 이 책을 쓰기로 했다. 누구나 부담 없이 사주를 접하고 자신의 삶을 이해하는 데 도움을 얻길 바라는 마음이다.

이 책의 중심은 '일주'에 있다.

일주는 태어난 날의 간지로 천간과 지지가 결합된 글자다. 모두 60 가지다. 여기서 천간은 나 자신을 나타내고 지지는 천간이 기대고 의지하는 삶의 기반을 의미한다. 즉, 일주는 네 개의 기둥에서 자신을 나타내는 글자로서 일주가 지닌 특성과 에너지를 살펴보면 자신을 한층 더 깊이 이해할 수 있다. 또한 일주는 태어난 날의 고유한 특성과 에너지가 담겨 있다. 그 속에 숨겨진 의미와 이야기들이 나를 이해하는 과정과 맞닿아 있다.

이 책은 총 5부로 구성되었다. 먼저 1부에서는 동양에서 우주를 바라보는 세계관을 이해하는 데 중요한 음양오행을 시작으로 사주를 이해하기 위한 기초 이론들을 살펴보았다. 2부에서는 사주는 네 개의 기둥으로 이루어져 있는데, 그중 왜 일주를 사주의 기준으로 삼았는지 그 근원적인 이유를 탐구했다.

3부는 이 책의 핵심으로서 60개의 일주를 정리한 일주론이다. 여기에 등장하는 인물들은 모두 내가 만난 사람들의 이야기다. 오랜 시간을 보낸 이도 있고 잠깐 스쳐 갔지만 마음에 깊은 여운으로 남은 사람도 있다. 글을 쓰기 위해 그동안 잊고 있던 기억을 꺼내자, 무심코 스쳐 갔던 말들이 새롭게 떠올라 가슴이 먹먹해지기도 하고 그때 미처 전하지 못한 위로의 말들이 생각나 담담해지기도 했다. 사람에 대한 호기심이 많은 나에게 지나간 추억과 인연을 떠올리는 일은, 그 자체로 즐겁고 행복한 과정이었다.

4부에는 사주를 보는 순서와 방법들을 제시했다. 사주를 보기 위해 명식을 구하는 것을 시작으로 전체 구조를 읽어 용신을 찾고 운의 흐름을 살펴보는 과정을 예시로 풀었다. 마지막으로 사주를 통해 궁금

 떡볶이 사주

한 주제들을 상담했던 사례로 풀어 보았다.

사주를 배워 자신의 사주를 이해하는 것은 멀고 어려운 일처럼 느껴질 수 있다. 그러나 아무리 먼 천 리 길도 한 걸음부터 시작되듯, 이 책이 그 첫걸음을 내딛는 데 도움이 되길 바란다.

살면서 우리는 종종 길을 잃는다.

어디로 가야 할지 막막할 때, 어떤 선택을 해야 할지 고민될 때, 정답을 찾아 방황한다. 하지만 언제나 그렇듯 정답은 늘 우리 안에 있다. 다만 그 답을 찾기 위해서는 스스로 돌아보고 이해하는 수고가 필요하다. 사주는 그 길에서 방향을 제시해 줄 나침반 역할을 해 준다.

이 책을 떡볶이를 좋아하는 사랑하는 아내와 두 딸에게 바친다. 잘 차려진 식사보다 때로는 가벼운 간식이 더 큰 위로가 되듯, 철없는 남편이자 부족한 아빠가 들려주는 가벼운 이야기가 사랑과 애정으로 전해지길 바란다.

내 팔자가 나쁘다고?

사주팔자를 글자 그대로 풀이하면 '네 개의 기둥과 여덟 개의 글자'라는 뜻을 담고 있다. 사주는 한 사람이 태어난 순간의 시간과 공간을 상징적으로 표현한 기호다. 이를 통해 개인의 성향과 삶의 흐름을 분석한다.

우리는 태어날 때 엄마의 몸속에서 탯줄을 통해 생명을 이어 간다. 하지만 태어나는 순간 탯줄이 끊기고 단전호흡에서 폐호흡으로 전환된다. 이때부터 우리는 전혀 새로운 세상의 영향을 받으면 살아간다. 바로 이 출생 시점, 즉 태어난 해, 달, 날, 시간이 사주팔자의 기본이 된다. 사주팔자는 '년/월/일/시' 네 개의 기둥으로 구성된다. 각각의 기둥에는 하늘과 땅의 기운이 담긴 글자가 배치된다.

하늘을 의미하는 글자 10개의 천간(갑甲, 을乙, 병丙, 정丁, 무戊, 기己, 경庚, 신辛, 임壬, 계癸)과 땅을 의미하는 글자 12개의 지지(자子, 축丑, 인寅, 묘卯, 진辰, 사巳, 오午, 미未, 신申, 유酉, 술戌, 해亥)를 조합한다. 이 두 요소가 조합되어 60개가 생기는데 이것을 '60갑자'라고 부른다. 단순한 표기를 넘어 자연과 인간이 상호작용하는 흐름을 담고 있는 상징적인 기호다.

예를 들어 2025년 7월 14일 오후 5시 34분에 태어난 사람을 보자. 2025년은 을사년이고 7월은 계미월이다. 14일은 갑신일이고 오후 5시 35분은 계유시다. 이를 조합하면 을사, 계미, 갑신, 계유라는 네 개로 구분된 총 여덟 개의 글자가 완성된다. 각 구분을 기둥이라는 의미의 글자를 써서 사주팔자로 부른다. 인터넷에 '만세력'을 검색하면 누구나 자신의 사주팔자를 확인할 수 있다.

사주의 가장 큰 이로움은 '자기 이해'에서 시작된다.

사주팔자의 여덟 글자는 타고난 성향과 감정의 회로를 보여 준다. 감정은 인간을 움직이는 본능적인 요소로 기쁨, 슬픔, 분노와 괴로움을 느끼는 원초적 감각이다. 본능적으로 일어나는 감정을 이해하는 것은 자신을 이해하는 과정과 연결된다.

사주는 일상에서 내비게이션처럼 간단한 도구로 활용되지만, 깊은 세계로 들어가 보면 동양철학의 심오한 진리와 마주하게 된다. 우리는 사주를 통해 자신의 기질과 욕망, 강점과 약점을 더 깊이 이해할 수 있다. 그리고 이러한 자기 이해는 자연스럽게 타인에 대한 이해로 확장된다. 부모와 형제, 배우자와 자녀 그리고 주변 사람들과의 관계를 더 넓고 깊게 바라보게 된다. 그 안에서 갈등을 줄이고 조화를 이루는 방법을 찾을 수 있다.

살면서 인간관계는 가장 큰 어려움 중 하나다. 관계에서 어려움을 느낄 때 사주는 실질적인 도움을 제공한다. 어떤 사람과는 쉽게 마음이 통하지만 또 어떤 사람과는 이유 없이 부딪히는지 그 원리를 이해할 수 있다. 이를 통해 관계의 특성을 파악하고 적절한 대처 방법을 찾을 수 있다.

사주학은 단순히 미래를 점치는 것이 아니라 자연의 원리를 인간의 삶에 적용하는 학문이다.

우리는 매일 똑같은 하루를 맞이하지만 실제로는 시시각각 변하는 기운 속에서 살아간다. 10년과 1년, 짧게는 하루와 두 시간 단위로 바뀌는 흐름이다.

사주팔자의 여덟 글자가 우리의 '원형'이라면 시간이 흘러가면서 만나는 다양한 기운은 '시절 인연'이라고 볼 수 있다. 원형과 운이 만나 영향을 주고받으며 감정의 변화를 일으킨다. 이것이 삶의 모습으로 이어진다. 어제는 강렬하게 사로잡았던 어떤 일이 오늘은 언제 그랬냐는 듯 시큰둥해진다. 또 시간이 지나면 슬그머니 욕망으로 되살아나기도 한다. 이는 원형과 운이 만나서 밀쳐 내고 끌어당기는 순환의 결과다.

많은 사람이 '팔자 탓'으로 삶에서 한발 물러서 있다. 하지만 사주가 말하는 운명은 고정된 미래가 아니다. 사주팔자는 우리의 기질과 성향을 보여 주는 '지도'로 이 정보를 통해 그 길을 어떻게 걸을지 우리에게 선택권을 준다. 이제 우리에게 필요한 것은 '팔자 탓'이 아니라 '팔자 덕분에'라는 시선의 변화다.

우리는 모두 위대한 잠재력을 가지고 있다.

사주를 통해 자신을 이해하고 가능성을 발견하기 위해 '팔자 덕을 볼 때'가 되었다.

사주를 배우는 목적은 전문가가 되기 위함이 아니다. 운전자가 기본적인 자동차 정비 지식과 원리를 알고 있으면 차량을 관리하고 유지하는 데 도움이 되듯이, 사주의 기본 원리를 이해하는 것만으로도 자

   떡볶이 사주

신의 삶을 보다 친절하게 바라볼 수 있게 된다.

사주의 기초 개념을 하나씩 살펴보며, 그것이 실제 삶에 어떻게 적용될 수 있는지를 알아보자.

목차

1부 사주 맛보기  

기본 재료 익히기

1부

사주 맛보기

기본 재료 익히기

세상은 왜
음양과 오행으로 나눌까?

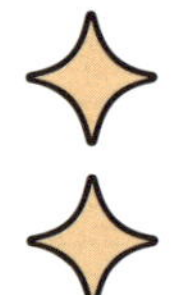

⭐ 음과 양, 자연을 움직이는 두 힘

태극기의 가운데 동그란 원은 태극을 의미한다. 태(太)는 제일 크다는 의미이고 극(極)은 지극히 넓다는 뜻으로, 태극은 우주 전체를 의미한다. 이 태극 안에 파란색(음)과 붉은색(양)이 서로 물결치는 모습으로 맞물려 있는데, 우주에 존재하는 모든 것이 음과 양이라는 두 가지 이질적인 성분으로 이루어져 있음을 표현한 것이다.

음(陰)과 양(陽)의 글자는 햇볕이 들지 않는 음지와 햇볕이 드는 양지에서 유래되었지만, 근원적으로는 태극의 움직임에 따른 기운의 구별을 말한다.

음은 아직 밖으로 드러나지 않은 준비와 축적의 상태로 고요하게 머물려고 하는 힘이고, 양은 준비된 것이 실제 움직이기 시작한 상태로 자리를 박차고 떠나려는 힘이다. 이처럼 서로 다른 두 힘이 만나 밀고 당기면 운동이 생긴다. 좌우로 밀고 당기면 회전 운동이 되고, 위와 아래로 밀고 당기면 오르내림의 운동이 된다.

우주는 거대한 태극의 운동체로 양의 작용으로 확산되고 음의 작용으로 수렴되며 이 과정을 쉼 없이 반복한다. 그러나 음과 양은 서로 분리되지 않고 항상 함께하는 '일원적 상대성'을 가진다. 양은 음을 발판으로 움직이고 음은 양에 기대어 머문다.

음과 양은 힘뿐만 아니라 사물이나 형상에도 적용되는데 이는 곧 우주의 근본 원리이다. 이것을 분별하기 위해서는 '안에 들어 있는 본질(음)'과 '밖으로 드러난 모습(양)'을 함께 봐야 한다. 동양의 세계관은 이 본질과 현상을 함께 보는 시선에서 출발한다.

★ 사람의 성향도 음양으로 설명된다

사람의 기질 역시 음양으로 나누어 볼 수 있다. 보통 남자를 양, 여자를 음이라고 하지만 실제 사람을 만나 보면 훨씬 복잡하다.

겉으론 조용하지만 속은 뜨거운 사람도 있고, 겉으로는 밝고 활달하지만 속은 예민하고 섬세한 사람도 있다. 성별과 상관없이 어떤 사람은 양의 기운이 강해 외향적이고, 또 어떤 사람은 음의 기운이 강해 내향적이고 깊이 생각하는 쪽으로 나타난다. 그리고 음양은 고정된 것이 아니라 관계 속에서 상대적으로 바뀐다. 양이 강한 사람 앞에서는 내가 상대적으로 음이 되고, 오히려 조용한 사람들 사이에서는 내 양성이 더 부각되기도 한다.

이렇게 보면, "나는 원래 이런 사람이야."로 끝나는 것이 아니라, "어떤 환경 어떤 사람 앞에서 달라지는지"를 보는 것이 훨씬 중요하다. 인간관계의 역동성도 바로 이 음양의 원리로 설명할 수 있다.

★ 음양이 오행으로 확장되는 원리

음양은 끊임없이 수축하고 팽창한다. 음에서 양으로 그리고 다시 양에서 음으로 돌아오는 과정을 다섯 단계로 나눈 것이 오행(五行)이다. 오행은 우주의 순환적 본질을 설명하는 중요한 개념으로 자연의 변화를 설명하는 원리이다.

음양의 운동을 다섯 가지로 나누고 앞으로 나아간다는 의미로 행을 붙여 오행이라 부른다. 다섯 가지란 나무(목), 불(화), 땅(토), 쇠(금), 물(수)을 말한다. 이는 물질 개념을 넘어 우주의 에너지와 변환의 원리를 표현한 것이다.

나무와 불은 바깥으로 향하는 양의 팽창 운동이고, 쇠와 물은 안으로 모이는 음의 수축 운동이다. 땅은 음과 양의 중간에서 중재하고 완충하는 역할을 담당하는데, 직선 운동을 회전 운동으로 바꿔 끊임없이 순환하고 반복하게 한다. 이 다섯 기운이 끊임없이 돌면서 계절이 바뀌고 낮과 밤이 바뀌며 한 사람의 인생도 흘러간다.

오행은 공간과 시간으로 나타낼 수 있다. 공간에 비유하면 물은 위에서 아래로 흘러가므로 아래에 속하고, 불은 아래에서 위로 솟구치는 성질로 상단에 속한다. 나무는 왼쪽에 속하고, 쇠는 오른쪽에 속하며, 땅은 중앙에 배치된다. 시간으로 비유하면 나무는 봄, 불은 여름, 쇠는 가을, 물은 겨울이다. 땅은 간절기다. 이렇게 음양을 오행으로 나눌 때 자연과 삶의 변화를 세밀하게 읽을 수 있다.

  떡볶이 사주

나무·불·땅·쇠·물
- 인생의 다섯 색깔

　오행(五行)은 우주에서 일어나는 음양의 운동과 변화를 다섯 가지 요소, 즉 나무(목木), 불(화火), 땅(토土), 쇠(금金), 물(수水)로 설명하는 동양철학의 핵심 원리다. 이 다섯 가지는 단순한 물질적 구분이 아니라 우주 만물의 상호작용과 생명의 흐름을 이해하는 상징적 개념이다. 오행은 자연의 질서와 인간의 삶 전반에 깊이 연결되어 있다. 각 오행을 이해하는 것은 인간의 성격과 기질, 건강과 질병, 관계의 흐름 등 일상의 다양한 현상을 이해할 수 있는 많은 정보를 제공한다. 오행의 의미와 특징을 살펴보자.

★ 나무(목, 木) – 생명의 확장, 뿌리에서 하늘로

　나무의 기운은 밖으로 향해 뻗어 가는 팽창의 에너지다. 겉은 양이지만 속은 음이다. 나무의 기운은 외부로 뻗어 나가는 활기찬 에너지를 가지고 있지만, 그 내부에는 조용하고 깊은 에너지가 숨어 있다. 용수철이 압력을 받을수록 튀어 오르는 반발력이 커지듯, 나무의 기운도 역경을 겪을수록 더 큰 생명력으로 치솟는다. 한껏 압축된 물의 기운이 폭발하여 한 방향으로 힘차게 분출되는 기운이다.

앞으로 뻗어 가는 기운이 위를 향해 곧게 자라는 모습이 나무와 같다. 나무가 잘 자라기 위해서는 좋은 땅과 수분과 햇볕이 필요하다. 잘 자란 나무가 공예품이나 예술 작품이 되기 위해서는 날카로운 쇠의 기운이 필요하다. 나무는 단순히 자연 상태로만 존재하는 것이 아니라 인간의 손길과 기술을 통해 더 높은 가치를 창출한다.

살아 있는 나무가 지속성을 유지하기 위해서는 다양한 관계를 연결하고 확장하는 것이 중요하다. 나무는 뿌리를 통해 땅과 연결되고 가지와 잎을 통해 하늘과 소통한다. 나무는 단독으로 존재하는 것이 아니라, 주변 환경과 상호작용을 통해 생명력을 유지하고 성장한다. 자연과 인간 그리고 다른 생명체들과의 관계 속에서 그 의미와 가치를 더해 가는 것이다.

⭐ 불(화, 火) – 발산과 정점, 빛으로 피어나다

불은 팽창하는 두 번째 단계다. 겉과 속이 모두 양이다. 나무가 뻗어 꽃을 피우는 과정처럼 내부의 잠재력이 겉으로 발현된 상태다. 불의 기운은 앞으로 향한 전진을 멈추고 꽃을 피운다. 나무의 기운이 더 이상 수직으로 성장하는 것을 멈추고 대신 외부로 확장하며 아름다움과 열정을 발산하는 단계로 전환됨을 말한다.

불의 기운이 밖으로 확장하는 모양은 불이 반짝이는 모습이나 빛과 같다. 밝은 빛이 순식간에 퍼져 나가 공간을 감싸는 기운으로 주변을

       떡볶이 사주

밝히고 변화시키는 특성을 가진다. 불의 기운은 감정적이고 열정적인 에너지를 가지고 있어 사람들의 마음을 움직이고 공감을 불러일으키는 힘이 있다.

발산의 기운인 불은 일단 뻗어 나가면 다시 되돌리기 어렵다. 순간적으로 강렬한 영향을 미치지만 오래 지속되지 않는다. 눈에 띄고 화려한 특성이 있어 단시간 내에 사람들의 관심을 끌고 강한 인상을 남긴다.

★ 땅(토, 土) – 균형과 포용, 모든 것을 품는 공간

땅은 팽창과 수축으로 나무와 불, 쇠와 물의 중간에서 서로 다른 기운을 조절한다. 땅의 기운은 자연의 균형을 유지하며 나무와 불의 팽창 에너지와 쇠와 물의 수축 에너지를 조율한다. 땅은 나무와 불의 기운이 강해지면 팽창이 일어나고 쇠와 물의 기운이 강해지면 압축이 일어난다. 자연의 변화를 살펴 유연하게 대처하며 과도한 팽창이나 수축이 일어나지 않도록 조절하고 균형을 유지하는 특성이 있다.

조절하고 중재하는 땅의 기운은 만물을 포용하며, 각기 다른 기운을 조화롭게 품어낸다. 땅은 나무가 뿌리를 내릴 수 있는 발판이 되고, 불을 만나면 열기를 간직한다. 땅은 생명의 기반이 되어 열과 에너지를 저장하고 유지한다. 또 쇠를 만나면 단단하게 만들어 주고, 물을 만나면 수분을 머금어 나무를 키운다.

땅은 공간을 이용해 나무와 불 그리고 쇠와 물을 받아들이고 시간을 주관하여 계절의 리듬과 호흡한다. 공간과 시간을 조율하여 자연의 리듬과 조화를 이루는 특성이 있다. 이러한 수용성으로 인해 우주의 균형과 질서를 유지하는 데 중요한 역할을 하며, 나머지 요소들이 조화를 이룰 수 있도록 돕는다.

⭐ 쇠(금, 金) – 정제와 결실, 내면으로 모이다

쇠는 수축하는 단계로, 겉은 음이지만 속은 양이다. 불의 기운이 발산되고 에너지가 안으로 모여 단단하고 견고한 형태로 변하는 과정을 의미한다. 안에서 밖으로 팽창했던 나무와 불의 기운이 겉부터 음으로 수축하는 기운이다. 나무가 성장하고 꽃을 피운 후 그 열매를 맺기 위해 에너지를 내부로 집중시킨다. 수축하여 단단해지는 그 모습이 쇠와 같다. 쇠는 본래의 상태로 돌아가려는 성질이자 결단력이다. 쇠는 기운이 강하고 단호하며 변화에 저항하지 않고 오히려 그 변화를 통해 더 강해지려는 특성이 있다.

쇠는 여름에 무성하게 자랐던 가지를 골라내고 알맹이만 가려내는 가을의 기운이다. 불필요한 것을 제거하고 본질만을 남겨 정제하는 에너지를 의미한다. 쇠는 나무와 불의 노력을 결실로 만드는 단계이다. 나무와 불의 기운이 성장과 발산을 통해 쌓아 온 에너지가 마침내 구체적인 결과물로 나타나는 과정을 보여 준다. 쇠는 먼 곳을 바라보는 이상주의자가 아닌 눈앞에 보이는 실물을 원한다. 그래서 쇠의 기운은 현실적이고 실용적인 특성이 있다. 추상적인 이상보다는 구체적인 결과를 중요하게 여긴다.

쇠는 불 속에서 겪었던 제련의 시련을 기억하고 있지만, 물을 만나면 내면의 강박감이 사라진다. 쇠의 기운은 과거의 고통과 시련을 기억하고 있지만 물을 만나면 긴장이 풀리고 조화를 이룬다. 또 쇠가 물을 돕는 과정에서 우주의 모습으로 회귀한다. 쇠와 물의 기운이 서로 조화를 이루어 궁극적으로는 우주의 원래 상태로 돌아가는 과정을 상

 떡볶이 사주

징한다. 쇠의 기운은 강함과 단단함을 가지고 있지만 동시에 유연성과 조화를 향해 더 큰 완성으로 나아가는 특성이 있다.

★ 물(수, 水) – 응축과 지혜, 생명의 씨앗

물은 수축의 두 번째 단계로 겉과 속이 모두 음이다. 쇠의 기운이 더욱 깊이 수축하여 극도로 응축된 상태를 의미한다. 수축하는 음의 기운이 극에 이르면 모든 에너지가 한곳으로 모여 가장 작은 단위로 압축되어 한 개의 점이 되는데, 이 점은 생명의 시작점이자 잠재력의 원천이다. 고도로 압축된 한 개의 점은 씨앗이며 생명을 담고 있는 물과 같다.

물은 산에서 시작되어 들판과 강을 지나 바다로 흘러간다. 바다로 흘러간 물은 수증기가 되어 하늘로 올라간 후, 비가 되어 다시 지상으로 내려온다. 물의 순환이 끝없이 반복되며 생명을 지속시킨다. 오랜 시간 세상을 두루 흘러가며 축적된 정보들은 기억으로 남아 있다. 그래서 물은 지식의 보고이자 지혜의 상징이다. 물은 단순히 생명을 유지하는 역할을 넘어 시간과 공간을 넘나들며 축적된 경험과 지식을 담고 있다. 물방울은 서로 만나면 뭉쳐서 하나가 되려 한다. 이처럼 물의 기운은 조화와 통합을 추구하며 분리된 것들이 하나로 모여 더 큰 힘을 발휘하려는 특성이 있다.

물의 본성은 맑고 고요하지만 주변 환경에 따라 모습을 바꿀 수 있다. 유연하고 적응력이 뛰어나며 상황에 따라 다양한 형태로 변할 수 있는 특성이 있다. 물은 어떠한 장애물이 있더라도 유연하게 흐르며 그 과정에서 만물에 생기를 불어넣고 생명력을 유지하며 새로운 가능성을 만드는 힘을 가지고 있다.

기운들은
왜 서로 도우며 부딪힐까?

오행은 자연 속에서 고유한 성질을 가지고 있는데 서로 떨어져 있지 않고 도와주거나 견제하는 상생(相生)과 상극(相剋)의 관계를 맺는다. 상(相)은 한쪽이 아니라 쌍방이라는 의미다. 일방적으로 돕거나 견제하는 것이 아니라 서로 영향을 주고받는다는 뜻이다.

생(生)은 낳다, 태어나다, 도움을 준다는 뜻이다. 극(克)은 극하다, 제압하다, 이긴다는 뜻이다. 탄생은 생의 작용이고 소멸은 극의 결과다. 우주는 이 생과 극의 흐름을 오가며 균형을 유지한다. 유지한다는 것은 균형을 이룬다는 것이고, 균형을 이룬다는 것은 약한 것은 생으로 도와주고 넘치는 것은 극하여 덜어 낸다는 것이다.

사람의 인생도 마찬가지다. 그런데 인간의 뇌는 편안했던 기억보다 아픈 기억, 결핍의 기억을 오래 붙들어 두는 경향이 있다. 생존을 우선하도록 진화했기 때문이다. 그래서 "나는 왜 늘 이런 일만 겪지?"라고 생각하기 쉽다.

하지만 명리의 관점에서 보면 상생과 상극은 모두 나를 위해 존재한다. 지금 나를 힘들게 하는 그 사람, 그 사건도 어디선가 나의 불균형을 보완하고 있는 것일 수 있다. 이러한 생각으로 바라보면 상처뿐이었던 과거의 장면들도 조금 다른 의미로 다가오게 된다.

★ 상생 – 오행은 어떻게 서로를 돕는가

오행의 상생 관계는 고대 역법의 기원인 '하도(河圖)'에서 유래한다. 생명의 근원이 물에서 시작한 상생은 물을 주어 나무를 키우는 수생목(水生木), 나무가 땔감이 되어 불을 지피는 목생화(木生火), 불이 땅에 열을 가하면 도자기와 같이 단단해지는 화생토(火生土), 땅이 쇠를 품어 부식을 방지하는 토생금(土生金), 철의 성분이 물을 맑게 하는 금생수(金生水)로 시계 방향으로 순환된다.

생의 작용은 단순히 도움만을 뜻하지 않는다. 때로는 직접적인 도움뿐 아니라 극(克)을 통해 간접적으로 돕기도 한다. 예를 들어 물이 불을 견제하여 나무가 불에 전소되는 것을 막아 준다. 나무는 흙을 견제하여 불기운의 소진을 막는다. 불은 쇠를 견제하여 흙이 척박해지는 것을 막는다. 흙은 물을 견제하여 쇠의 부식을 막는다. 쇠는 나무를 견제하여 수분의 고갈을 막아 준다.

이처럼 오행은 모두 직접적인 생의 작용과 극을 통해 간접적인 도움을 준다. 생을 통한 도움이 겉으로 드러나는 표면적인 도움이라면 극을 통한 도움은 내면에서 구조를 유지하는 작용이다.

★ 상극 – 오행은 어떻게 서로를 제어하는가

오행의 상극 관계는 수극화(水克火), 화극금(火克金), 금극목(金克木), 목극토(木克土), 토극수(土克水)로 시계 반대 방향으로 돌아간다. 상극은 역의 기원인 '낙서(洛書)'에서 유래한다.

물이 불을 끄므로 수극화이고, 쇠는 단단하게 형체를 유지하려는 속성인데 불이 쇠를 녹여 이를 방해하므로 화극금이다. 금은 도끼가 되어 나무를 쪼개고 자라지 못하게 싹을 자르므로 금극목이다. 나무는 땅에 뿌리를 내리고 땅속에 있는 영양분을 빨아들여 점점 척박해지므로 목극토다. 물은 멈추지 않고 흘러가야 하는데 땅이 둑으로 제방하여 물을 흘러가지 못하게 가두므로 토극수다.

★ 생과 극은 왜 모두 필요한가?

흔히 생은 좋고 극은 나쁜 것으로 생각되지만, 그렇지 않다. 생과 극은 모두 삶에 없어서는 안 될 필수적인 작용이다. 둘 다 어느 한쪽으로도 치우치지 않는 중화(中和)를 이루는 데 필요한 요소이기 때문이다.

예를 들어 생이 언제나 좋은 것 같지만 지나치면 곤란하다. 도움을 너무 많이 받으면 게을러지거나 타인에 기대는 의존성이 커진다. 어미 새가 어린 새끼가 다칠까 두려워 감싸기만 한다면 아기 새는 나는 법을 배우지 못하게 된다. 또 극은 생존을 위협하는 무서운 존재이지만, 천적의 위협이 개체를 발전시키고 진화를 촉진하는 결과를 낳기도 한다.

생과 극은 삶에서 일어나는 보편적인 현상이다. 둘은 반대가 아니라 서로를 보완하며 균형을 이룬다. 겉과 속이 드러남과 숨겨짐으로 성장을 돕는 힘과 변화에 저항하는 힘으로 나타난다. 이 모든 것이 조화롭게 흐를 때, 우리는 자연스럽고 조율된 삶을 살아갈 수 있다.

천간, 10가지 하늘의 기운, 나를 움직이는 힘

오행은 다섯 가지 기운이 서로 영향을 주고받는 자연의 원리다. 하지만 이 오행만으로는 인간 세상을 설명하는 데 부족함이 있다. 그래서 등장한 개념이 바로 천간과 지지다.

천간(天干)은 하늘의 기운을 상징하며 시간의 흐름과 인간의 생각과 의지를 이해하는 단서를 제공한다. 천간은 총 열 가지로 갑(甲), 을(乙), 병(丙), 정(丁), 무(戊), 기(己), 경(庚), 신(辛), 임(壬), 계(癸)로 구성된다. 이를 십천간(十天干)이라 부르며 줄여서 천간이라고 한다.

각 천간은 오행을 음과 양으로 나눈 것이다. 나무는 갑과 을(양–갑목, 음–을목)로 나누고, 불은 병과 정(양–병화, 음–정화)으로, 땅은 무와 기(양–무토, 음–기토)로, 쇠는 경과 신(양–경금, 음–신금)으로, 물은 임과 계(양–임수, 음–계수)로 나눈다.

★ 큰 나무 – 갑목(甲木)

용수철이 튀어 오르듯 앞으로 나아가는 힘을 목(木)이라 한다. 나무를 음과 양으로 나누면, 응축했던 힘이 강하게 앞으로 튀어 나가는 기운을 양목이라 하고 갑목이라 부른다. 일간이 갑목인 사람은 발전적이고 진취적이며 이상이 곧고 높다. 여간해서는 남에게 굽히거나 꺾이지 않는다. 추진력과 통솔력이 있지만 간섭과 구속받는 것을 싫어하고 자신을 내세우기를 좋아하며 남의 말을 듣지 않으려는 경향이 강하다.

★ 작은 나무 – 을목(乙木)

기세 좋게 앞으로 나가던 갑목의 힘이 누그러져 옆으로 휘어지는 기운을 음목이라고 하며 을목이라 부른다. 갑목이 앞으로 나아가기 위한 강력한 상승과 추진의 기운이라면, 을목은 기세가 다소 꺾여 뒤따라올 화의 폭발로 연결하는 기운이라 할 수 있다. 일간이 을목인 사람은 겉보기엔 연약해 보여도 끈질긴 생명력으로 뚫고 나가는 힘이 있다. 꾸준함으로 환경 변화에 잘 적응한다. 조심성이 있고 인내심이 강하다. 친절하고 부드러워 인기가 많으며 사람들과 어울리기를 좋아한다. 반면에 다른 사람에게 의지하거나 이용하려 하는 면이 있다.

★ 큰 불 – 병화(丙火)

앞으로 뻗어 나가던 목이 직진을 멈추고 폭발하는 기운을 화(火)라 하는데, 처음 강하게 퍼지는 기운을 양화인 병화라 한다. 강력한 확장의 기운으로 주변을 순식간에 장악한다. 태양은 세상 만물을 키우

  떡볶이 사주

며 구석구석 고루 비춘다. 일간이 병화인 사람은 밝고 솔직하며 활동
적이고 낙천적이며 정열적이다. 양중 양으로 병화가 으뜸이며 통솔
력과 지도력이 있고 언변이 좋으며 매사를 공평하게 대한다. 그러나
강한 명예욕으로 마음을 자제하지 못하거나 속전속결로 성패가 드러
난다.

★ 작은 불 – 정화(丁火)

병화의 흩어지는 힘이 다소 약해지면 음화인 정화라고 부른다. 정
화는 바깥으로 향했던 폭발의 기운을 안으로 모으는 것으로, 흩어졌
던 것을 한곳으로 집중하는 기운이다. 일간이 정화인 사람은 겉으로
조용하고 약하게 보이지만 내면으로는 강한 자존심과 집념이 있다.
따뜻한 난로처럼 인정이 많고 예의 바른 선비 같다. 그러나 자신의 실
리를 잘 챙기지 못하고 과도한 잡념, 종교나 철학에 몰두하여 염세적
인 경향으로 빠질 수 있다.

★ 큰 땅 – 무토(戊土)

땅은 분출하고 확장되는 양의 기운을 중재하고 수렴하여 응축하도
록 전환시키는 힘이다. 이것 또한 양과 음으로 나누는데, 크게 감싸는
기운을 양토인 무토라 한다. 움직이지 않는 산처럼 변함없이 자신의
자리를 지킨다. 일간이 무토인 사람은 주관이 뚜렷하며 마음 씀씀이
가 넓다. 책임감이 강하고 신중하여 신뢰감을 준다. 분쟁이 일어났을
때 가운데에서 한쪽으로 치우치지 않고 중심을 잡아 준다. 그러나 늘
변함없는 성격으로 고지식하고 아집이 강하다.

⭐ 작은 땅 – 기토(己土)

씨앗을 품은 흙이 숨을 고르듯 기토는 안으로 갈무리하는 힘이다. 부드럽게 생명을 감싸는 기운으로 음토라 하고 이를 기토라 부른다. 양적으로 확장했던 목화의 기운이 질적인 금수의 기운으로 수렴하는 역할이다. 일간이 기토인 사람은 부드러운 땅과 같아 순박하고 온순하다. 성실하고 모성애로 사물을 포근하게 품어 준다. 자기주장보다는 타인의 마음을 먼저 헤아려 주며 들어 주는 포용력이 있다. 그러나 한편으로 의심이 많고 까다로운 면도 있다.

⭐ 큰 쇠 – 경금(庚金)

커다란 덩어리로 수축하는 양의 금은 경금이라 한다. 광석이 뜨거운 열과 망치질에 단련되어 단단한 강철이 되듯 거친 것을 벼려내는 힘이다. 겉은 단단하지만 스스로를 연마하여 더 강해지려는 의지가 있다. 일간이 경금인 사람은 의리와 의협심이 강하다. 공과 사를 분명히 가릴 줄 알며, 결단력과 소신이 강해 한번 결정한 일은 강하게 밀어붙이는 추진력이 있다. 그러나 매사 너무 완벽을 지향하여 까다로운 사람으로 평판이 날 수 있다.

⭐ 작은 쇠 – 신금(辛金)

보석과 같이 제련하여 완성된 음의 금을 신금이라 한다. 보석이 빛을 머금고 은은히 반짝이듯 정제된 아름다움의 힘이다. 겉은 고요하지만 완벽을 향한 날카로움과 집중력이 있다. 일간이 신금인 사람은 용모가 단정하고 깔끔하다. 섬세하며 야무지고 스마트하다. 의리파나 정의파에 해당한다. 그러나 순수함이 지나치면 냉정하거나 까다롭게

 떡볶이 사주

보이고, 나를 최고로 여기는 자아도취 심리가 나타날 수 있다.

★ 큰 물 – 임수(壬水)

바다와 같이 넓은 수를 양수인 임수라 한다. 바다가 밀물과 썰물이 움직이듯 쉼 없이 길을 찾아 나아가는 힘이다. 겉은 온화하지만 세상에 변화를 일으키는 힘이 있다. 임수가 일간인 사람은 심원이 깊은 물처럼 끊임없이 궁리하고 연구한다. 지혜롭고 머리가 총명하다. 창의적이며 선견지명이 발달해 있다. 그러나 깊이를 알 수 없는 바닷물처럼 속마음을 잘 드러내지 않아 비밀이 많다는 오해를 받을 수 있다.

★ 작은 물 – 계수(癸水)

샘물과 같이 작은 음수를 계수라 한다. 이슬이 맺혀 꽃잎을 적시듯 조용히 스며드는 힘이다. 겉은 잔잔하고 고요해 보이지만 생명을 깨우고 변화를 준비시키는 에너지가 있다. 계수 일간인 사람은 지혜와 지략이 뛰어나고 정력과 아이디어가 넘치며 서비스 정신이 투철하다. 그러나 임기응변 성향이 지나쳐 변덕스럽고 비밀스러우며 이중적인 성격으로 보일 수 있다.

지지, 12가지 땅의 모습, 현실로 드러난 시간들

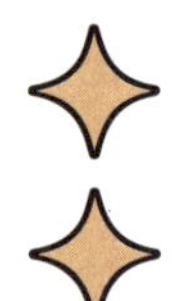

천간이 하늘의 기운이고 지지(地支)는 그 기운이 땅에 내려와 구체적인 생활과 환경으로 드러난 모습이다. 천간이 시간 · 마음 · 의지라면, 지지는 공간 · 몸 · 현실에 가깝다. 지지는 자(子) · 축(丑) · 인(寅) · 묘(卯) · 진(辰) · 사(巳) · 오(午) · 미(未) · 신(申) · 유(酉) · 술(戌) · 해(亥), 열두 가지다. 이를 '십이지지'라 부르고 보통 '지지'라고 한다.

천간이 10개이고 지지가 12개인 이유는 기(氣)와 질(質)의 차이에 있다. 하늘의 기운은 단순하여 양과 음으로 나누어도 충분하지만, 지구의 현실은 수많은 생명체가 어우러져 살아가는 복잡한 공간이다. 이러한 다층적인 현실을 조율하기 위해서는 나무 · 불 · 쇠 · 물의 단계마다 중간에서 완급을 조절하고 균형을 맞추는 땅(土)의 개입이 필요하다.

- 진(辰): 봄에서 여름, 나무(木)에서 불(火)로 변하는 과정 조절
- 미(未): 여름에서 가을, 불(火)에서 쇠(金)로 변하는 과정 조절
- 술(戌): 가을에서 겨울, 쇠(金)에서 물(水)로 변하는 과정 조절
- 축(丑): 겨울에서 봄, 물(水)에서 나무(木)로 변하는 과정 조절

나무의 기운이 가득한 봄에서 불의 기운인 여름으로 변할 때 물기를 머금은 진(辰)이라는 땅이 필요하며, 불의 기운이 가득한 여름에서 쇠의 기운인 가을로 넘어갈 때 미(未)라는 땅의 기운이 필요하다. 쇠의 기운 가득한 가을에서 물의 기운인 겨울로 넘어가기 위해서는 열기를 머금은 술(戌)이라는 땅이 필요하며, 물의 기운이 나무의 기운으로 넘어가기 위해서 축(丑)이라는 땅의 개입이 필요하다.

천간은 하늘의 기운이자 인간의 사고와 욕망을 이끈다. 우리가 무엇을 하고 싶은지, 어떤 꿈을 꾸는지는 천간에서 시작된다. 반면 그 꿈을 어떻게 실현하고 구체화할지는 지지가 담당한다. 예를 들어 부자가 되고 싶다는 바람은 천간의 작용이고, 어떤 방식으로 돈을 벌지, 직업이나 관계 등은 지지의 작용이다. 연애를 하고 싶은 마음은 천간이고, 실제 연애를 하게 되는 사건은 지지의 영역이다.

천간과 지지가 조화를 이루면 이상과 현실이 균형을 이루고, 그렇지 않으면 이상과 현실의 차이로 괴리감과 갈등이 생긴다. 자신의 기질을 이해하고 현실적인 선택과 조율을 통해 균형을 맞추는 것이 필요하다. 그렇다면, 앞서 10가지 천간의 기운을 알아보았으니 이번에는 12가지 지지의 성향을 알아보자.

★ 인(寅) – 따뜻한 열정과 추진력

인은 2월로 봄의 시작인 입춘에 시작한다. 겨우내 얼었던 대지가 풀리면서 초목이 불쑥불쑥 솟아오르듯 강한 생명력과 돌파의 기운을 지닌다. 하루 중 시간은 새벽 3시 30분부터 5시 30분으로, 기운이 깨어나 하루가 시작되는 때다. 일지가 인인 사람은 호랑이처럼 용맹하고 독립적인 기질이 강하다. 자신감이 넘치며 간섭받는 것을 싫어하고 강한 추진력으로 때로는 무모하게 일을 밀어붙이기도 한다. 한번 결심하면 끝을 보려는 성향이 강하지만 융통성의 부족으로 고집스럽게 보일 수 있다.

★ 묘(卯) – 예민한 감성과 관계 지향

묘는 3월로 경칩으로 시작한다. 겨울잠을 자던 동물들이 깨어나고 대지에는 생기가 돌기 시작한다. 하루 중 시간은 새벽 5시 30분부터 7시 30분, 본격적으로 하루가 시작되는 시간이다. 일지가 묘인 사람은 적응력이 뛰어나고 사회성과 친화력이 좋다. 섬세하고 감수성이 풍부하지만, 생각이 많고 우유부단한 경향이 있다. 시작은 빠르지만 마무리가 부족한 면이 있으며 외유내강형의 내면을 지니고 있다.

★ 진(辰) – 수용과 변화의 경계

진은 4월로 봄의 끝자락인 청명에서 시작한다. 하루 중 시간은 오전 7시 30분부터 9시 30분으로, 본격적인 활동을 시작하는 시기다. 진은 봄의 나무 기운을 받아 넓은 들판과 같은 땅의 힘으로 여름의 불을 맞이하는 전환점이다. 일지가 진인 사람은 상상력과 신념이 강하며 자기 확신과 추진력을 갖춘 인물로 평가받는다. 현실 감각과 사교성이

 떡볶이 사주

뛰어나 대인 관계에 능하지만, 종종 이상과 현실을 혼동하거나 지나친 낙관주의에 빠지기도 한다. 활동성에 비해 집중력이 약할 수 있으며 현실 감각을 강화하는 것이 필요하다.

★ 사(巳) – 밝음과 경계성

사는 5월로 여름의 출발점인 입하로 시작한다. 하루 중 시간은 오전 9시 30분부터 11시 30분, 본격적인 일과가 시작되는 시간이다. 사는 만물이 왕성한 기운을 받아 불꽃처럼 퍼져 나가는 시점이다. 일지가 사인 사람은 스스로 일을 시작하고 처리해 나가는 용의주도함이 있다. 현실보다는 이상적인 것에 의미를 두는 편이고 자유분방함과 발상의 달인으로 평가받는다. 열정적인 추진력에 비해 끈기와 인내심이 부족하여 마무리가 아쉽고 급한 성격으로 손해를 보는 경우가 많다.

★ 오(午) – 강한 표현과 통솔력

오는 6월로 양기가 최고조에 이르는 망종으로 시작한다. 하루 중 시간은 오전 11시 30분부터 오후 1시 30분, 태양이 머리 위에 위치한 정오이다. 오는 가장 뜨겁고 강렬한 불의 성질을 지닌다. 일지가 오인 사람은 외향적이고 활달하며, 감정 표현이 풍부하고 카리스마가 있다. 대인 관계에서 주목을 받기 쉬우며, 에너지 넘치는 태도로 주도권을 쥐고 이끄는 역할을 한다. 그러나 정열에 비해 실속이 부족할 수 있으며 감정 기복으로 인해 갈등이 잦을 수 있다.

★ 미(未) – 부드럽게 지배하는 힘

미는 7월로 더위가 기승을 부리는 소서로 시작한다. 하루 중 시간은 오후 1시 30분부터 3시 30분으로, 불의 기운이 정점을 찍고 음으로 기울기 시작하는 때다. 미는 여름의 열기를 가을의 서늘함으로 전환하는 완충의 기운이다. 일지가 미인 사람은 온순하고 평화를 중시하며 성실하고 인내심이 강하다. 따뜻한 인상을 주지만 내면에 고집이 있고 주변 환경에 따라 쉽게 흔들릴 수 있다. 집단 안에서는 조화를 이루나 독립적인 결정에는 다소 소극적인 모습을 보인다.

★ 신(申) – 냉정과 독립

신은 8월로 가을의 문턱인 입추로 시작한다. 하루 중 시간은 오후 3시 30분부터 5시 30분, 햇빛이 기울기 시작하는 시점이다. 신은 성장의 흐름이 멈추고 결실을 준비하는 시기이다. 일지가 신인 사람은 총명하고 재치가 있으며 상황 대처 능력이 뛰어나다. 모방과 학습에 능하고 언어 구사력도 뛰어나 조직 생활에 강하다. 그러나 감정 기복이 심하고 지나친 자의식이나 독선으로 인해 대인 관계에서 어려움을 겪을 수 있다.

★ 유(酉) – 이성적 판단과 미적 감각

유는 9월로 음의 기운이 본격적으로 강해지는 백로로 시작한다. 하루 중 시간은 오후 5시 30분부터 7시 30분, 해가 지고 어둠이 스며드는 시간이다. 유는 가을의 응축력이 강하게 발동되는 시점이다. 일지가 유인 사람은 예민하고 세밀하며 선견지명과 직관력이 뛰어나다. 맺고 끊음이 분명하고 논리적인 사고를 선호한다. 그러나 신경이 과민해지기 쉽고, 지나치게 이성적으로 행동하다 인간적인 따뜻함이 부족해 보일 수 있다.

떡볶이 사주

★ 술(戌) – 무의식과 현실의 교차

술은 10월로 가을이 끝나고 겨울에 들어서는 한로로 시작한다. 하루 중 시간은 오후 7시 30분부터 9시 30분, 하루를 마무리하고 집으로 돌아오는 시간이다. 술은 가을의 기운을 모아 겨울의 물로 연결하는 전환의 땅이다. 일지가 술인 사람은 충직하고 성실하며 책임감이 강하다. 사교적이면서도 경계를 분명히 하며, 좋아하는 사람에겐 헌신적이나 그렇지 않으면 냉정한 면을 보인다. 때로는 허세나 과장이 섞이기 쉽고 말보다 행동이 부족한 경향이 있다.

★ 해(亥) – 몽상과 직관

해는 11월로 본격적인 겨울을 알리는 입동으로 시작한다. 하루 중 시간은 오후 9시 30분부터 11시 30분, 하루를 마무리하고 잠자리에 드는 시간이다. 해는 에너지를 내면으로 모으는 시기다. 일지가 해인 사람은 감각이 예민하고 직관력이 뛰어나며 정신적인 관심사가 많다. 재물과 음식에 대한 욕구도 강하며 실용성과 창의성이 조화를 이룬다. 그러나 욕심이 과하면 게으르거나 산만해질 수 있으며, 고독한 성향으로 외로움을 쉽게 느낀다.

★ 자(子) – 깊은 내면과 고독

자는 12월로 겨울의 한가운데인 대설로 시작한다. 하루 중 시간은 오전 11시 30분부터 1시 30분, 밤이 가장 깊고 긴 시점이다. 자는 가장 어두운 가운데 새로운 에너지가 내면에서 조용히 움트기 시작하는 지점이다. 그래서 자수는 겨울이지만 동시에 봄의 가능성을 품고 있는 '전환의 문'이기도 하다. 일지가 자인 사람은 지혜롭고 민감하며 내면의 감정이 섬세하고 예민하다. 철저하고 조심성이 많아 매사 신중하게 행동하며 타인의 시선을 예리하게 파악한다. 다만 과도한 경계심으로 인해 소극적이 되거나 자신의 속마음을 감추는 경향이 있다. 물처럼 깊고 조용하지만 흐름을 타면 유연하게 방향을 바꾸는 유동성과 순발력을 지닌다.

★ 축(丑) – 지극히 현실적인 욕망

축은 1월로 겨울의 막바지 소한으로 시작한다. 하루 중 시간은 오전 1시 30분부터 3시 30분, 깊은 밤이 끝나고 해가 떠오르기 직전이다. 축은 차가운 겨울 땅속에서 봄을 준비하는 저장과 발아의 자리로서 생명의 씨앗이 움트기 직전의 '잠재된 봄'을 담고 있다. 논밭처럼 작지만 중요한 토양의 이미지로 조용히 모든 것을 준비하고 품는 힘이다. 일지가 축인 사람은 성실하고 부지런하며 내면이 단단하고 끈기 있는 기질을 가진다. 표현이 적고 내면을 잘 드러내지 않아 오해를 살 수 있으나 마음을 열면 헌신적이고 따뜻한 면을 지닌다.

십신,
하늘과 땅을 연결하는
인간의 언어

십신은 자연의 기호를 인간의 언어로 바꾼 것이다. 십신은 말 그대로 '열 가지 신'이라는 뜻이다. 나를 기준으로 다른 글자들이 어떤 관계에 해당하는지 오행의 상생과 상극의 원리를 적용하여 사주를 구분한다. '나'를 의미하는 일간을 기준으로 나와 같은 오행은 비겁이라 하고 내가 생(生)하는 오행은 식상, 나를 생(生)하는 오행은 인성이라 부른다. 내가 극(剋)하는 오행은 재성, 나를 극하는 오행은 관성이다.

십신은 가족이나 인간관계의 언어로 풀어 '육친'이라고 부르기도 한다. 부모, 형제자매, 연인과 배우자, 자녀, 친구나 동료, 선생님이나 상사처럼 일상에서 만나는 대부분의 관계가 십신 안에 들어 있다.

- 인성: 나를 도와주는 존재로 부모, 보호자, 공부, 보호, 명상
- 관성: 내가 배우고 따르는 존재로 규율, 책임감, 배우자(여성 기준),

자식(남성 기준)

- 식상: 내가 보살피는 것으로 자식(여성 기준), 아랫사람, 말재주, 표현력, 창의성
- 재성: 내가 소유하는 것으로 재물, 연애, 배우자(남성 기준)
- 비겁: 나와 같은 존재로 형제, 동료, 경쟁자, 자존심

십신의 관계를 그림으로 나타내 보자. 아래는 일간이 나무(목)라고 가정하고 그린 오행의 상생과 상극 관계도다.

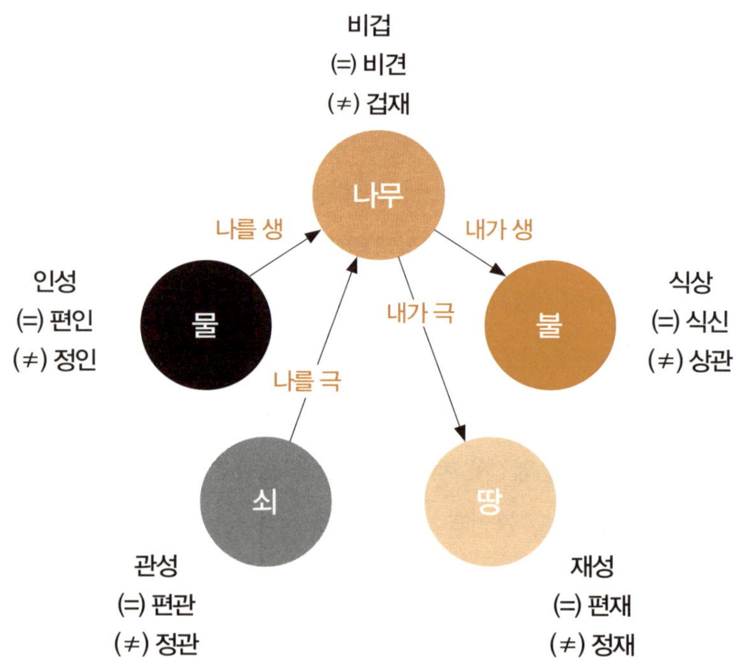

★ 인성(印星) – 나를 도와주는 존재

부모나 스승은 나를 보호하고 길러 준다. 좀 더 확장하면 학습, 보호, 명상 등을 상징하며 일간과 음양이 같으면 편인(偏印), 음양이 다르면 정인(正印)으로 구분한다.

- 정인(正印): 안정적이며 학문적인 성향으로 지식을 중시하고 원칙을 지키려 한다. 편법을 싫어하며 신중한 태도를 지닌다.
- 편인(偏印): 독창적이고 철학적인 사고를 지니며 새로운 분야에 대한 탐구심이 강하다. 예술적 재능을 보이기도 하며 고독을 즐기는 경향도 있다.

★ 관성(官星) – 내가 배우는 대상

규율과 권위, 통제를 상징하며 사회적 책임과 압박감을 뜻한다. 음양이 다르면 정관(正官), 같으면 편관(偏官)으로 나뉜다.

- 정관(正官): 법과 규율을 중시하고 책임감이 강하다. 공정함과 질서를 중시하며 체계적인 사회에서 안정적으로 활동한다.
- 편관(偏官): 강한 규율과 통제를 나타내며, 때로는 단호하거나 강압적인 태도를 보일 수 있다. 위험을 감수하며 도전 정신이 강한 편이다.

★ 식상(食傷) – 내가 만들어 내는 것

식상은 내가 낳는 오행으로 표현력, 창의성, 성취욕을 상징하며 자식, 말재주, 창작 등과도 관련이 깊다. 음양이 같으면 식신(食神), 다르면 상관(傷官)으로 구분한다.

- 식신(食神): 조용하고 안정적인 표현력을 지니며 꾸준한 노력과 장인정신을 통해 성과를 내는 성향이다.
- 상관(傷官): 혁신과 자유로운 사고를 중시하며 기존 질서에 반발하는 경향이 있다. 뛰어난 언변과 창의력을 바탕으로 예술, 기획 등에서 두각을 나타낸다.

★ 재성(財星) – 내가 소유하는 것

재성은 내가 극하는 오행으로 재물과 현실 세계에 대한 통제나 소유 개념을 담고 있으며, 연애 · 활동성 · 남성의 경우 배우자와도 관련된다. 음양이 다르면 정재(正財), 같으면 편재(偏財)이다.

- 정재(正財): 안정적인 재물 축적과 책임감을 중시한다. 성실하고 꾸준한 방식으로 부를 쌓는 스타일이다.
- 편재(偏財): 유동적인 재물과 빠른 결정을 상징한다. 사업이나 투자에 능하며 도전적이고 활달한 성향이 강하다.

★ 비겁(比劫) – 나와 같은 속성의 존재

비겁은 나와 같은 오행으로 형제, 친구, 동료와 같은 수평적 관계를 의미하며 경쟁자나 협력자로 나타날 수 있다. 음양이 같으면 비견(比肩), 다르면 겁재(劫財)로 구분된다.

- 비견(比肩): 형제자매나 동료처럼 협력적인 존재이지만 주도권 경

쟁이 발생할 여지도 있다.

- 겁재(劫財): 경쟁심이 강한 존재로 라이벌이나 도전자를 상징한다.
  승부욕이 강하며 때로는 집착적인 경쟁 양상을 띠기도 한다.

신강과 신약,
내가 세상을 대하는 방식

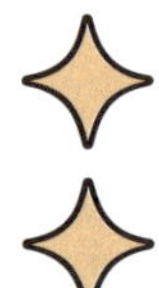

세상에는 두 부류의 사람이 있다. 세상을 자기가 생각한 방향으로 움직이려는 사람과 누군가 만들어 놓은 세상에 자신을 맞춰 가는 사람. 명리에서는 전자를 '신강'한 사람이라 하고, 후자를 '신약'한 사람이라 한다. 일간의 힘을 오행의 상생상극인 십신을 대입하여 구분한 것이다.

★ 신강 – 스스로 세상을 움직이는 힘

신강은 말 그대로 일간의 힘이 강한 사주를 말한다. 일간을 제외한 나머지 일곱 글자가 나와 같은 오행이거나 나를 도와주는 오행이 많은 사주다. 예를 들어 일간이 나무인 사주에 나머지 글자가 나무와 물이 많다면 일간의 힘이 강하다는 뜻이다.

신강한 사람의 특징은 스스로 결정하고 행동하는 데 있다. 타인의 도움을 받기보다 스스로 길을 개척한다. 주도적으로 행동하며 어려운 상황에서도 쉽게 좌절하지 않는다. 뿌리 깊은 나무처럼 외부의 풍파에 흔들림이 없다. 그래서 리더의 역할에 적합하다. 하지만 힘이 지나치면 독선적이 되기 쉽고, 타인의 조언을 무시하거나 여럿이 함께하는 협업에 어려움을 느낄 수 있다.

★ 신약 – 세상에 맞춰 갈 때 빛나는 힘

신약은 일간의 힘이 약한 사주를 의미한다. 일간을 제외한 나머지 글자가 나를 약하게 만드는 글자, 즉 나를 극하거나 내가 극하거나 내가 도와줘야 하는 오행이 많을 때 신약이 된다. 예를 들어 일간이 나무인 사주에 나머지 글자가 쇠나 흙, 불이 많다면 자신의 기운을 소모할 일이 많다는 것이다.

신약한 사람의 특징은 혼자 힘으로 처리하기에 부족함을 느낀다. 그러나 섬세하고 유연하여 타인과의 관계 속에서 진가를 발휘한다. 협력을 잘하고 주변의 도움을 기꺼이 받을 줄 안다. 마치 바람이 강하면 휘어지지만 부러지지 않는 대나무 같다. 그래서 신약한 사주는 리더보다 팔로워의 역할에 적합하다. 리더를 보좌하여 성과를 만드는 역할을 한다.

하지만 신약에도 함정은 있다. 힘이 지나치게 약하면 의존적이 되기 쉽다. 스스로 결정을 내리지 못하거나 자신감이 낮을 수 있다. 타인과 주변 환경에 과하게 영향을 받으면 줏대 없는 사람이 되기도 한다.

신강과 신약은 우열의 문제가 아니다. 신강이 더 좋고 신약이 나쁜 것은 아니며 그 반대도 아니다. 자신의 타고난 성향을 이해하고, 그에 맞는 역할과 환경을 찾는 것이 중요하다. 신강한 사람은 스스로 주도권을 가질 때 빛나고, 신약한 사람은 안정적인 곳에서 협업하며 조직의 보호를 받을 때 능력을 발휘한다. 신강한 사람이 권한을 제한받거나 신약한 사람이 무리하게 리더 역할을 맡게 될 때 스트레스를 받게 된다.

용신,
문제의 답은 내 안에 있다

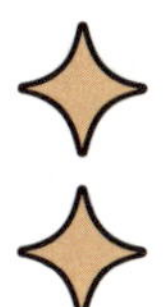

어느 날 한 남자가 가로등 아래서 무언가를 찾고 있었다. 지나가던 행인이 다가와 무얼 잃어버렸는지 묻자, 남자는 중요한 열쇠를 잃었다고 말했다. 안타까운 마음에 행인도 함께 열쇠를 찾기 시작했다. 그러나 아무리 찾아도 열쇠는 보이지 않았다.

결국 행인이 물었다. "정말 여기서 잃어버린 게 맞나요?"

남자는 담담하게 대답했다. "아뇨, 저쪽 어두운 골목에서 잃어버렸어요."

황당한 행인이 다시 물었다. "그럼 왜 여기서 찾고 있는 거죠?"

남자는 대답했다. "여기가 밝으니까요."

이 짧은 이야기는 우리가 하는 익숙한 실수를 떠올리게 한다. 인간은 종종 선택의 순간에 본질은 외면한 채 익숙한 곳에서 해답을 찾으려 한다. 하지만 진짜 해결책이 있는 곳은 밝은 곳이 아니라 진실이 있는 곳이다.

사주에서는 사람에게 문제가 생기는 이유를 '조화와 균형이 무너졌기 때문'이라고 본다. 균형을 회복하기 위해서는 먼저 균형을 이루는 데 중심 역할을 하는 글자를 찾아야 한다. 사주에서 없어서는 안 될 꼭 필요한 글자를 용신(用神)이라고 한다. 용신은 사주 안의 과잉과 결핍을 조절하는 '중심추'와 같은 역할을 하는 글자다. 용신을 찾기 위해서는 사주 전체의 구조와 기운, 글자의 힘과 역동성을 분석해야 한다. 용신을 찾는 방법은 다양하지만 대표적인 방법으로 다음 네 가지가 많이 사용된다.

★ 전왕용신

전왕용신은 특정 오행의 힘이 지나치게 강하여 억누르기 어려울 때 강한 오행을 용신으로 정한다. 강력한 오행의 기세를 활용하여 사주의 극대화를 꾀한다. 이는 강한 기운을 억지로 제어하려다 오히려 강점을 약화시키는 것을 방지하고, 강한 기운을 강점으로 활용하는 방식이다.

시	일	월	년
갑	병	정	무
오	인	사	인

[풀이] 큰 불이 초여름에 태어나 사주가 거의 전부 불과 나무로 이루어졌다. 불의 기운이 현격하게 강하다. 강한 불이 용신이다. 따라서 불과 나무, 흙은 반갑지만 물과 쇠는 주의가 필요하다.

떡볶이 사주

★ 조후용신

사주의 구성이 너무 더우면 열기를 식혀 줄 차가운 오행이 필요하고, 추운 겨울이면 온도를 높여 줄 따뜻한 오행이 필요하다. 건조한 환경엔 습기가 필요하고, 습한 환경엔 건조한 기운이 필요하다. 이렇게 온도와 습도를 조절해 주는 글자를 용신으로 사용하는 방법이다.

시	일	월	년
임	을	기	병
오	유	해	자

[풀이] 작은 나무가 추운 겨울(해월)에 태어나 물이 많고 매우 춥다. 겨울에는 따뜻하게 해 줄 불이 필요하므로 년간의 병화가 용신이 된다.

★ 억부용신

억부는 '억강부약'의 줄임말이다. 강한 기운은 억눌러 주고 약한 기운은 도와준다는 의미다. 사주 여덟 글자에서 특정 오행이 강하면 그것을 억제할 수 있는 오행이 용신이 되고, 반대로 기운이 약하면 도와줄 수 있는 오행이 용신이 된다.

시	일	월	년
계	계	갑	신
해	묘	오	사

[**풀이**] 작은 물이 여름에 태어나 물의 기운이 약하다. 그래서 물을 도와주는 쇠가 용신이다. 용신인 쇠를 도와주는 흙도 좋은 역할을 기대한다.

★ 통관용신

상반된 두 개의 서로 다른 기운이 충돌하여 대치하고 있는 구조일 경우 정체가 발생한다. 이런 흐름을 관통시켜 주는 글자를 용신으로 사용하는 방법이다. 예를 들어 물과 불이 강하게 대립하는 구조에서는 나무(木)가 중재자 역할을 한다. '물 → 나무 → 불'의 흐름을 만들어 극단적인 충돌을 완화하여 기운을 순환시키는 것이다.

시	일	월	년
무	정	병	병
신	미	신	인

[**풀이**] 작은 촛불이 큰 불 옆에 있어 불기운의 강하다. 강한 불 때문에 쇠가 녹을 위험이 있으니 불을 흙으로 바꾸고(화생토), 흙이 다시 쇠를 도와(토생금) 균형을 잡는다. 그래서 통관용신은 무토 흙이다.

용신을 찾는 것은 삶의 구조를 이해하고 조화롭게 살아가는 방법을 찾는 과정이다. 자신의 사주를 살펴 강점은 살리고 약점은 보완하기 위해 용신을 찾아야 한다. 삶의 문제를 해결하기 위한 과정에서 용신은 중요한 단서를 제공한다.

  떡볶이 사주

대운과 세운, 좋은 시절은 언제 오는가?

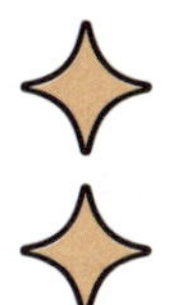

인생은 흐르는 강물과 같다. 사주에서는 이 흐름을 '운'이라고 부른다. 사주가 타고난 선천적인 조건이라면 운은 그 본질이 지나는 시간의 환경이고 외부적인 조건이다. 운은 시시각각 변하지만 그중에서도 대운과 세운은 삶의 변화를 예측하는 핵심적인 역할을 한다. 특히 자신의 사주에 가장 필요한 기운인 용신을 알면 '좋은 시절'이 언제일지 가늠할 수 있다.

★ 대운 – 인생의 10년 주기 로드맵

대운은 말 그대로 큰 운을 의미한다. 10년을 하나의 주기로 삶에 영향을 미치며 거시적인 환경의 변화를 일으킨다. 사주팔자의 네 기둥 중 월주를 기준으로 산출된다. 태어난 해와 성별에 따라 시작하는 나이가 결정된다.

대운은 지구의 계절 변화와 같다. 우리가 봄, 여름, 가을, 겨울이라
는 큰 계절 속에서 살아가듯 대운은 한 개인의 10년이라는 시기에 맞이
하는 거대한 기운의 환경이다. 예를 들어 한 사람이 30대부터 40대까지
10년간 강한 '불' 기운을 만나면, 그 기간 동안 그의 삶은 '불'의 속성에
영향을 받는다. 대운의 흐름은 개인의 행동 양식, 주변 환경, 만나는 사
람, 심지어 사고방식까지 지배하며 삶의 전반적인 방향을 결정짓는다.

★ 세운 – 1년의 기운이 만드는 현실 변화

이에 반해 세운은 한 해의 운을 뜻한다. 매년 바뀌는 그해의 천간과
지지가 가진 기운이다. 세운은 대운처럼 장기적인 환경이 아니라 1년
단위로 작용하여 개인이 직접적으로 느끼는 변화를 만든다. 세운은
대운이라는 큰 계절 속에서 매년 발생하는 날씨와 같다. 예를 들어 지
금이 여름이라는 환경에 놓여 있더라도 올해의 세운은 장마이거나 가
뭄일 수 있는 것이다.

대운과 세운의 관계는 무대와 연극에 비유될 수 있다. 대운이 웅장
한 오페라가 펼쳐질 무대의 배경을 설정한다면, 세운은 그 무대 위에
서 올해 출연하는 배우와 그들이 벌이는 구체적인 사건을 나타낸다.
아무리 좋은 대운이 들어와도 세운이 흉한 기운을 가져오면 잠시 고
난을 겪을 수 있다. 반대로 흉한 대운 속에 놓여 있더라도 세운이 길의
기운을 가져오면 일시적인 돌파구와 성과를 얻을 수 있다.

★ 용신 – 좋은 시절을 여는 열쇠

대운과 세운의 길흉을 판단하는 기준이 바로 용신이다. 용신은 사
주팔자의 여덟 글자가 너무 강하거나 약하거나 또는 기운이 불균형할

　　　　　　　　　　　　떡볶이 사주

때 그 사주를 중화시키는 오행을 의미한다.

사주가 너무 건조하고 뜨거운 기운으로 가득 차 있다면 물 기운이 필요하다. 이때 물이 바로 용신이 된다. 좋은 시절이란 바로 이 용신이 대운이나 세운으로 들어올 때이다. 만약 인생의 어떤 10년 동안 대운의 천간이나 지지에 자신의 용신이 자리한다면, 이는 계절이 자신에게 유리한 방향으로 전환되었음을 의미한다. 가뭄이 극심한 땅에 단비가 내리는 것과 같다. 이 시기에는 환경 자체가 자신을 돕게 되어 하는 일마다 순조롭게 풀리고 숨겨진 능력을 발휘하여 발전의 기회를 얻게 된다. 이는 보통 인생의 황금기나 터닝 포인트로 작용한다.

대운의 흐름이 잠시 불리하더라도 세운에서 용신이 들어오는 해에는 단기적으로 행운의 사건이 발생한다. 취업, 승진, 결혼 등 노력에 비해 큰 결실을 얻거나 어려운 상황 속에서도 귀인을 만나 도움을 받게 된다.

★ 큰 운을 자신의 것으로 만드는 법

대운과 세운의 흐름은 운명에 대한 수동적인 예측이 아니라 능동적인 삶의 설계를 위한 지표이다. 용신이 들어오는 시절이 온다는 것은 기회를 준다는 뜻이지, 앉아서 기다리라는 뜻이 아니다. 그 기회를 잡을 수 있도록 평소에 실력을 갈고닦고 인품을 수양하는 노력이 필요하다.

대운이 용신을 불러와 거대한 파도를 일으킬 때, 세운은 그 파도를 타고 나아갈 구체적인 방향을 제시한다. 이 두 운을 이해하고 자신의 용신이 언제 도래하는지 알면 막연한 기대가 아닌 확신을 가지고 인생의 가장 빛나는 순간을 자신의 것으로 만들 수 있다.

내 사주 찾아보기
– 만세력 보는 법

이제 기본적인 이론을 살펴보았으니 내 사주를 보고 어떤 기운들이 글자에 배치되어 있는지 확인해 보자.

만세력을 통해 크게 두 가지를 알 수 있다. 하나는 나 자신에 대한 정보이고, 다른 하나는 앞으로 내가 지나게 될 길(운)의 정보다. 바꾸어 말하면 '나는 어떤 사양의 차량인가?', 즉 나는 승용차인지 트럭인지, 전기차인지 디젤차인지를 알 수 있고, 운으로 '앞으로 달릴 도로는 어떤 길인가?'를 알 수 있다. 예를 들어 고속도로인지 혹은 비포장 산길인지도 알 수 있다.

★ 사주팔자 보기

자신이 태어난 날의 사주는 인터넷에서 '만세력'을 검색해 확인할 수 있다. 생년월일과 태어난 시간을 입력하면 자신의 사주팔자가 나온다. 나는 어떤 오행으로 태어났는지, 음이 많은지 양이 많은지를 확인한다. 기본적으로 내가 어떤 기운을 가지고 있는지에 대해 확인하는 단계다. 사주는 전통적으로 오른쪽에서 왼쪽으로 읽는다.

읽는 방향 ←

시주	일주	월주	년주	구분
시주	일주	월주	년주	구분
정재	일간(나)	겁재	정관	십신
경	**정**	**병**	**임**	천간
술	**사**	**오**	**오**	지지 (공망)
상관	겁재	비견	비견	십신
신 편재 정 비견 무 상관	무 상관 경 정재 병 겁재	병 겁재 기 식신 정 비견	병 겁재 기 식신 정 비견	지장간
단교각살 귀문관살 낙정관살 괴강살	귀문관살(일)	십간록 천주귀인 금여록	십간록 금여록 도화살	길신 흉신
화개	망신	장성	장성	12신살
양	제왕	건록	건록	12운성(봉법)
쇠	제왕	제왕	태	12운성(거법)
자 편관, 축 식신				공망

[만세력]

- 년주(年柱): 태어난 년의 간지

- 월주(月柱): 태어난 월의 간지

- 일주(日柱): 태어난 날의 간지

- 시주(時柱): 태어난 시간의 간지

★ 오행의 의미와 크기 보기

만세력 표에서 오행(목·화·토·금·수)의 의미를 본다. 과다/과소/부재가 있는지 체크한다. 십신으로 비겁·식상·재성·관성·인성의 분포를 본다. 나는 에너지를 어디에 많이 쓰는 사람인지 혹은 어디는 비어 있는지에 대한 구조를 이해하는 단계다.

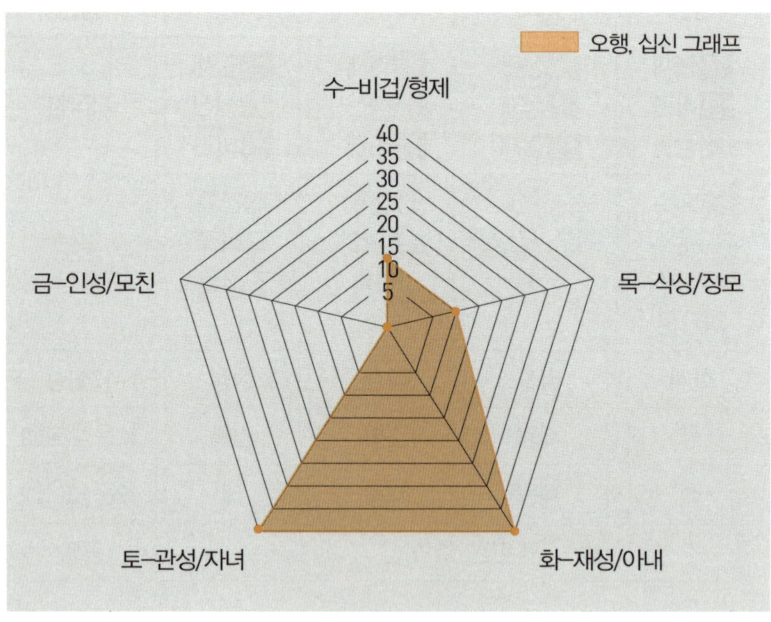

[오행, 십신 그래프]

★ 대운(10년)으로 장면 나누기

대운에는 '대운 수'라는 개념이 있어 어느 시점부터 운이 시작되는지를 알려 준다. 예를 들어 4대 운이라면 4살부터 10년 주기로 새로운 운이 들어온다. 즉, 4세, 14세, 24세…처럼 10년 단위로 운의 흐름이 바뀌는 셈이다.

대운(10년운)

> 무기명 님은 4살을 시작으로 10년마다 찾아오는 특별한 운명의 변화를 경험합니다.

94	84	74	64	54	44	34	24	14	4
겁재	비견	상관	식신	정재	편재	정관	편관	정인	편인
병신	정유	무술	기해	경자	신축	임인	계묘	갑진	을사
정재	편재	상관	정관	편관	식신	정인	편인	상관	겁재
12운성–봉법(원국의 일간기준)									
목욕	장생	양	태	절	묘	사	병	쇠	제왕
12운성–거법(대운의 천간기준)									
병	장생	묘	태	사	양	병	장생	쇠	목욕

★ 세운 · 월운 · 일운으로 타이밍과 리듬 보기

세운 표에서 올해에 해당하는 칸을 찾는다. 그해의 간지 · 십신 · 12운성을 보고, "올해는 표현/변화, 돈/계약, 직장/책임, 공부/정리, 사람/협력 중 어디에 힘이 많이 들어갈까?"를 가늠해 본다.

10	9	8	7	6	5	4	3	2	1
2012	2011	2010	2009	2008	2007	2006	2005	2004	2003
정관	편재	정재	식신	상관	비견	겁재	편인	정인	편관
임	신	경	기	무	정	병	을	갑	계
진	묘	인	축	자	해	술	유	신	미
상관	편인	정인	식신	편관	정관	상관	편재	정재	식신
12운성-봉법(원국의 일간기준)									
쇠	병	사	묘	절	태	양	장생	목욕	관대
12운성-봉법(세운의 천간기준)									
묘	절	절	묘	태	태	묘	절	절	묘

20	19	18	17	16	15	14	13	12	11
2022	2021	2020	2019	2018	2017	2016	2015	2014	2013
정관	편재	정재	식신	상관	비견	겁재	편인	정인	편관
임	신	경	기	무	정	병	을	갑	계
인	축	자	해	술	유	신	미	오	사
정인	식신	편관	정관	상관	편재	정재	식신	비견	겁재
12운성-봉법(원국의 일간기준)									
사	묘	절	태	양	장생	목욕	관대	건록	제왕
12운성-봉법(세운의 천간기준)									
병	양	사	태	묘	장생	병	양	사	태

30	29	28	27	26	25	24	23	22	21
2032	2031	2030	2029	2028	2027	2026	2025	2024	2023
정관	편재	정재	식신	상관	비견	겁재	편인	정인	편관
임	신	경	기	무	정	병	을	갑	계
자	해	술	유	신	미	오	사	진	묘
편관	정관	상관	편재	정재	식신	비견	겁재	상관	편인
12운성-봉법(원국의 일간기준)									
절	태	양	장생	목욕	관대	건록	제왕	쇠	병
12운성-봉법(세운의 천간기준)									
제왕	목욕	쇠	장생	병	관대	제왕	목욕	쇠	장생

이어서 월운을 보며, 어떤 달은 준비, 어떤 달은 본격 실행, 어떤 달은 정리·휴식 쪽에 어울리는지 리듬을 읽어 본다. 사건 하나를 맞히려 하기보다, "이번 시기에는 어디에 힘을 주고, 어디는 무리하지 말까?"를 결정하는 참고 시계로 활용하면 좋다.

월운(1달운)

1월(N)	12월	11월	10월	9월	8월	7월	6월	5월	4월	3월	2월
식신	상관	비견	겁재	편인	정인	편관	정관	편재	정재	식신	상관
기축	무자	정행	병술	을유	갑신	계미	임오	신사	경진	기묘	무인
식신	편관	정관	상관	편재	정재	식신	비견	겁재	상관	편인	정인
12운성-봉법(원국의 일간기준)											
묘	절	태	양	장생	목욕	관대	건록	제왕	쇠	병	사
12운성-거법(월운의 천간기준) 절											
묘	태	태	묘	절	절	묘	태	사	양	병	장생

일	월	화	수	목	금	토
			1 편관 **계** **묘** 편인 (병, 장생)	2 정인 **갑** **진** 상관 (쇠, 쇠)	3 편인 **을** **사** 겁재 (제왕, 목욕)	4 겁재 **병** **오** 비견 (건록, 제왕)
5 비견 **정** **미** 식신 (관대, 관대)	6 상관 **무** **신** 정재 (목욕, 병)	7 식신 **기** **유** 편재 (장생, 장생)	8 정재 **경** **술** 상관 (양, 쇠)	9 편재 **신** **해** 정관 (태, 목욕)	10 정관 **임** **자** 편관 (절, 제왕)	11 편관 **계** **축** 식신 (묘, 관대)
12 정인 **갑** **인** 정인 (사, 건록)	13 편인 **을** **묘** 편인 (병, 건록)	14 겁재 **병** **진** 상관 (쇠, 관대)	15 비견 **정** **사** 겁재 (제왕, 제왕)	16 상관 **무** **오** 비견 (건록, 제왕)	17 식신 **기** **미** 식신 (관대, 관대)	18 정재 **경** **싱** 정재 (목욕, 건록)
19 편재 **신** **유** 편재 (장생, 건록)	20 정관 **임** **술** 상관 (양, 관대)	21 편관 **계** **해** 정관 (태, 제왕)	22 정인 **갑** **자** 편관 (절, 목욕)	23 편인 **을** **축** 식신 (묘, 쇠)	24 겁재 **병** **인** 정인 (사, 장생)	25 비견 **정** **묘** 편인 (9병, 병)
26 상관 **무** **진** 상관 (쇠, 관대)	27 식신 **기** **사** 겁재 (제왕, 제왕)	28 정재 **경** **오** 비견 (건록, 목욕)	29 편재 **신** **미** 식신 (관대, 쇠)	30 정관 **임** **신** 정재 (목욕, 장생)	31 편관 **계** **유** 편재 (장생, 병)	

나의 일주가 무엇인지 찾아보자. 다음 QR코드
는 만세력으로 이동하는 문이다. 링크로 이동해 자
신의 생년월일과 태어난 시간을 입력해 보자. 그 문
너머에 당신의 사주가 당신을 기다리고 있을 것이다.

새옹지마, 운명은 정해져 있지 않아

북쪽 변방에 지혜로운 노인이 살고 있었다. 어느 날 노인이 기르던 말이 우리를 뛰쳐나와 도주해 버렸다. 주위 사람들은 안타까워했지만 노인은 "이 일이 복이 될지 어찌 알겠소?"라며 덤덤한 표정을 지었다.

얼마 뒤, 도망갔던 말이 야생마 무리를 이끌고 돌아왔다. 사람들은 노인이 부자가 되었다고 축하해 주었다. 그러나 "이 일이 재앙이 될지 어찌 알겠소?"라며 덤덤한 표정을 지었다. 그 뒤 노인의 아들은 야생마을 길들이다가 말에서 떨어지는 바람에 다리를 다쳐 절름발이가 되고 말았다. 사람들은 귀한 아들이 다리를 다쳐 절름발이가 된 것을 안타까워하며 위로해 주었다. 그러나 노인은 "이게 다시 복이 될지 누가 알겠소?"라고 덤덤했다.

얼마 지나지 않아 나라에 전쟁이 일어나 남자들이 군대에 징집되었다. 전쟁에 나간 남자들은 전투 중에 전사하여 마을은 자식과 남편을 잃은 슬픔으로 통곡 소리가 끊이질 않았다. 그러나 노인의 아들은 다리를 다쳐 징집되지 않아 목숨을 부지할 수 있었다. 그제야 사람들은 노인이 왜 그리 덤덤했는지 알게 되었다.

이 이야기를 '인간 만사, 새옹지마(塞翁之馬)'라고 부른다. 인생의 화

(禍)와 복(福)은 동전의 양면처럼 맞닿아 있으며 한쪽으로만 흐르지 않는다는 것이다.

인간은 태어나는 순간 모두가 사주팔자를 가진다. 이는 분석심리학에서 말하는 원형(Archetype)에 해당한다. 원형은 오랜 세월 무의식 속에서 저장해 온 생존 전략이자 삶을 이끄는 본능적 에너지다. 이 원형은 성장과 진화를 향해 나간다. 그리고 원형의 길 위에 영향을 미치는 요소가 바로 운(運)이다.

운은 대표적으로 대운과 세운으로 나눈다. 대운은 10년간 지속되는 운이고, 세운은 1년 동안 적용되는 운이다. 대운은 주기가 크고 변화가 천천히 오기 때문에 환경에 비유하고, 세운은 구체적인 사건으로 일어난다. 좋은 대운이 오면 환경과 여건이 개선되고, 세운이 좋으면 능력을 발휘할 적절한 시기가 되었다는 것으로 본다. 반대로 대운이 불리하면 직접 일을 벌이기보다 조직이나 타인에 기대는 것이 좋고, 세운이 좋지 않다면 내면의 성장을 도모하는 시기로 삼는 것이 좋다.

운은 계절처럼 순환한다. 밤이 깊으면 새벽이 오고 겨울이 가면 봄이 오듯 힘든 시기도 언젠가는 지나간다. 지금 힘든 시절을 보내고 있다면 곧 좋은 시절이 올 것이라는 희망을 품을 수 있다.

사주에서 운의 좋은지 나쁜지는 사주팔자의 여덟 글자의 중화에 달려 있다. 오행이 한쪽으로 치우치면 주의가 필요하다. 너무 과다하거나 부족해지면 집착과 왜곡이 생기기 쉽다. 이때 필요한 것은 채움과 비움이다. 타고난 사주팔자에 이미 강한 오행이 있는데 운에서 추가로 들어오면 기운이 넘쳐 조화가 무너진다. 반대로 본래 부족한 오행이 운에서 더 약해지면 결핍이 심화된다. 운은 미리 알 수 있으므로 알아차리고 준비하는 것이 중요하다.

우리의 삶은 끊임없는 조율하고 선택하는 과정의 연속이다. 내가 어떤 원형을 가지고 태어났는지를 이해하고 운의 흐름을 파악하여 채우거나 비워 균형을 맞추는 것이 운(運)을 알고 명(命)을 아는 것의 유익함이다.

떡볶이 사주

일주 깊이 보기

핵심 양념 이해하기

일주는 사주의 중심축

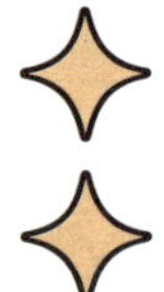

사주팔자는 태어난 년, 월, 일, 시로 만든 네 개의 기둥으로 모두 여덟 개의 글자다. 년의 기둥을 년주, 월의 기둥을 월주, 일의 기둥을 일주, 시의 기둥을 시주라 부른다. 네 개의 기둥은 각각 시간과 공간의 의미를 담고 있다. 년주는 조상과 나의 뿌리로 어린 시절의 환경을 나타낸다. 월주는 나를 낳고 키워 준 부모와 함께 자라는 형제자매를 나타낸다. 시기로는 청소년, 청년기의 시절이다. 시주는 자녀와 말년과 같이 미래의 결실 등을 상징한다.

★ 그렇다면 '나'는 어디 있는가?

일주가 바로 '나 자신'을 의미한다. 일주는 사주의 주인공으로 개인의 근본적인 성격과 삶의 방식을 결정하는 자리다. 일주에서 위의 글자인 천간은 나를 나타내는 글자이고 아래 글자인 지지는 내가 딛고 선 환경과 내면의 정서를 상징한다. 나머지 일곱 글자는 모두 이 일간

떡볶이 사주

을 중심축으로 관계를 맺는다.

즉, 사주팔자의 나머지 글자들은 '일간'이라는 주인공이 있을 때 비로소 의미를 갖는다. 무대 위에 주인공이 서 있어야 조연들도 빛을 발하는 것과 같다.

오늘 하루는 '나'라는 주인공이 서 있는 무대이자 활동의 중심이다. 조상이나 사회적 환경 자녀나 미래 같은 외부 세계가 아니라 지금 이 자리에 서 있는 '나 자신'이 기준이 된다. 내가 어떤 자리에 서 있는지를 이해하면 그 자리를 통해 나를 바라볼 수 있다.

★ 일지라는 무대에서 일간이라는 배우로 살아가기

일주에서 천간의 글자를 '일간'이라 부른다. 우리가 이름을 통해 자신을 부르듯 사주에서는 갑(甲), 을(乙), 병(丙) 등의 글자로 나의 고유한 기질과 성격을 표현한다. 예를 들어 김철수라는 이름이 나를 상징하듯 사주에서는 '갑'이라는 글자가 나의 본질적인 성향을 상징한다.

연극 무대를 비유하면 일간이 '배우'이고 일지는 '무대'이다. 이 둘이 함께 만들어 내는 장면이 바로 '일주'의 삶이다. 일주는 "내가 어떤 사람이고 어떤 삶을 살아가는가?"를 보여 주는 기호가 된다.

예를 들어 갑자 일주를 살펴보자. '갑'은 주체로서의 나, 즉 하늘의 기운을 받은 나의 성격과 기질이다. '자'는 땅의 기운으로 내가 놓인 심리적 환경과 대인 관계에서의 모습을 나타낸다. 여기에는 겉으로 드러나지 않는 무의식의 정서와 욕망도 함께 담겨 있다. 내가 자주 느끼는 감정과 쉽게 가지를 뻗어 가는 생각이다. 그래서 일간과 일지를 이해하는 일은 내 삶의 무대와 그 위에서 연기하는 나의 모습을 함께 이해하는 과정이다.

일주의 천간은
자아의 표상

★ 일간, 나도 모르는 나를 담다

일간은 태어난 날의 천간으로 사주학은 일간이 중심이 되어 나머지 글자들과의 관계를 살펴 구조를 정의한다고 했다. 그런데 어떻게 태어난 날의 천간 하나가 한 사람의 성격과 기질을 대변할 수 있을까? 갑·을·병·정·무·기·경·신·임·계, 이 열 개의 글자 중 하나가 나라는 존재를 담고 있다고 믿는가? 이는 오랜 시간 축적된 관찰이자 통찰이 담긴 지혜의 결과물이다.

일간이 자아를 상징하는 이유는, 삶이 하루를 어떻게 보내는가에 따라 좌우되기 때문이다. 과거는 이미 지나갔고 미래는 아직 오지 않았다. 우리가 직접 경험하며 살아가는 시간은 매일의 '오늘'뿐이다. 오늘을 어떻게 사느냐에 따라 인생의 방향이 달라지듯 태어난 날의 기호인 일주가 나를 압축해서 보여 주는 상징이 된다.

일간은 하루의 가장 본질적인 에너지를 나타낸다. 태어나는 순간 하늘에서 받은 기운, 즉 천기(天氣)가 일간이다. 이 기운은 평생 변하지 않는 개인의 원형으로, 모든 행동과 선택의 동기가 되는 바탕이다.

일간은 겉으로 드러난 성격뿐 아니라, 본인조차 쉽게 인식하지 못하는 내면의 성향까지 포함한다. 사회적인 역할이나 후천적인 학습으로 본래 기질을 가리며 살아갈 수 있지만, 중요한 순간이나 한계 상황에서는 결국 자신의 원형, 일간의 모습이 드러나곤 한다

★ 10가지 천간, 간단히 훑어보기

본격적으로 일주를 살펴보기 전에 천간의 특성을 다시 상기해 보자. 큰 나무, 갑목(甲木)은 큰 나무처럼 곧고 당당하다. 리더십이 강하고 정의감이 뚜렷하며, 한번 결정한 일은 끝까지 밀고 나가는 추진력을 보인다.

작은 나무, 을목(乙木)은 꽃이나 풀처럼 부드럽고 섬세하다. 적응력이 뛰어나고 인간관계에서 조화를 중시하며, 예술적 감성이 풍부하다.

큰 불, 병화(丙火)는 태양과 같은 밝고 활발한 에너지를 가진다. 낙천적이고 사교적이며, 다른 사람들에게 희망과 용기를 주는 따뜻함이 있다.

작은 불, 정화(丁火)는 촛불처럼 은은하면서도 따뜻한 온기를 준다. 섬세하고 직관적이며 깊이 있는 사고와 예리한 통찰력이 있다.

큰 땅, 무토(戊土)는 산과 같이 든든하고 포용력이 크다. 신뢰할 수 있고 책임감이 강하며, 다른 사람들의 든든한 버팀목이 된다.

작은 땅, 기토(己土)는 밭과 같이 생산적이고 실용적이다. 현실 감각

이 뛰어나고 꼼꼼하며 작은 것도 소홀히 하지 않는 성실함이 있다.

큰 쇠, 경금(庚金)은 쇠와 같이 강하고 날카롭다. 의지력이 강하고 결단력이 있으며, 어려운 일도 뚫고 나가는 용기를 발휘한다.

작은 쇠, 신금(辛金)은 보석처럼 아름답고 세련되다. 품격이 있고 심미안이 뛰어나며 정교하고 완벽함을 추구한다.

큰 물, 임수(壬水)는 바다처럼 광활하고 포용력이 크다. 지혜롭고 융통성이 있으며 깊이 있는 사고와 통찰력을 지닌다.

작은 물, 계수(癸水)는 이슬이나 샘물처럼 조용하고 맑다. 사려 깊고 직관적이며 남을 배려하는 따뜻한 마음을 품는다.

떡볶이 사주

일주의 지지는
생활의 베이스

★ 동전의 양면과도 같은 일간과 일지

일간 바로 아래에 있는 글자를 일지라고 부른다. 일지는 일간과 가장 밀접하게 맞닿아 있는 자리다. 일간에게 일지는 '가장 가까운 타인'이자 내가 가장 편안하게 기댈 수 있는 사적인 공간을 의미한다.

전통적으로 일지는 '배우자궁'이라고 부른다. 결혼 상대만을 뜻하는 것이 아니라 인생의 반쪽이나 개인적인 공간에서 드러나는 나의 모습을 상징한다. 우리는 혼자 있을 때와 누군가와 함께 있을 때 전혀 다른 모습을 보이기도 한다. 특히 마음이 놓이는 사람 앞에서는 가장 솔직한 모습이 튀어나온다. 일지는 이런 '자아'를 드러내는 자리다.

일간과 일지의 관계는 동전의 양면과도 같다. 앞면과 뒷면이 모여 하나의 동전이 되듯 일간과 일지도 서로 다른 두 모습이 모여 하나의 나를 이룬다. 일간이 의식적이고 외부에 드러나는 나라면, 일지는 무의식적이고 내면에 자리한 나의 모습이다. 둘이 조화롭다면 삶의 안정감이 크지만, 충돌하는 구조라면 내면의 갈등과 긴장감을 더 자주 경험하게 된다.

예를 들어 갑진 일주를 보자. 갑목 일간은 큰 나무처럼 진취적인 기상을 지닌다. 진토 일지는 기름진 땅으로, 갑목이 잘 자랄 수 있는 비옥한 기반이다. 갑목에게 진토는 '재성'에 해당하는 자리다. 관리하고 책임져야 할 대상을 의미한다.

그래서 갑진 일주는 겉으로는 당당하고 자신감 넘치는 모습으로 보이지만, 내면에서는 이상을 실현하기 위해 끊임없이 고민하고 움직이는 사람이다.

⭐ 사적인 공간에서의 또 다른 자아

일주는 '따로 또 같이'이면서도 결국 '하나'다. 일지를 통해 자신을 한 걸음 떨어져 객관적으로 바라볼 수 있고 관계 속에서 드러나는 또 다른 자아를 발견할 수 있다. 이것이 일주가 자아 성찰의 도구로 확장될 수 있는 이유다.

일지를 '배우자궁'이라 부르는 이유는, 실제 배우자와의 관계를 이해하는 중요한 단서가 되기 때문이다. 좁게는 연인과 배우자를 의미하지만 넓게는 나와 긴밀하게 얽히는 중요한 타인을 상징한다.

우리는 사회에서 만나는 사람들에게는 어느 정도 사회적 가면을 쓰지만 무방비 상태에서는 본래의 모습이 나온다. 일지는 바로 이 '솔직한 자아'를 보여 주는 개인적인 공간이다.

예를 들어 정미 일주를 보자. 정화 일간은 촛불처럼 섬세하고 따뜻하지만 동시에 예민하고 까칠한 면을 지닌다. 미토는 불의 기운이 강

   떡볶이 사주

한 뜨거운 흙으로 관계 속에서 따뜻하고 포용적인 태도로 드러난다.

정미 일주는 겉으로는 조심스럽고 세심한 성향이지만 가까운 사람들 앞에서는 헌신적인 태도로 나타날 수 있다. 일간과 일지를 함께 바라보면 사랑·연애·결혼 관계에서 내가 어떤 패턴을 보이기 쉬운지, 어떤 부분에서 상처를 주고받기 쉬운지 이해하는 데 도움이 된다.

나는 왜
같은 패턴을 반복할까

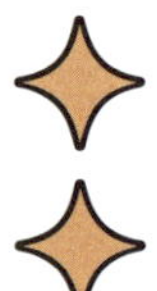

★ 오행이 알려 주는 내 마음의 약점

인간의 감정 변화는 오행의 흐름으로 이해할 수 있다. 나무, 불, 흙, 쇠, 물의 다섯 가지 기운이 내 사주 안에서 어떻게 배치되고 상호작용하는가에 따라 나만의 감정 패턴이 형성된다. 똑같은 악기지만 튜닝된 모습에 따라 음색이 달라지듯이 사람마다 고유한 감정의 음색과 리듬이 있다. 자신의 사주에서 특정 오행이 과다하거나 부족할 때 도드라진 모습으로 나타난다. 오행 간의 불균형이 심할 때 감정적으로 취약해지는 지점이 생긴다.

나무의 기운이 과다한 경우에는 끊임없는 변화와 자극을 추구하는 모습을 보인다. 초반에 에너지를 많이 쓰면 정작 중요한 순간에 집중력을 잃고 산만해지기 쉽다. 변화를 추구하는 성향으로 반복적인 업무 앞에서는 지루함과 무기력감을 느끼기도 한다.

불의 기운이 부족한 경우에는 자신의 감정을 표현하는 것을 어려워한다. 속으로는 불만족스러운 감정이 일어나도 이를 밖으로 드러내지 못해 답답함이 쌓인다. 특히 자신을 어필해야 하는 상황이나 감정적 교감이 필요한 순간에 극도로 위축된다.

흙의 기운이 과다한 경우에는 변화에 대한 거부감이 강해 새로운 환경이나 상황에 적응할 때 어려움을 느낀다. 하던 습관대로 안정을 추구하다가 오히려 정체되고 이로 인해 자신감을 잃고 우울감에 빠지는 악순환을 경험한다.

쇠의 기운이 과다한 경우에는 완벽주의 성향으로 작은 실수를 용납하지 못한다. 엄격한 기준은 자신뿐만 아니라 타인에게 지나치게 적용하여 스트레스가 누적된다. 누적된 스트레스와 분노를 스스로 억누르다가 어느 순간 심한 자책이나 좌절로 터져 나올 수 있다.

물의 기운이 과다한 경우에는 지나치게 많은 것을 생각하고 고민한다. 상황을 복잡하게 분석하다가 결정을 미루고 그 사이에 기회를 놓치기도 한다. 행동을 하지 못한 자신을 탓하며 무력감에 빠지는 패턴이 반복되기 쉽다.

이처럼 반복되는 감정 패턴은 단순한 변덕이나 우연이 아니다. 타고난 오행의 구조에 새겨진 에너지 조합이 만들어 내는 필연적인 결과에 가깝다. 이 구조를 이해하면 "왜 나는 늘 이렇게 되지?"를 지적하는 대신, 그 패턴을 어떻게 다루고 성장의 자원으로 바꿀 것인지를 생각할 수 있게 된다.

성격과 기질,
감정 패턴의 트리거

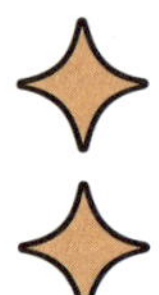

★ 왜 나는 이렇게 반응할까?

누구나 한 번쯤은 "이번에는 다르게 해 보자 했는데, 또 똑같이 반응해 버렸네." 하는 경험을 한다. 마음을 단단히 먹어도 어떤 상황에서는 순식간에 감정이 끓어오르거나 반대로 얼어붙어 버리기도 한다.

이처럼 자동으로 작동하는 반응 버튼을 '트리거(trigger)'라고 한다. 트리거는 원래 방아쇠라는 뜻으로 컴퓨터 시스템에서 특정 조건이되면 자동으로 실행되는 기능을 의미한다. 예를 들어 주문 접수가 들어오면 자동으로 알림 메일을 보내는 프로그램이 있다면 그때의 조건이 바로 트리거다.

감정도 마찬가지다. 특정 상황이 되면 자동으로 켜지는 프로그램처럼 비슷한 감정과 반응이 반복된다. 이 반응은 갑자기 생긴 것이 아니라, 태어날 때부터 가지고 온 오행의 구조와 성장 과정에서 겪은 경험

떡볶이 사주

들이 함께 만들어 낸 '감정 프로그램'과 같다.

⭐ 오행이 알려 주는 내 마음의 스위치

나무의 기운이 강한 사람은 성장과 발전에 대한 갈망이 크다. 이들의 감정 패턴은 정체감과 좌절감을 중심으로 형성된다. 새로운 것을 배우고 경험하지 못할 때 답답함과 조급함에 빠진다. 반대로 성장의 기회를 얻으면 급격히 기분이 좋아지는 극과 극의 감정 변화를 보인다.

불의 기운이 두드러진 사람은 표현과 인정에 대한 욕구가 강하다. 이들은 관심받지 못하거나 자신의 진심이 전달되지 않을 때 외로움과 서운함을 동시에 느낀다. 감정의 기복이 크고 표현이 직접적이며 타인의 반응에 민감하게 반응하는 패턴을 보인다.

흙의 기운이 강한 사람은 안정과 소속감을 중요하게 생각한다. 변화나 불확실성 앞에서 불안과 걱정이 커지며, 자신이 필요한 존재라는 확신을 얻지 못할 때 무력감에 빠진다. 하지만 안정된 환경에서는 누구보다 평온하고 든든한 감정 상태를 유지한다.

쇠의 기운이 강한 사람은 질서와 완성을 추구한다. 일이 계획대로 되지 않거나 기준에 미치지 못할 때 스트레스와 자책감을 느낀다. 감정 표현은 절제되어 있지만 내적으로는 예리하고 날카로운 감정 변화를 경험한다.

물의 기운이 강한 사람은 깊이와 유연성을 중시한다. 표면적으로는 차분해 보이지만, 내면에서는 복잡한 감정의 파도를 경험한다. 외로움과 고독감에 빠지기 쉽지만, 동시에 통찰과 지혜를 얻는 감정적 여정을 거친다.

⭐ 감정적 DNA 해독, 성장으로 가는 길

사주의 오행은 개인의 감정적 DNA와 같다. 이 DNA를 해독하여 자신이 언제 어떤 상황에서 어떤 방식으로 반응할지를 예측하고 준비할 수 있다. 또한 자신의 감정적 강점은 더욱 발전시키고 취약점은 보완하는 전략을 세울 때 활용할 수 있다.

무엇보다 중요한 것은 내 안에서 자동으로 일어나는 반응을 과하게 비판하지 않는 것이다. 그것은 오랜 세월에 걸쳐 형성된 생존 전략이자 개인의 고유한 존재 방식이기 때문이다. 지금의 환경이 만족스럽지 않을 때 자신의 트리거를 이해하고 조금씩 다른 선택을 시도해 보는 것이 현명하다. 사주를 통해 내 감정의 자동 반응 장치를 자각할 때, 성장의 트리거는 반응을 시작할 것이다.

떡볶이 사주

십이운성,
인생의 에너지 타임라인

인생을 살다 보면 누구나 "왜 이렇게 힘들까?"라고 생각하는 시기가 있다. 어떤 때는 모든 일이 술술 풀리고 자신감이 넘치는 반면, 어떤 때는 아무리 노력해도 제자리걸음인 것 같다. 이런 에너지의 흐름의 패턴을 알기 위해 십이운성이라는 체계를 제공한다. 개인이 가진 에너지의 크기를 생로병사의 단계로 표기한 것이다.

십이운성은 12단계로 이루어져 있다. '장생 → 목욕 → 관대 → 건록 → 제왕 → 쇠 → 병 → 사 → 묘 → 절 → 태 → 양'이다. 이 중에서 장생, 목욕, 관대, 건록, 제왕은 상승 에너지를 나타내고 쇠, 병, 사, 묘는 하강 에너지를 나타낸다. 절, 태, 양은 하강의 끝에서 다시 상승을 위한 에너지 전환의 단계를 나타낸다.

십이운성은 개인의 생체 리듬과 같이 심리적 패턴을 반영한다. 같은 환경에 있어도 사람에 따라 의욕, 집중력, 대인 관계, 심지어 건강 상태까지 달라진다. 이는 바이오리듬과 같은 생체 주기와 유사한 개념으로 시절의 다양성을 부여한다.

십이운성과 단계의 의미

- 장생: 탄생과 시작의 시기, 새로운 에너지가 움트는 때
- 목욕: 성장 초기에 몸을 씻는 과정, 미숙한 시절
- 관대: 사회에 나갈 준비를 마치고 책임을 맡기 시작하는 단계
- 건록: 자신의 능력을 발휘하며 역할을 수행하는 시기
- 제왕: 역량과 영향력이 절정에 이르는 시기
- 쇠: 기운이 서서히 꺾이고 힘이 빠지기 시작하는 단계
- 병: 몸과 마음에 부담이 쌓이고, 관리가 필요한 시기
- 샤: 이전의 것을 내려놓고 끝을 맞이하는 단계
- 묘: 묻히고 숨는 시기, 드러나지 않고 내면으로 숨는 단계
- 절: 완전한 단절과 정지의 시기, 새로운 준비를 위한 바닥
- 태: 아직 보이지 않지만, 가능성이 잉태되는 시기
- 양: 태아가 양분을 흡수하며 조용히 자라는 시기

★ 에너지 절정의 시기 – 관대, 건록, 제왕

십이운성은 총 12가지이지만 이 중에서 중요한 시기의 특징을 살펴보자. 먼저 가장 절정의 시기는 관대, 건록과 제왕의 시기다.

관대는 성장하고 발전하는 시기다. 관대의 시절에 들어서면 기반이 잡히고 자신감이 생기기 시작한다. 이때는 자신의 능력을 인정받고 싶은 욕구가 강해진다. 감정적으로는 자신감과 약간의 오만함이 동시에 나타난다. 성취욕이 강하고 경쟁심도 강하다.

 떡볶이 사주

건록은 성인이 되어 사회적 책임을 지기 시작하는 시기다. 능력이 인정받고 중요한 역할을 맡게 된다. 감정적으로는 안정되고 자신감이 있으며 리더십을 발휘할 기회가 많아진다. 대인 관계도 원만하고 사회적 영향력이 커진다.

제왕은 인생의 절정기다. 모든 면에서 좋은 컨디션을 보이며 원하는 것을 이룰 수 있는 힘과 기회가 갖춰진다. 감정적으로는 충만하고 만족스러워 자신의 가치를 발휘할 수 있다. 하지만 이 시기에는 교만해지지 않고 겸손함을 유지하는 것이 필요하다.

★ 에너지 하강의 시기 – 병, 사, 묘, 절

움츠러드는 시기는 주로 병, 사, 묘, 절의 시기다. 병은 에너지가 약하고 문제가 표면으로 드러나는 시기다. 건강이나 인간관계에서 어려움을 겪을 수 있고 감정적으로도 불안하고 위축된다. 하지만 이 시기는 역설적으로 자신의 문제점을 발견하고 개선할 수 있는 기회이기도 하다.

사는 끝과 마무리의 시기다. 기존의 방식이나 관계가 종결되고 새로운 전환점을 맞는다. 감정적으로는 상실감이나 허무함을 느낄 수 있다. 이때는 새로운 시작을 위한 필수 과정으로 새로운 가능성에 무게를 두고 마음을 열어야 한다.

묘는 정리하여 땅에 묻히는 시기이다. 모든 것이 내면으로 감춰지고 외부로 표현되지 않는다. 감정이나 생각이 억눌려 답답함을 느낀다. 주변과 단절되거나 고립감을 경험하기도 한다. 지나온 경험을 쌓아 정리하고 보존하는 과정으로, 내적 성장과 정리에 집중하는 것이 좋다.

절은 완전한 단절과 새로운 준비의 시기다. 모든 것이 막막해 보이고 희망을 찾기 어려울 수 있다. 하지만 절망의 끝에서 새로운 희망이 싹튼다. 이 시기에는 외부 활동보다는 내적 수양과 자기 계발에 집중하는 것이 좋다.

⭐ 지금 내 인생의 계절은?

십이운성에는 강약에 따른 희비가 있지만, 어느 단계 하나 의미 없는 시기는 없다. 빛나는 시기만 계속된다면 성숙과 성찰이 어려울 것이다. 반대로 움츠러든 시기만 계속된다면 도전과 성취가 막힐 것이다. 각 단계를 이해하고, 그에 맞는 태도와 전략을 취할 때 우리는 한층 성장할 것이다.

지금 내가 어떤 십이운성의 계절에 서 있는지 떠올려 보자. 상승기라면 기회가 왔을 때 도전하는 용기가 필요하다. 하강기라면 욕심을 조금 내려놓고 몸과 마음의 내실을 다지는 편이 좋다. 전환기라면 나에게 진짜 중요한 것이 무엇인지 돌아보며 방향을 다시 잡아야 한다.

겨울이 가면 봄이 오고, 여름이 지나면 가을이 오듯, 우리의 인생도 순환한다. 지금 어떤 계절을 지나고 있든, 결국 이 시기가 지나가야 다음 장면이 열린다.

십이운성으로
일주를 해석하는 방법

십이운성은 시기와 함께 하늘의 기운(천간)이 땅의 자리(지지) 속에서 얼마나 힘을 발휘하는지를 알려 준다. 일간이 각 자리에서 어느 단계의 에너지를 갖고 있는지를 보면, 그 사람의 삶에서 어떤 부분이 강점이고, 어떤 부분이 부담이나 과제가 되는지 이해할 수 있다.

십이운성을 활용하는 방법으로 ① 봉법, ② 거법, ③ 좌법, ④ 인종법이 있다. 일주론에서는 일지 두 글자만 보기 때문에 좌법과 인종법을 중요하게 본다. 일지 속에 숨어 있는 지장간의 십성을 살펴보면, 그 사람의 삶과 관계 패턴을 상당 부분 이해할 수 있다.

★ 봉법

봉법은 일간을 기준으로, 년지 · 월지 · 일지 · 시지 각각의 십이운성을 보는 방법이다. 만세력의 지지 아래에 쓰여 있는 12운성 표기가 바로 봉법에 해당한다.

　예를 들어 을사년 계미월 갑신일 계유시의 사주가 있다고 하자. 십이운성 표를 보면, 갑목 일간이 사화(년지)에서는 병지, 미토(월지)에서는 묘지, 신금(일지)에서는 절지, 유금(시지)에서는 태지에 해당하는 식으로 나타난다.

십이운성 봉법

시주	일주	월주	년주	구분
정인	일간(나)	정인	겁재	십신
계	**갑**	**계**	**을**	천간
유	**신**	**미**	**사**	지지 (공망)
정관	편관	정재	식신	십신
경 편관 신 정관	무 편재 임 편인 경 편관	정 상관 정 겁재 기 정재	무 편재 경 편관 병 식신	지장간
단교각살	천덕귀인 월덕귀인	천을귀인 급각살	관귀학관 문창귀인	길신 흉신
장성	망신	월살	지살	12신살
태	절	묘	병	12운성 (봉법)
병	절	묘	목욕	12운정 (거법)
오 상관, 미 정재				공망

　　　　　　　　　　　　　　　　　　　떡볶이 사주

봉법으로 살펴본 네 기둥의 십이운성은 각 시기와 관계에서 일간의 힘이 어느 정도인지 알려 준다. 년주는 유년기, 월주는 청소년·청년기, 일주는 장년기, 시주는 노년기를 상징한다.

대인 관계로 보면, 년주는 조상, 월주는 부모와 형제자매, 일주는 나와 배우자, 시주는 자녀나 후배, 아랫사람을 의미한다. 따라서 일간이 어떤 자리에 어떤 십이운성 단계로 놓여 있는지를 보면 어느 시기, 어떤 관계에서 에너지가 강하고 약한지를 읽을 수 있다.

★ 거법

거법은 년주 · 월주 · 일주 · 시주의 각 천간의 글자가 십이운성의 어느 단계에 있는지를 각각 살펴보는 방법이다. 즉, '십신의 십이운성으로 힘의 세기'를 살피는 데 활용된다.

십이운성 거법

시주	일주	월주	년주	구분
정인	일간(나)	정인	겁재	십신
계	갑	계	을	천간
유	신	미	사	지지 (공망)
정관	편관	정재	식신	십신
경 편관 신 정관	무 편재 임 편인 경 편관	정 상관 정 겁재 기 정재	무 편재 경 편관 병 식신	지장간
단교각살	천덕귀인 월덕귀인	천을귀인 급각살	관귀학관 문창귀인	길신 흉신
장성	망신	월살	지살	12신살
태	절	묘	병	12운성 (봉법)
병	절	묘	목욕	12운정 (거법)
오 상관, 미 정재				공망

떡볶이 사주

을사년 계미월 갑신일 계유시에서, 년주 을사년의 을목(겁재)은 십이운성으로 목욕, 월주 계미월의 계수(정인)는 묘지, 시주 계유시의 계수(정인)는 병지에 해당한다.

거법으로 나의 십성(비견, 겁재, 식신, 재성, 관성, 인성 등)이 어느 시기에 얼마나 힘을 발휘하는지, 그리고 그 힘이 초반의 미숙한 에너지인지, 절정기인지, 정리 · 마무리 단계인지를 파악할 수 있다.

★ 좌법

좌법은 일지 속에 숨어 있는 지장간의 십이운성을 살펴보는 방법이다. 즉, 겉으로 드러나지 않은 내면의 힘을 읽어 내는 방식이다.

십이운성 좌법

예를 들어 갑신 일주의 경우, 신금 지지 안에는 지장간으로 무토, 임수, 경금이 들어 있다. 십이운성 표를 참고해 보면, 무토(편재)는 병지, 임수(편인)는 장생, 경금(편관)은 건록에 해당한다. 이를 통해 갑신 일주의 내면에서 재물 활동(편재)은 다소 불안정하고 기복이 있을 수 있고(병지), 학습과 영감, 직관(편인)은 새롭게 시작되고 자라나는 힘이 강하며(장생), 직업과 역할, 책임(편관)은 실제로 능력을 발휘하기 좋은 기운(건록)을 갖고 있음을 알 수 있다.

★ 인종법

십이운성 인종법

인종법은 일지의 지장간에 존재하지 않는 오행을 찾아, 그 오행에 해당하는 십신의 힘을 십이운성으로 추적하는 방법이다. 일종의 '빈자리 분석'이라 할 수 있다.

다시 갑신 일주를 예로 들어 보자. 신금의 지장간에는 무토, 임수, 경금만 존재한다. 따라서 목과 화의 오행은 없다. 이때 목과 화에 해당하는 십간, 갑목(비견)과 병화(식신)에 대한 십이운성을 표에서 찾아본다.

신금이 양금이므로, 양목인 갑목과 양화인 병화를 기준으로 보면, 갑목 비견은 절지, 병화 식신은 병지에 해당한다. 즉, 갑신 일주의 경우 비견(자아, 독립심, 또래 관계)은 힘이 약하고 끊어지는 경향(절지)을 갖고, 식신(표현력, 창조성, 먹고사는 힘)은 병으로 인해 에너지가 약하거나 불안정한 상태일 가능성이 높다. 이처럼 인종법은 사주에 드러나지 않은 힘의 결핍과 과제를 짚어 보는 데 유용하다.

케이스로 살펴보는 일주 풀이

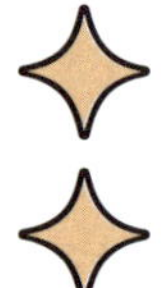

이제 실제 예시를 통해 일주 풀이의 흐름을 정리해 보자. 우선 정확한 출생 정보(년·월·일·시)로 사주 명식을 뽑는다. 일주는 그중 '태어난 날'에 해당하는 간지다. 일주 해석은 보통 다음과 같은 순서로 진행한다.

★ 천간과 지지를 분리해서 보기

천간은 겉으로 드러나는 성격, 자아의 표현 방식을 보여 준다. 지지는 내면의 욕구, 심리적 환경, 잠재력을 나타낸다.

★ 천간과 지지가 만들어 내는 조합의 시너지 읽기

두 기운이 서로 조화를 이루는지, 갈등 속에서 단련되는지, 어떤 방향으로 삶의 특징이 드러나는지 살펴본다.

예를 들어 갑신 일주의 경우를 보자. 갑목은 하늘을 향해 곧게 뻗은 큰 나무처럼, 성장과 개척의 에너지가 강한 기운이다. 신금은 단단하고 날카로운 쇠의 기운으로, 나무의 성장을 자르고 다듬는 역할을 한다. 그래서 갑신 일주는 기본적으로 곧고 강한 기질을 가지지만, 동시에 금의 제약을 받아 갈등과 단련을 거치며 단단해지는 타입으로 볼 수 있다. 외부의 도전과 기준 속에서 스스로를 다듬으며 성장하는 구조다.

일주 예시

★ 좌법과 인종법으로 내면의 힘과 빈자리 살펴보기

일지의 지장간을 통해 어떤 십성이 힘을 얻고 있는지, 지장간에 없는 오행은 어떤 십성이고 힘의 세기는 어떠한지를 확인한다. 갑신 일주의 예에서, 무토(편재)는 병지에 있어 재물 활동이 불안정하게 나타나기 쉽고, 임수(편인)는 장생으로 학습과 영감, 아이디어의 시작 에너지가 강하며, 경금(편관)은 건록으로 사회에서 역할과 책임을 수행하는 데 힘이 있는 구조로 해석할 수 있다.

★ 전체적인 삶의 패턴과 성장 방향 정리하기

어떤 환경에서 강점을 발휘하고, 어떤 상황에서 반복적인 어려움을 겪는지, 그 패턴을 어떻게 이해하고 다뤄 나가야 할지 정리한다.

일주 풀이는 단순히 "좋다/나쁘다"를 판단하는 작업이 아니다. 일주의 기본 구조를 이해하고, 그 구조를 바탕으로 어떻게 더 균형 잡힌 삶을 살아갈 수 있을지 길을 찾는 과정에 가깝다.

MBTI도 좋지만 사주를 찾는 이유

사람의 성격을 유형별로 구분하고 이를 분석하는 다양한 도구가 존재한다. 서양에서는 MBTI(Myers Briggs Type Indicator)가 있고 동양에서는 사주가 성격과 운명을 해석하는 체계로 활용되었다. MBTI는 미국의 캐서린 브리그스와 그녀의 딸 이사벨 마이어스가 개발한 성격 유형 지표로 사람의 성격을 다음의 4가지 요소로 나눈다.

에너지를 어떻게 쓰는가 | 외향성(E)과 내향성(I)을 구분하는 기준이다. 외향성은 '타인 중심적'이다. 에너지를 외부에 있는 사람이나 사물에서 얻는다. 그렇기에 관심을 외부 세계에 둔다. 내향성은 '자기중심적'이다. 이들의 관심은 자신 내부에 있다. 어떤 문제가 발생하면 외부의 도움보다 자기 생각과 경험으로 문제를 해결한다. 외향성은 '내가 다른 사람과 어떤 관계에 있을까?'라고 생각하지만, 내향성은 '다른 사람들이 나와 어떤 관계가 있을까?'라고 생각한다.

정보를 어떻게 받아들이는가 | 감각형(S)과 직관형(N)의 구분이다. 정보를 주로 오감(시각·청각·촉각·미각·후각)을 통해서 받아들이는

사람은 감각형이고, 영감이나 직감을 통해서 받아들이는 사람은 직관형이다. 직접 보고 경험한 것을 신뢰하는 사람은 감각형이고, 본능적으로 알아차리는 사람은 직관형이다. 감각형과 직관형은 사람마다 큰차이를 보이는데, 이는 개인의 인식 방식과 세계관을 결정하는 데 커다란 영향을 준다.

결정을 어떻게 내리는가 │ 사고형(T)과 감정형(F)의 구분이다. 사고형은 논리적이고 냉정하게 분석한 뒤 결론을 내린다. '무엇이 더 합당한가? 장점은 무엇이고 단점은 무엇인가?'라는 질문을 스스로 해 본다. 즉, 사고형은 결정을 객관화한다. 그러나 감정형은 정반대이다. 나의 문제로 인식한다. '나는 이 결정을 어떻게 느끼는가? 이 결정이나를 비롯한 다른 사람에게 어떤 영향을 미치는가? 그것이 옳은가?'라는 질문을 한다. 감정형은 상황을 개인화한다.

어떤 삶을 선택하는가 │ 판단형(J)과 인식형(P)의 구분이다. 판단형은 일정한 수준에서 결정하려는 본능을 가지고 있고, 반대로 인식형은 정보를 끊임없이 받아들이려 한다. 판단형은 결정하는 것을 좋아하고, 인식형은 결정을 뒤로 미루는 것을 좋아한다. 이러한 차이는 사회생활에서 두드러진다. 판단형은 조직적인 사람이지만, 인식형은 조직적인 생활이 불편하다. 판단형은 일을 끝냈을 때 에너지가 충만해지지만, 인식형은 새로운 프로젝트를 시작할 때 힘이 솟는다.

이 네 가지 요소를 조합하면 16가지 성격 유형이 만들어진다. MBTI는 자기 이해와 대인 관계, 직업 선택 등 다양한 영역에서 활용

떡볶이 사주

되고 있다.

반면 사주는 동양의 전통적인 성격과 운명 체계로, 개인이 태어난 날과 시간을 바탕으로 기질과 흐름을 해석한다. 자연에서 관찰되는 음양오행의 원리를 인간에게 적용한다. 하늘과 땅의 기운을 상징하는 '천간'과 '지지'를 조합해 인간의 성향과 운세를 풀어낸다.

MBTI와 사주 사이에는 여러 가지 차이점이 존재한다. 첫째, 분석 기준이 다르다. MBTI는 개인의 행동과 심리적 경향성을 기준으로 성격을 분류하는 반면, 사주는 출생 시점의 천간과 지지를 조합하여 타고난 기질과 운의 흐름을 분석한다.

둘째, 접근 방식이 다르다. MBTI는 현재의 성격 유형과 행동 패턴을 분석하는 데 초점을 맞춘다. 반면 사주는 타고난 기질뿐 아니라 운을 통해 흐름을 예측한다.

셋째, 활용 목적이 다르다. MBTI는 자기 이해와 타인과의 소통과 조직 내 역할 파악 등에 활용된다. 이에 반해 사주는 포괄적인 관점에서 개인의 삶의 방향성, 진로, 대인 관계 심지어 인생의 굴곡까지 조망하는 도구로 사용된다. 또한 사주는 수천 년에 걸친 경험적 철학의 축적물이지만, MBTI는 20세기 심리학을 기반의 현대적 도구다.

두 체계는 분석 기준과 접근 방식은 다르지만 공통적으로 인간의 성격과 행동 패턴을 이해하기 위한 체계적이 도구이다. 절대적인 정답을 찾기보다 자신을 이해하고 타인과의 관계를 보는 거울 같은 역할을 한다. 과학적 근거와 한계를 인정하고 열린 마음으로 활용한다면, 깊이 있는 자기 탐색이 가능할 것이다.

3부

일주
맛 분석

60가지 레시피

1장

큰 나무
- 곧게 뻗는 사람들

[큰 나무, 갑목]

갑목은 숲속에서 우뚝 솟은 키 큰 나무 같다. 또는 땅을 뚫고 올라오는 새싹의 생명력을 의미하여 시작과 성장의 에너지를 품고 있는 존재와 같다.

일간이 갑목인 사람은 대체로 자립심이 강하고 쉽게 흔들리지 않는다. 누구에게 기대지 않고 스스로 서서 목표가 생기면 돌진하여 밀고 나간다. 중심이 단단해서 웬만한 일에 흔들리지 않는다. 이들은 강한 리더십과 추진력으로 앞장서서 방향을 제시하고 어려운 상황에서도 나서는 용기를 발휘한다. 자존심과 명예를 중요하게 여기기 때문에 고집스럽게 보이기도 하지만 신념으로 나아간다.

갑자(甲子) 일주
– 외교적 네트워커

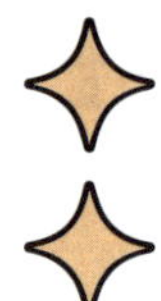

"궁금한 게 있는데요." 회의실에 울리는 또렷한 목소리. IT 기획팀을 이끄는 그녀는 30대 중반의 기획팀 팀장이다. 만약 직원의 인사 평가를 질문의 횟수로 매긴다면 그녀는 단연 1등일 것이다. 그녀에게 질문은 단순한 호기심이 아니다. 문제 해결을 위한 실마리이자 새로운 아이디어를 낳는 촉매제다.

회의가 길어지면 분위기가 흐트러지기 마련이다. 그럴 때 날카로운 질문 하나는 무거운 공기를 환기시키는 바람이 된다. 질문을 받는 사람뿐만 아니라 참석한 모두에게 사고의 전환을 유도하는 자극제가 되기도 한다.

강단 있는 목소리와 논리적인 설명으로 사람들의 시선을 사로잡는 그녀지만 그 내면에는 고뇌가 숨어 있다. 실패에 대한 두려움이나 팀원들을 향한 책임감, 더 나은 방향을 찾고 싶은 자신의 열망이 더 많이

   떡볶이 사주

질문하게 만든다.

"이건 우리가 한번 해 볼 만해요." 질문을 마친 그녀의 선언 같은 한 마디가 팀에 활력을 불어넣는다. 빠르게 변하는 IT 분야에서 그녀는 매 프로젝트마다 새로운 방법을 시도한다. 실패의 두려움보다 배움의 기회로 삼기 때문이다. 이러한 태도는 주변 동료들에게 귀감이 된다.

"어떻게 그렇게 모든 걸 잘 해내세요?"라고 물어보았다. 그녀는 미소 지으며 답한다. "잘하고 싶어요. 그런데 그건 해 봐야 아는 거잖아요?" 그녀의 성장 스토리는 질문에서 질문으로 이어지는 끝없는 탐구 과정이다.

★ 일주의 이해와 특징

갑자 일주는 곧은 나무같이 자라는 갑목(甲木)과 차가운 강물 같은 자수(子水)의 결합이다. 한번 관심을 가지면 깊이 파고들어 문제를 해결하려는 성향이 강하다. 하지만 여린 감성을 지녀 사소한 질책에도 상처받기 쉽고 작은 칭찬에도 큰 힘을 얻는다. 이들은 신뢰받는 조언자로서 대인 관계에서 중요한 역할을 한다. 이성적이고 논리적인 소통을 선호하며, 감정적인 동요 속에서도 자신의 중심을 지키려는 경향이 강하다.

★ 중요하게 여기는 가치

갑자 일주는 자기 성취와 타인에 대한 기여를 중요한 가치로 여긴다. 자신의 발전을 추구하면서도 집단의 목표를 외면하지 않고 통찰력과 역량으로 팀에 기여하고자 한다. 그러나 신중함이 지나치면 결정을 미루거나 강한 신념이 융통성 부족으로 이어질 수 있다.

★ 발전을 위한 성장 가이드

호기심과 도전하는 성향이 방향을 엉뚱하게 잡으면 시행착오가 크다. 균형 잡힌 시각을 위해 세 가지를 기억하자.

현실 감각을 강화하자 | 뛰어난 창의성을 가지고 있지만 이를 현실화하는 과정에서 어려움을 겪을 수 있다. 큰 목표는 작은 단위로 나누어 실행하자. 눈에 보이는 성과가 동기 부여의 원천이 된다.

내면의 성장을 도모하자 | 깊은 내면세계는 인간관계에서 스트레스로 이어질 수 있다. 명상이나 일기 쓰기, 예술 활동 등을 통해 자신의 감정을 이해하고 조절하는 능력을 키워 보자. 내면의 안정감은 대인관계와 업무 성과 모두에 긍정적인 영향을 준다.

소통 능력을 향상시키자 | 독립적인 성향은 강점이지만 모든 것을 혼자 해결하려는 태도는 성장을 방해할 수 있다. 자신의 생각을 명확히 표현하는 것도 좋지만, 다른 사람의 의견도 열린 마음으로 수용하는 연습이 필요하다.

★ 원만의 꿀팁!

차가운 물의 기운을 가지고 있는 갑자 일주에게 붉은빛을 띠는 루비를 추천한다. 루비는 열정과 생명력을 상징하며 갑자 일주의 생기 위에 창의성과 내면의 에너지를 더해 준다. 물과 나무의 기운이 루비의 기운으로 자연스럽게 흘러 자신감을 높여 주는 효과도 기대할 수 있다.

갑술(甲戌) 일주
– 독립적 실천가

약속한 시간이 되자 그녀가 모습을 드러냈다. 정확한 시간에 맞춰 도착한 것이다. 기다리고 있던 상대를 바라보며 미소 짓는다. 결혼의 시기가 법으로 정해진 것은 아니지만 그녀는 골드미스라는 말이 어색하지 않은 나이가 되었다. 하지만 그녀는 조급해하지 않는다. 스스로를 다독이기 위한 자기 최면이 아니라 실제로 그렇게 믿고 있다. 누구보다 열심히 살아왔고 일에 몰두하다 보니 시기가 늦어졌을 뿐이다. 결혼은 언제든지 마음만 먹으면 할 수 있다는 생각이다.

그녀는 자신의 반쪽이 어딘가에 있다고 믿는다. 대학 입시 때도 그랬고 취업할 때도 그랬다. 자신에게 맞는 학교가 있고 회사도 자신을 기다리고 있는 곳이 하나는 있을 것이라 생각했다. 이제는 자신에게 어울리는 사람도 어딘가 있을 거라 믿는다.

그런 생각이 결혼정보회사에 문을 두드리게 했다. 몇 달 전 신청을 마치고 마침내 상대를 만나는 날이다. 그녀는 사랑을 줄 줄도 알고 받을 줄도 아는 사람이다. 하지만 남자에 기대어 살고 싶은 생각은 없다. 사랑에 취해 자신을 잃거나 누군가에게 의지할 마음은 없다. 오히려 남자를 아래로 보는 듯한 마음이 있다. 애인이 생기면 헌신적으로 배려하지만 은근히 어린아이 취급을 한다.

그녀에게 배우자는 없어서는 안 될 존재라기보다 자신이 혼자 있을 때 외로움을 덜어 주는 사람에 가깝다. '가을날, 허허벌판에 서 있는 한 그루 나무의 고독감', 그것이 그녀의 마음 깊은 곳에 자리한 그림자일지도 모른다.

★ 일주의 이해와 특징

갑술 일주는 곧은 나무같이 자라는 갑목(甲木)과 넉넉한 대지 같은 술토(戊土)의 결합이다. 봄에 싹트는 생명력과 가을에 수확한 곡식을 거둬들이는 기운이다. 시작과 마무리의 에너지를 동시에 지니고 있다. 이들은 주도적으로 자신을 표현하고, 한번 시작한 일은 끝까지 책임지는 끈기가 있다. 주변 평가보다 자신의 신념과 기준을 중요하게 여기며, 이상과 현실의 균형을 지키기 위해 노력한다. 맡은 일에 최선을 다하고 약속을 반드시 지킨다. 그래서 사람들은 믿을 수 있고 문제를 해결해 주는 사람으로 인식한다. 어떠한 역할을 맡든 신뢰가 따라다닌다. 대인 관계에서는 책임감 있는 리더이자 갈등을 조율하는 중재자 역할을 한다. 원칙을 지키며 편견 없이 바라보는 시선으로 공정함을 유지한다.

   떡볶이 사주

★ 중요하게 여기는 가치

갑술 일주는 성장과 독립을 핵심 가치로 여긴다. 끊임없이 자기를 단련하고 증명해 내려는 태도는 조직에서 중요한 역할을 자처하는 책임감으로 이어진다. 이러한 생각이 자신을 한계에 몰아붙이지만, 발전을 이끄는 원동력이 된다.

★ 발전을 위한 성장 가이드

갑술 일주는 내면의 울림을 듣는 훈련이 필요하다. 마음에서 올리는 목소리를 듣기 위한 일상 속 실천들을 제안한다.

자연과 함께하자 | 자연은 정체된 마음을 치유하고 감각을 깨우는 공간이다. 정기적으로 산이나 바다를 찾으며 조용한 시간을 가져 보자. 삶의 복잡함은 단순해지고 생각은 맑아진다. 자연은 언제나 말 없는 조언자다.

새로운 경험을 하자 | 성장은 새로운 경험을 먹고 자란다. 매달 하나씩 새로운 도전을 해 보자. 일상 속의 작은 변화가 마음을 넓히고 숨겨진 가능성을 발굴하는 계기가 된다.

자기 돌봄을 실천하자 | 과도한 책임감으로 정작 자신의 어려움을 외면한다. 목표를 향해 달리는 것도 좋지만 자신을 돌보는 일도 중요하다. 쉼 없이 달리는 사람일수록 더 의식적인 '멈춤'이 필요하다. 스스로를 돌보는 것은 이기심이 아니라 지속 가능한 힘을 얻기 위한 충전의 시간이다.

강한 신념과 의지를 가진 갑술 일주에게 순백의 다이아몬드를 추천한다. 다이아몬드는 강인함과 순수함을 동시에 상징하여 곧고 강직한 성향과 조화를 이룬다. 특히, 중요한 결정을 내릴 때나 도전적인 상황에서 다이아몬드를 착용하면 내면의 힘이 더욱 단단해지고 목표를 향한 추진력이 강화된다.

갑신(甲申) 일주
– 돌파의 파이터

그는 벤처 스타트업의 대표로 혈기 왕성한 에너지를 가지고 있다. 밑바닥부터 시작한 자수성가형이다. 지금은 안정권에 들어섰지만 사업 초기의 반복된 실패의 경험으로 인해 겉으로 보이는 화려한 모습보다는 실질적인 성과를 중요하게 여긴다. 그에게 있어 성공이란 어느 날 갑자기 찾아온 로또 복권이 아니다. 문제를 발견하고 해결하는 과정에서 투입되는 노력의 총량이다. 그래서 외부 사교 모임보다 내부 전략회의에 더 많은 시간을 쓴다.

회의할 때의 모습을 보면 퍼즐을 맞추는 장인 같다. 리더들의 의견을 차분히 듣다가 날카로운 질문을 던진다. "지금 추진하는 전략이 실패하면 가장 큰 이유는 무엇일까요?" "지금 이 전략을 실행할 때 가장 먼저 바꿔야 할 '습관'이나 '패턴'은 뭘까요?" 그의 질문은 사고를 확장시키는 자극이 된다. 틀에 얽매이지 않는 유연함이 있기에 가능하다.

기존의 관습에 얽매이기보다 자유로운 사고와 자율적인 협업을 더 신뢰한다.

그의 하루는 늦은 저녁이 되어야 마무리된다. 많은 사람들이 그를 야망 찬 사업가로 보지만 그는 스스로를 이렇게 표현한다. "나는 문제를 발견하고 해결하는 과정에서 더 나은 방향을 찾는 사람입니다." 이러한 태도가 그를 지금도 성장하게 한다.

⭐ 일주의 이해와 특징

갑신 일주는 곧은 나무같이 자라는 갑목(甲木)과 단단한 무쇠 같은 신금(申金)의 결합이다. 단단한 나무와 금속의 만남은 추진력과 절제력, 강인함과 냉철함이라는 복합적인 성향을 만든다. 갑신 일주는 자신이 정한 목표를 향해 돌진하지만 현실적 상황을 고려한다. 아니다 싶으면 멈출 줄도 안다. 그래서 신뢰를 주는 사람이자 결단력 있는 리더로 인정받는다. 이들은 이성적으로 판단하여 문제를 해결한다. 감정보다는 논리와 데이터에 기반한 의사결정을 선호한다. 보폭이 크고 실패에도 다시 일어나 전진하는 힘을 갖고 있다.

⭐ 중요하게 여기는 가치

갑신 일주는 목표 설정과 실질적인 성취 그리고 신뢰를 중요한 가치로 여긴다. 겉으로 보이는 인정보다 스스로 자신의 가치를 증명할 수 있는 성과에 집중한다. 책임감을 가지고 일을 완수할 때 만족을 느낀다.

★ 발전을 위한 성장 가이드

갑신 일주는 뛰어난 전략가로 감정의 유연성과 내면의 안정을 보완하면 지속적으로 성장할 수 있다.

감정 표현을 표현하자 | 주변 사람들은 따뜻한 관심과 공감을 필요로 한다. 대화할 때 상대의 의견을 인정하고 작은 칭찬이나 진심 어린 말 한마디를 더해 보자. 감정의 유연성이 관계를 좋게 한다.

현실적인 계획 수립하자 | 이상적인 목표는 달리는 말에 채찍을 가하지만, 실행력이 분산되면 좌절로 이어지기 쉽다. 현실적으로 실행할 수 있는 단기 목표와 장기 목표를 구분해 보자. 예를 들어 일일, 주간 단위의 점검표를 활용하면 눈에 보이는 성취로 추진력을 지속할 수 있다.

마음의 안정을 위해 자기 성찰 훈련을 하자 | 자기 분석이 과하여 심리적 압박을 줄 수 있다. 명상, 요가, 혹은 자연 속에서 산책하는 시간을 갖자. 자신의 부족한 점을 인정하고 수용하는 태도가 압박을 낮추고 성숙으로 이어지도록 돕는다.

★ 원만의 꿀팁!

금의 기운이 강한 갑신 일주에게 티파니스톤을 추천한다. 티파니스톤은 영적 성장을 돕고 직관력을 강화한다. 감정적으로 풍요로워지고 내면의 조화를 이루는 데 도움을 준다. 티파니스톤으로 복잡한 마음을 정돈하면 강인함 속에서도 따뜻함을 잃지 않을 것이다.

갑인(甲寅) 일주
– 개척하는 전략가

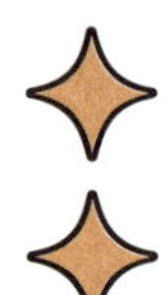

그는 정년을 몇 년 앞두고 있지만 나이가 무색할 만큼 뜨거운 열정을 지닌 공기업 노조 간부다. 그의 트레이드마크는 언제 어디서나 손에 들려 있는 책이다. 독서를 통해 얻은 지식과 통찰은 더 나은 현실로 이끄는 나침반이자 비전을 제시하는 스승이 되어 준다.

그는 추진력은 타고난 기질과 만나 많은 성과를 냈다. 옳다고 믿는 일이라면 어떤 장애물 앞에서도 쉽게 물러서지 않는다. 그런 추진력 때문에 곁에는 믿고 따르는 동료들이 많다. 다만 가끔은 이상적인 목표를 추구한 나머지, 현실적인 제약을 간과하기도 한다. 높게 세운 기준이 동료들에게 부담이라는 것도 알고 있지만, 더 나은 미래를 위한 일이라고 생각한다.

그의 일터와 현장은 투쟁적이지만 마음은 승패를 넘어선다. 노사 관계의 한계를 넘어 기업의 전반적인 시스템과 구조를 바꾸고 싶은 꿈이 있다. 모든 시도가 성공적으로 끝나는 건 아니지만, 실패조차도 새로운 도전의 발판으로 삼는다. 그런 모습이 주변 사람들에게 깊은 울림을 준다. 그를 보고 있으면, 나이는 숫자에 불과하다는 말이 잘 어울리는 사람이라는 생각이 든다.

★ 일주의 이해와 특징

갑인 일주는 곧은 나무같이 자라는 갑목(甲木)과 단단한 나무 같은 인목(寅木)의 결합이다. 이로 인해 단단하고 진취적인 기질을 보인다. 뚜렷한 목표 의식과 강한 추진력 그리고 쉽게 포기하지 않는 끈기가 대표적인 특징이다. 하지만 다소 고집이 세고 융통성이 부족으로 보일 수 있다. 자신의 방식이 최고라는 생각이 강해 변화를 거부하는 모습도 보인다. 대인 관계에서는 책임감 있는 리더로 신뢰받지만, 논리적이고 직선적인 화법이 때로는 냉정하다는 평을 듣는다.

★ 중요하게 여기는 가치

자아 성취와 개인의 영향력을 통한 긍정적 발전을 중요한 가치로 여긴다. 신뢰받는 인물이 되기 위해 공동체 안에서 중심 역할을 자처한다. 힘든 일을 마다하지 않고 선두에 서서 이끌려는 성향이 강하다.

★ 발전을 위한 성장 가이드

갑인 일주는 일단 저지르고 보는 스타일이다. 이런 성향이 실행력을 높이지만, 실패를 줄이고 지속 가능한 성장을 위해 균형감이 필요하다.

융통성과 타협 능력을 키우자 │ 자신의 목표를 향해 돌진하는 경우가 많다. 이는 큰 장점이지만 주변 상황이나 조화를 무시하는 결과를 낳을 수 있다. 타인의 의견을 수용하고 받아들이는 연습이 필요하다. 예를 들어 토론 모임에서 다양한 역할을 경험하면, 관점을 이해하고 유연성을 키울 수 있다.

현실적이고 구체적인 목표를 설정하자 │ 이상주의 성향으로 꿈이 크다. 이를 이루기 위해 큰 비전과 함께 목표를 단계적으로 설정하고 이를 구체적으로 계획하는 것이 좋다. 예를 들어, 장기적인 비전과 함께 월별, 주별 계획을 수립한다.

감정을 관리하고 자기 돌봄을 연습한다 │ 외부의 책임감이 강하여 타인을 돌보느라 자신이나 가까운 가족에게는 소홀할 수 있다. 일정한 간격으로 자신과 가족을 돌보는 시간을 확보하고 명상, 요가, 산책 같은 활동을 통해 내면의 균형을 유지하자.

★ 원만의 꿀팁!

강한 추진력과 독립성으로 쌓인 스트레스를 해소하기 위해 티타늄을 추천한다. 티타늄은 에너지를 균형 있게 조율하여 안정감을 준다. 티타늄은 성질은 단단하지만 가벼워 단단한 의지와 잘 어울린다. 외부의 부정적인 에너지를 차단하여 자신을 보호하는 데 효과적이다.

갑오(甲午) 일주
– 원칙주의 설득자

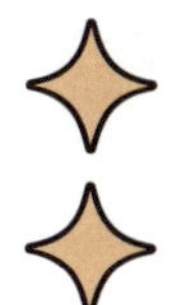

그는 첫 만남부터 미소로 주변을 밝히는 청년이다. 환하게 짓는 미소는 단순한 표정이 아니라 순수한 내면이 겉으로 자연스레 흘러나온 것이다. 그의 미소를 보는 사람들은 행복 바이러스에 감염되는 것 같다.

그는 유학생으로 낯선 곳에서 꿈을 향해 걸어가고 있다. 사춘기 시절에 시작된 다른 문화와 언어의 벽은 높았지만 두려워하지 않았다. 오히려 피하지 않고 감사와 축복으로 받아들였다. 그런 태도가 순수한 미소를 짓게 하는 힘이 되었다.

그는 놀라운 집중력도 가지고 있다. 작은 과제도 소홀히 하지 않는다. 무엇이든 의미가 있다는 태도가 근원적인 것까지 파고들게 하는 호기심으로 작용했다. 이러한 모습이 친구들에게도 동기 부여가 된다.

그는 독립적인 삶을 추구한다. 타인의 어려움에는 발 벗고 나서지만, 자신에게 생긴 문제는 스스로 해결해야 한다고 생각한다. 문제를 해결해야 할 과제가 아닌 자신을 성장하게 하는 기회라고 생각하기 때문이다. 새로운 영토를 발견하는 탐험가처럼 자신의 삶을 탐험하는 미지의 탐험가로 살게 한다.

그는 이제 어린아이가 아니다. 끊임없이 성장하고 따뜻한 마음을 가진 리더로 성장하고 있다. 이야기는 이제 시작되었고, 앞으로 그가 그려 갈 앞날이 기대된다.

★ 일주의 이해와 특징

갑오 일주는 곧은 나무같이 자라는 갑목(甲木)과 촛불같이 따뜻한 오화(午火)의 결합이다. 하늘을 향해 곧게 자라는 나무처럼 직선으로 나가는 기질과 따뜻하고 다정한 에너지가 더해져 다정한 성향을 보인다. 이들은 열정적인 삶을 살아간다. 자신이 옳다고 믿는 길을 흔들림 없이 걸어간다. 주변 사람들에게 긍정적인 에너지를 전하며 태양처럼 살아가고자 한다. 대인 관계에서는 적극적인 리더나 동기를 부여하는 사람이다. 솔직하게 표현하고 감정을 숨기지 않고 있는 그대로 드러낸다. 진솔한 대화를 나눌 수 있어 진심이 상대에게도 깊게 전해진다.

★ 중요하게 여기는 가치

갑오 일주는 배려와 성장을 중요한 가치로 여긴다. 자신의 능력을 키워 타인을 도울 수 있을 때 만족을 느낀다. 또한 자신의 한계를 넘기 위해 도전하고 실행할 때 희열을 느낀다. 이것이 그를 성장시킨다.

   떡볶이 사주

★ 발전을 위한 성장 가이드

타인에 대한 이타심이 강하여 자신을 돌보지 못하고 소진될 수 있다. 먼저 자신의 에너지를 다스리는 것이 성장을 위한 방향이다.

감정을 조절하고 균형을 잡자 | 강한 열정이 억눌리면 감정적 폭발로 이어질 수 있다. 명상, 요가 같은 활동은 내면을 차분하게 가라앉히고 주변을 돌아볼 수 있는 여유를 준다. 가던 길을 멈추고 자신을 돌아보는 시간이 필요하다.

계획하는 습관으로 꾸준하게 실천하자 | 하고 싶은 일이 많은데 이것이 분산되면 끝까지 완수하기 어렵다. 장기적인 방향을 정하고 이를 세분화하여 꾸준히 실행해 나가는 습관이 필요하다.

타인의 의견을 수용하자 | 다양한 시각을 수용하는 훈련은 협업 능력을 높여 주고 더 큰 성장을 가능하게 한다. 타인의 조언을 귀담아듣고 자신의 관점과 조화시킬 때 영향력이 배가된다.

★ 원만의 꿀팁!

안정과 조화를 위해 맑고 투명한 푸른빛의 아쿠아마린을 추천한다. 강렬한 에너지와 열정을 지닌 만큼 내면의 차분함과 균형감이 필요하다. 아쿠아마린은 물의 에너지로 뜨거운 열기를 안정시키고 평온함을 가져다준다. 자신의 내면을 돌아보는 시간을 가지는 데 도움을 준다.

갑진(甲辰) 일주
– 비전 설계자

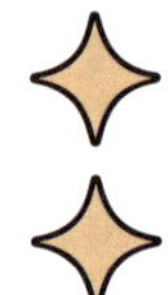

　"저는요, 여기에 있는 사람들의 이야기를 들으니 너무도 평범하게 살아온 것 같아요." 새로운 모임에서 다른 사람의 소개를 듣던 그녀가 처음으로 한 말이다. 작은 체구와 반듯한 옷차림 그리고 조용한 음성으로 자신의 이야기를 하자 예상하지 못한 반전이 거듭되었다. 평범하게 살아왔다는 그녀의 이야기는 사실과 달랐다.

　여고 시절 기울어진 가정 형편으로 대학 진학 대신 취업을 선택했다. 공장의 서무로 시작한 직장 생활은 힘들었지만 도전과 활력을 주었다. 그녀는 얼마 후 예기치 않은 우연으로 일본의 다국적기업에 취업할 수 있는 기회를 얻었다. 고액 연봉이 흔치 않은 시절에 억대의 연봉을 받는 재무 전문가로 성장할 수 있었다. 자신을 믿는 두둑한 배짱과 운명은 자기편이라는 신념이 가져다준 행운이었다.

　안정적인 생활은 보장되었지만 가슴 한곳에 대학 진학의 미련이

　　　　　　　　　　　　　　　　떡볶이 사주

남아 있었다. 마침내 마흔을 넘어가는 나이에 도전하여 늦깎이 대학생이 되었다. 거기서 멈추지 않고 자기 계발도 열심히 했다. 뒤늦게 시작한 학업은 자신감도 심어 주었다. 그리고 나이 쉰이 되었을 땐 아무런 준비도 없이 혈연단신으로 뉴욕으로 건너가 미국 유학의 꿈을 이루기도 했다.

그녀의 삶에는 언제나 더 나은 사람이 되고 싶은 열망이 숨겨 있었다. 그리고 한번 마음먹으면 말릴 수 있는 사람은 아무도 없었다. 남편과 시댁 식구들 그리고 어린 자녀와 그녀의 적지 않은 나이까지도 아무런 걸림돌이 되지 못했다. 물론 그것이 옳은지 아닌지 여러 날 밤을 심사숙고했지만, 결국 스스로 결정하고 실행에 옮겼다.

그녀는 체형은 작지만 큰 손을 가지고 있었다. 음성은 듣는 사람이 귀를 가까이하고 집중해야만 들릴 법한 작은 소리지만 그 울림은 컸다. 그녀는 언제나 자신을 믿는다. "해 보고 안 되면 말지." 하는 두둑한 배짱과 장부다운 포부가 그녀를 다양한 삶으로 이끄는 실행가로 살게 했다. 그녀는 푸른색의 용, 갑진 일주였다.

⭐ 일주의 이해와 특징

갑진 일주는 곧은 나무같이 자라는 갑목(甲木)과 촉촉한 대지 같은 진토(辰土)의 결합이다. 뿌리 깊은 나무가 비옥한 땅에 자리 잡고 있는 모습으로 신념이 깊고 강한 추진력을 가지고 있다. 자신이 직접 체험하여 쌓아 온 신념을 바탕으로 행동한다. 봄에서 여름으로 넘어가는 계절의 변화처럼 인생에 있어 전환을 두려워하지 않는다.

현실 감각을 가지고 자신이 할 수 있는 일과 없는 일을 구분한다. 그래서 시작은 잘해도 중도에 포기하는 경향이 있다. 물이 100도에

끓는데 99도에 포기할 수 있으니, 정확한 현실 판단이 중요하다. 대인 관계에서는 신뢰를 주는 조언자다. 뚜렷한 주관과 강한 결단력으로 주변 사람들에게 안정감을 주며, 중요한 순간에 중심을 잡아 주는 역할을 한다. 소통 방식은 논리적이고 이성적인 접근을 선호하며, 감정을 절제하고 차분하게 자신의 의견을 전달하는 특징이 있다.

★ 중요하게 여기는 가치

갑진 일주는 자기만족과 실질적으로 드러나는 성과를 중요하게 생각한다. 노력의 결과는 현실에서 보이는 형태로 나타나야 한다고 생각한다. 이것이 계속해서 도전하고 스스로를 발전시키는 원동력이 된다.

★ 발전을 위한 성장 가이드

"해 보고 안 되면 말지."라는 말속에 용기와 긍정이 담겨 있다. 지속적인 성장을 위해 세 가지를 제안한다.

매일 아침 새로운 아이디어를 기록하자 | 아침은 순수한 시간이다. 머릿속에 떠오르는 생각들을 자유롭게 적어 보자. 자신의 잠재된 가능성을 확인하고 도전으로 이어져 성장의 거름이 된다.

봉사 활동에 참여하자 | 자신의 경험과 에너지를 나누는 행동은 성장을 돕는다. 정기적인 봉사 활동은 감정을 깊게 하고 삶의 균형을 잡는 데 도움이 된다.

새로운 취미나 기술을 연마하자 │ 배움은 갑진 일주에게 큰 선물이다. 자신도 몰랐던 재능을 발견하고 삶에 활력을 불어넣는다. 변화 속에 자신감을 얻어 또 다른 도전을 준비할 수 있다.

★ 원만의 꿀팁!

목표를 향한 에너지 보충을 위해 루비를 추천한다. 루비는 열정과 용기를 북돋아 주고 활력을 불어 준다. 생명과 정열을 상징하며 추진력을 보강해 주는 효과가 있다. 결단이 필요한 순간이나 중요한 목표를 정할 때 루비를 착용하면, 내면의 힘을 발휘하여 힘 있게 행동할 수 있다.

2장

작은 나무
- 유연한 사람들

[작은 나무, 을목]

을목은 바람에 흔들리지만 꺾이지 않는 덩굴이나 작은 나무와 같다. 부드럽지만 끈질기게 뻗어 가며, 한번 뿌리를 내리면 어디든 자신의 색과 향을 남기는 존재다.

일간이 을목인 사람은 대체로 유연하고 섬세하며 상황과 환경에 맞춰 자연스럽게 자신을 조율한다. 부드러운 말과 따뜻한 태도로 사람의 마음을 열고, 관계 속에서 조화를 이룬다.

이들은 틈을 찾아 스며드는 적응력과 포기하지 않는 인내심을 지니고 있다. 겉으로 보기엔 유순하지만 내면에는 집요함과 자기 방식의 신념이 있다. 그래서 을목은 부드럽게 주변을 물들이며 살아간다.

을축(乙丑) 일주
– 끈질긴 성장가

멀리서 그가 보이자 반가움이 앞선다. 손을 흔들며 다가오는 모습은 활기차면서도 신중하다. 오랜만이라 혹여 변했을까 싶었지만 예전 그대로다. 머릿속에 늘 무언가 해결해야 할 일들로 가득한 모습도 여전하다. 그는 언제나 무언가를 사력을 다해 붙들고 있는 사람 같다. 지켜야 할 신념이나 돌봐야 할 사람일 수도 있다. 주변에서는 마음을 내려놓으라고 조언하지만, 그 억척스러움이야말로 자신을 지탱하는 힘이라고 믿는다. 그러나 한번 결심이 서면 전혀 다른 사람이 된다. 망설이며 옳고 그름을 따지던 모습은 사라지고 마치 적을 앞에 둔 장군처럼 결의에 찬 모습으로 변한다.

"상황이 그렇게 심각해? 그동안 다른 사람들은 대체 뭘 하고 있었던 거야?" 오랜만에 찾아온 선배의 부탁을 듣던 그가 푸념처럼 말한다.

"다급한 건 알겠는데… 내가 지금 선배를 도울 여유가 없어. 여기서도 일이 산더미라…." 분명 거절의 말인데 말끝이 흐려진다. 그는 이미 자신이 가서 수습해야 한다는 사실을 본능적으로 알고 있다. 이런 직감이 작동하면 다음부터는 속수무책이다. 왜 안 되는지를 따지기보다 어떻게든 해내는 쪽으로 생각이 옮겨 간다. 마치 뜨거운 피가 심장을 향하는 것처럼.

척박한 땅에 심어진 나무의 도전이 또 한 번 시작되는 순간이다. 그가 나서는 길은 희망을 향한다. 마치 사역의 길을 걷는 수도자 같다. 언 땅을 개간하는 을축의 길이다.

★ 일주의 이해와 특징

을축 일주는 넝쿨같이 유연한 을목(乙木)과 언 땅같이 차가운 축토(丑土)의 결합이다. 마치 얼어붙은 땅에 뿌리를 내리기 위해 애쓰는 나무처럼 열악한 환경 속에서도 끈질기게 도전하는 기질을 가지고 있다. 쉽게 포기하지 않고 꾸준히 밀고 나가는 성향이 특징이다. 이들은 섣불리 움직이기보다 상황을 세심하게 살핀 후 자신만의 방식으로 역할을 찾아낸다. 타인의 감정과 상황을 민감하게 느낀다. 그래서 사람들 사이에서 신뢰를 얻지만, 때로는 우유부단함으로 기회를 놓치기도 한다. 대인 관계에서는 조용한 조언자나 중재자의 역할을 맡는다. 상대방의 말을 경청하고 침착하게 대화한다. 감정을 드러내기보다 차분한 분위기를 선호한다.

★ 중요하게 여기는 가치

조화로운 인간관계와 안정된 삶을 중요한 가치로 삶는다. 이들은 버려진 땅을 개간하는 농부와도 같다. 외부의 열악한 조건을 탓하지 않고 오히려 자신에게 주어진 기회로 받아들인다. 맡은 일을 정성으로 처리하고, 한 걸음 한 걸음 끈기 있게 앞으로 나간다.

★ 발전을 위한 성장 가이드

과도한 책임감과 배려심은 불안으로 나타날 수 있다. 다음과 같은 습관들을 통해 내면의 안정을 도모하는 것이 도움이 된다.

아침 명상으로 마음의 안정을 찾자 | 아침에 시작하는 짧은 명상을 통해 마음을 정돈하면 하루를 안정적으로 시작할 수 있다. 내면의 평온을 유지하는 데 효과적이다.

새로운 취미나 활동에 도전하자 | 을축 일주의 도전은 잠재된 가능성을 일깨우는 역할을 한다. 새로운 언어나 예술 활동 등을 자기 확장을 위한 수단으로 이용해 보자.

자신의 감정을 글로 써 보자 | 일기를 통해 자신의 감정을 정리하고 표현하는 습관은 자아 성찰과 내면의 안정을 돕는다. 무심히 지나쳤던 감정 속에서 자신만의 가능성을 발견하게 된다.

★ 원만의 꿀팁!

내면의 안정을 중요하게 여기는 을축 일주에게 붉은 산호를 추천한다. 붉은 산호는 따뜻한 기운으로 차가운 축토의 기운을 부드럽게 순환시킨다. 생명력을 북돋고 정체된 활력에 불을 지핀다. 의욕이 떨어질 때 붉은 산호를 착용하면 활력을 얻을 수 있다.

을해(乙亥) 일주
– 생존 설계자

　그는 엄격한 집안에서 태어나 자랐다. 요즘 시대에 보기 드물게 전통을 중요하게 생각하는 가정이었다. 또래 아이들이 서당에 모여『천자문』이나『사서삼경』같은 고전을 읽는 모습은 낯설고도 인상적이었다. 그가 해박한 한문 실력을 보인 이유도 그 배경 덕분이었다.

　그는 한때 우리나라의 IT 초창기 문서 작성 프로그램을 만든 회사에서 일한 경력이 있다. 지금은 한물갔지만, 그가 신입으로 입사할 때만 해도 개발자들이 꿈꾸던 최고의 회사였다. 그 회사에서 만든 프로그램은 대중의 인식보다 훨씬 높은 위상을 갖고 있었다. 세계를 장악하고 있는 마이크로소프트의 오피스가 점유율로 이기지 못한 소프트웨어이기 때문이다. 그런 IT 회사와 어릴 적부터『사서삼경』을 공부한 개발자의 조합이 묘하게도 어울렸다.

　그는 어릴 적부터 전통을 지키고 배웠지만 삶은 다채로웠다. 이직과 창업의 경험이 간접적으로 그것을 말해 준다. 정부 지원 사업의 가능성을 보고 회사를 창업했고, 이후엔 도서 추천 서비스를 만들어 동업도 했다. 지금은 아이에게 더 넓은 세상을 보여 주기 위해 이민을 준비하고 있다. 기러기 아빠가 아닌 가족 모두가 떠날 계획이라고 한다. 그의 도전은 그다운 선택이었다. 이런 경험들이 모여 그의 삶에 어떤 전통을 만들어 낼지 기대된다.

★ 일주의 이해와 특징

을해 일주는 넝쿨같이 유연한 을목(乙木)과 강물같이 큰 물 해수(亥水)의 결합이다. 섬세하고 유연한 나무와 포용력 있고 직관적인 물이 만나 타인을 깊이 이해하고 조화로운 관계를 지향한다. 겉으로는 온화해 보이지만, 내면에는 분명한 가치관을 가지고 있다. 자신의 신념이 침해될 때는 단호하게 거부한다. 뛰어난 감수성으로 타인의 감정을 민감하게 읽어 낸다. 수심이 깊은 바다가 모든 것을 담아내듯 자연스럽게 어울린다. 대인 관계에서는 부드러운 중재자다. 갈등을 조율하고 편안한 분위기를 만드는 데 능하다. 소통에서는 강한 주장보다 세심한 배려와 존중을 바탕으로 대화를 이끌며 조화로운 분위기를 중시한다.

★ 중요하게 여기는 가치

을해 일주는 평화롭고 오래 지속되는 관계를 소중한 가치로 여긴다. 갈등보다는 이해와 존중을 바탕으로 한 유연한 소통을 선호하며, 조화로운 인간관계를 통해 내면의 평화를 추구한다. 감정적으로는 안정된 상태를 유지하기 위해 감정을 조절하는 힘을 지닌다.

　　　　　　　　　　　　　떡볶이 사주

★ 발전을 위한 성장 가이드

창의적인 발상과 은근한 실행력을 가지고 있다. 이런 꾸준함이 지속되면 큰 성과로 이어질 수 있다.

창의적인 취미를 계발하자 | 예술, 디자인, 글쓰기 등 창의성을 자극하는 취미를 가져 보자. 내면의 잠재력을 끌어내고 삶의 활력을 높이며 스트레스 해소에도 효과적이다.

정서적 균형을 유지하자 | 감성적인 성향은 예민함과 연결된다. 명상, 요가, 혹은 마음을 안정시키는 루틴을 만들어 일상의 균형을 찾자. 이는 대인 관계뿐 아니라 자기 관리에도 긍정적인 영향을 준다.

실용 기술을 배우자 | 독창적인 아이디어를 실제 성과로 전환하기 위해서는 실용 기술이 뒷받침되어야 한다. 예컨대 디지털 영상 툴이나 디자인 툴을 익히는 것은 자신의 가능성을 현실화하는 데 도움이 된다.

★ 원만의 꿀팁!

다채로운 색상을 가진 보석으로 티파니스톤을 추천한다. 티파니스톤은 단단하고 내구성이 뛰어나 일상에서 부담 없이 착용할 수 있다. 자연이 만든 보석의 다양성은 착용하는 사람의 감성에 활기를 더해 준다.

을유(乙酉) 일주
– 꾸준한 실행자

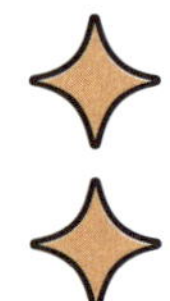

"개발자 대상으로 코드 리뷰를 해 줄 수 있겠어?" 나의 제안을 들은 김 과장은 잠시 고민하는 듯했지만 곧 한번 해 보겠다며 고개를 끄덕인다. 그는 우리 회사에서 일하고 있는 프로그래머다. 이번에 납품하게 될 고객사는 국내 최고 수준의 보안 전문 회사다. 이런 회사에 자신이 작성한 소스 코드를 리뷰하는 건 부담스러운 일이다. 그럼에도 나는 그가 충분히 잘 해낼 거라 믿었다.

김 과장은 겉으로 보이는 유들유들한 모습과는 달리 내면에 단호한 면이 있다. 상대방의 이야기를 듣고 부드럽게 수용하는 것 같지만, 아니라는 결정을 해야 하는 순간이 오면 망설임 없이 "No!"라고 말한다.

그는 자신에게 엄격하여 버그 없는 코드를 만들기 위해 노력한다. 때로는 지나치게 높은 기준으로 스스로를 압박하지만 그것이 자신의

떡볶이 사주

성장시킨다는 것을 잘 안다. 이번 코드 리뷰 제안도 부담스럽지만 성장의 기회로 삼았다고 한다.

그에겐 사소한 것도 놓치지 않는 관찰력이 있다. 개발은 즐겁지만 마지막 단계에서 오류를 찾는 일은 인내력이 필요하다. 몇 년 전, 프로젝트 오픈을 앞두고 심각한 오류가 발생했다. 만약 이 문제를 해결하지 못하면 마감 일정을 연기해야 하는 긴급한 상황이었다. 회사 전체가 비상에 돌입해 며칠을 고생한 끝에 무사히 오픈에 성공했는데, 결정적인 결함을 찾아낸 이가 김 과장이었다. 그 일을 계기로 그는 더욱 깊은 신뢰를 얻게 되었다.

며칠 후 예정대로 고객사를 방문해 코드 리뷰를 진행했다. 그는 많은 사람 앞에서도 차분하게 설명했고 질문에도 막힘없이 답했다. 납품은 무사히 마무리되었고, 이어진 추가 계약은 거의 예정된 수순이었다.

★ 일주의 이해와 특징

을유 일주는 넝쿨같이 유연한 을목(乙木)과 날카로운 금속 같은 유금(酉金)의 결합이다. 겉으로는 부드러운 인상을 주지만, 내면에는 중심과 확고한 신념이 자리하고 있다. 조용하고 신중하게 일을 처리하며, 타인의 말에 휘둘리기보다는 스스로의 판단에 따라 움직인다. 대인 관계에서는 배려 깊은 지지자 역할을 한다. 타인의 감정과 입장을 살피고 상황에 맞는 도움을 준다. 갈등이 생기면 중재자 역할을 하며 조화로운 분위기를 만든다. 소통 방식은 부드럽고 세심한 접근을 선호한다. 상대방의 반응을 고려하여 조심스럽게 소통하며 감정에 공감하는 능력이 뛰어나다.

★ 중요하게 여기는 가치

을유 일주는 안정과 조화를 중요한 가치로 여긴다. 자신이 속한 환경이 평화롭게 유지되기를 바라고, 이를 위해 이해와 배려를 바탕으로 소통하려 한다. 외적인 성취보다는 내면의 성장과 균형에 더 큰 가치를 두며, 자기 성찰을 통해 더 나은 삶을 모색하는 경향이 있다.

★ 발전을 위한 성장 가이드

아래 세 가지 방법은 을유 일주의 특성을 살리면서도 단점을 보완하여 더 균형 잡히고 효과적인 성장을 가능하게 한다.

결단력과 실행력을 키우자 | 하루에 하나씩 결정을 빠르게 내리고 실행해 보자. 실천 후엔 스스로를 칭찬하는 습관을 통해 자신감과 추진력을 기를 수 있다.

완벽주의에서 벗어나자 | "틀려도 괜찮다."는 마음을 갖자. 80%의 완성도에 만족하고 남은 부분은 유연하게 대처하는 연습이 필요하다. 중요도를 구분하고 우선순위에 따라 에너지를 배분하는 습관을 들이자.

감정을 표현하자 | 타인의 감정에 지나치게 반응하거나 자신의 감정을 억누르는 경향이 있다면 '감정 일기'나 명상, 글쓰기 같은 활동을 통해 내면의 균형을 찾을 수 있다. 섬세한 감각은 예술적 취미와 잘 어울린다.

떡볶이 사주

★ 원만의 꿀팁!

불안이나 신중함에서 오는 스트레스 해소를 위해 아쿠아마린을 추천한다. 아쿠아마린은 물의 기운을 품은 보석으로, 금의 날카로움을 조화롭게 감싸며 내면의 평온과 정서적 균형을 도와준다. 섬세함과 창의성을 더욱 빛나게 하여 인간관계에서 오는 피로를 완화하는 데도 유익하다.

을미(乙未) 일주
– 현실 전략가

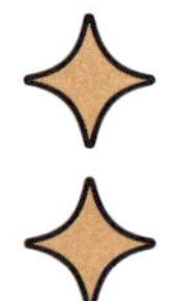

우리 회사의 영업 대표는 불혹을 넘긴 싱글이다. 1미터 80이 조금 넘는 키에 떡 벌어진 어깨와 짧게 자른 머리, 정수리 부분만 뾰족하게 틀어 올린 헤어스타일을 하고 다녀 한눈에 봐도 범상치 않은 외모를 가진 사람이다.

날카로운 첫인상 때문에 음지에서 오랜 세월 동안 거칠게 살아온 사람처럼 보이지만, 이야기를 나눠 보면 실제 모습은 전혀 다르다. 흔히 영업사원이면 술을 잘 마시고 사람들과 잘 어울리는 이미지를 가지고 있는데, 그는 의외로 술은 못 마시는 데다 소수의 몇 명과 친밀한 관계를 유지하고 있다.

그의 취미는 '나 홀로 여행'이다. 전국의 크고 작은 축제를 줄줄 꿰고 있고 애지중지하는 자동차를 몰고 여행하는 것이 가장 큰 즐거움이다. 혼자 다니면 외롭지 않느냐고 물으니 좋은 점만 이야기한다.

혼자 결정하는 자유가 있고 동반자를 배려해야 하는 피로감이 없고 가볍게 축제를 즐길 수 있어 좋다고 한다.

그는 얼마 전에 다른 회사로 이직을 했다. 새로 영업하는 제품은 대학생이나 직장인을 대상으로 한 심리 치료 관련 콘텐츠였다. 꾸준하게 구독하면 불안과 우울을 줄이는 데 효과가 있다고 한다. 그의 설명에서 진심이 느껴졌다. 예민함으로 힘들어했던 자신의 경험이 누군가를 돕고 싶다는 마음으로 이어진 것 같다.

★ 일주의 이해와 특징

을미 일주는 넝쿨같이 유연한 을목(乙木)과 사막같이 따뜻한 미토(未土)의 결합이다. 부드러운 다정한 성향 속에 고요한 열정을 가지고 있어 조화로운 관계를 중요하게 생각한다. 내면에 분명한 가치관과 결심이 자리하고 있다. 한번 정한 마음은 쉽게 흔들리지 않으며, 타인의 의견보다는 스스로의 기준을 따라간다.

대인 관계에 있어서는 조용한 조언자이자 따뜻한 지지자다. 공감 능력이 뛰어나고 상대가 편안히 마음을 털어놓을 수 있는 분위기를 만든다. 갈등 상황에서는 중재자 역할을 하며 부드러운 조율을 통해 평화를 지향한다. 자신의 감정을 직접적으로 표현하기보다는 상대방의 감정을 배려하고 존중하는 태도를 보이며 신중하게 대화를 이어간다. 이러한 특성으로 인해 주변 사람들에게 신뢰받고 편안한 사람으로 여겨진다.

★ 중요하게 여기는 가치

을미 일주는 내면의 진실성과 조화로운 관계를 소중한 가치로 여긴다. 갈등보다는 이해와 배려를 기반으로 한 소통을 추구하며, 평화로운 환경 속에서 마음의 안정을 찾으려 한다. 단순한 외적 성취보다 자기 성찰과 성장을 통해 타인에게 의미 있는 존재로 살아가고자 하는 욕구가 강하다.

★ 발전을 위한 성장 가이드

주변 상황에 예민하게 반응하여 에너지 소모가 많을 수 있다. 다음의 실천법은 기질을 보존하고 심리적 안정감을 갖는 데 도움을 준다.

감정을 관리하자 | 예민한 감정선이 스스로를 소진시키기도 한다. 명상이나 요가, 자연 속 산책 등으로 감정을 가라앉히는 시간을 갖자. 타인을 의식하기보다 자신의 감정을 먼저 알아차리고 평정심을 갖는 습관이 내면의 균형을 유지하는 데 도움이 된다.

결단력을 강화하자 | 지나치게 신중하여 결정을 미루기 쉬우나, 시간이 지나면 더 큰 부담이 되어 돌아온다. 따라서 작은 것부터 실천하는 습관을 갖는 것이 중요하다. 일상에서 빠르게 결정해도 되는 사소한 일부터 연습하여 점차 큰 결단으로 키워 보자.

자기표현의 기회를 늘리자 | 을미 일주는 예술적 감성과 창의력을 타고났다. 글쓰기, 그림, 음악 등 자신을 표현할 수 있는 창의적 활동은 단순한 취미를 넘어 자기 이해와 치유, 나아가 직업적 가능성까지 연결될 수 있다.

 떡볶이 사주

을미 일주에게 추천하는 보석은 블루 레이스 아케이트다. 부드럽고 평온한 푸른색 줄무늬가 인상적인 이 보석은 마음의 진정을 도와주고 내면의 치유를 촉진한다. 감정의 기복이 큰 을미 일주에게 안정적인 기운을 불어넣어 주며 감정을 섬세하게 다스리는 데 도움을 준다.

을사(乙巳) 일주
- 감성 연출가

그는 아내와 함께 음식점을 운영하고 있다. 최근 불어닥친 불경기의 영향으로 자영업자로서의 고충을 겪고 있지만 한때는 잘나가던 시절도 있었다.

고등학교 시절 그는 밴드부에서 기타를 연주하며 열정을 불태웠다. 우연한 기회에 지인의 소개로 연예인 매니저 일을 시작했다. 돌발 상황이 잦은 매니저 일은 그이 적성에 잘 맞았다. 문제를 정면으로 부딪치기보다 부드럽게 돌아가는 그의 성격이 큰 강점이 되었다. 평판이 좋아 머지않아 유명 가수의 전담 매니저로 발탁되기도 했다.

겉으로는 사교적인 모습이지만 타인에게 휘둘리지 않는다. 자기 주도성이 강하여 자신이 원하는 형태로 일을 하기 위해 직접 기획사를 차렸다. 그러나 사업은 예상치 못한 변수들로 가득했다. 위축되는 음반 시장과 과도한 경쟁은 피할 수 없는 시험 같았다. 성공의 여유도 잠시 기획사 일은 그의 열정을 모두 소진시켰다. 결국 쉼표를 찍으며 새로운 길을 모색해야 했다.

그러던 어느 날 어머니가 해 주던 음식을 먹으며 행복했던 어린 시절이 떠올랐다. 그리고 "내가 만든 음식을 누군가 맛있게 먹어 준다면 얼마나 좋을까?"라는 생각이 들었다. 그렇게 선택한 메뉴가 국민 야식이라 불리는 족발이었다.

지금 그는 손님들의 표정을 유심히 살핀다. 작은 불편도 즉시 해결하고 언제나 처음 시작할 때의 마음을 잊지 않는다. "가장 기쁠 때는 손님들이 맛있게 먹고 웃을 때예요." 그의 삶은 거친 재료를 삶아 내는 과정 같다. 은근하게 불 맛을 입히는 여정이다. 어느덧 중년이 된 사나이는 자신의 속도로 삶을 요리하고 있다.

★ 일주의 이해와 특징

을사 일주는 넝쿨같이 유연한 을목(乙木)과 용광로같이 뜨거운 사화(巳火)의 결합이다. 가녀린 덩굴이 뜨거운 햇살 아래에서도 꿋꿋이 자라는 모습으로, 겉으로는 온화하지만 내면에는 뜨거운 열정과 뚜렷한 의지를 지니고 있다.

이들은 사람들과 조화롭게 지내려는 성향이 강해 따뜻하고 친근한 인상을 준다. 그러나 내면에는 스스로 정한 길을 묵묵히 걸어가는 끈기와 독립성이 있다. 필요할 땐 부드러움을 뚫고 단호함이 드러난다. 대인 관계에서는 자연스럽게 중재자의 역할을 맡게 된다. 갈등을 피하고 상대의 감정을 존중하며 현실적인 조언을 건넬 수 있는 유연함 덕분이다.

★ 중요하게 여기는 가치

을사 일주는 안정된 관계와 의미 있는 성장을 삶의 중요한 가치로 여긴다. 부드럽고 따뜻한 인상을 풍기지만 그 안에는 자신의 방식으로 삶을 설계하려는 의지가 담겨 있다. 단순한 안정보다는 자기 성찰과 노력 끝에 얻어 낸 자아실현을 추구한다.

★ 발전을 위한 성장 가이드

부드럽지만 강한 불씨를 품은 을사 일주는 때로 스스로를 몰아붙이기도 한다. 내면의 균형을 유지하며 장점을 더욱 잘 살리기 위해 다음과 같은 실천을 권한다.

감정의 균형을 유지하자 | 뜨거운 열정이 소진될 수 있다. 명상, 요가, 산책 등으로 감정의 파동을 가라앉히고 스스로에게 여유를 주자. 감정의 진폭을 줄이고 중심을 잡는 연습은 삶을 더 단단하게 만든다.

자신만의 길을 다지자 | 은근한 추진력이 있는 을사 일주는 꾸준한 학습에 강하다. 관심 있는 분야에서 실무적인 기술이나 지식을 익혀 자신만의 전문성을 쌓자. 비즈니스 콘텐츠 개발, 고객 심리 이해 등 실용적인 분야에 잘 맞는다.

적절한 휴식과 재충전을 하자 | 끊임없이 앞으로 나아가려는 성향은 좋지만 에너지를 비축할 시간도 필요하다. 쉬는 것에 죄책감을 갖지 말고 작은 성취 후에는 스스로에게 보상을 주며 에너지를 보충하자.

을사 일주에게 추천하는 보석은 사파이어다. 사파이어는 차분하고 균형 잡힌 에너지를 가지고 있으며 지나친 열정을 조율해 주고 사고의 집중력을 높인다. 내면의 안정을 주어 생각을 더 분명하게 표현할 수 있도록 돕는다.

을묘(乙卯) 일주
– 공감 조언자

직장 후배로 만난 그는 물어보지 않으면 개인적인 이야기를 거의 하지 않는다. 이 때문에 거리감을 느끼는 사람도 있지만, 사실 그는 주변을 살피느라 정작 자신의 이야기를 놓치고 마는 사람이다.

삼십 대 후반의 나이에 법무팀 팀장으로 일하고 있는 그는 부드러우면서도 진취적인 성격을 가졌다. 누군가를 몰아세우거나 강요하지 않고 대화와 설득을 통해 문제를 풀어 나간다. 그리고 그 과정에서 새로운 방법을 모색한다.

그가 맡은 업무는 법과 규제가 수시로 바뀌고 해석에 따라 의견이 엇갈릴 수 있는 영역이다. 회사의 정책과 방향에 맞게 해석하고 적용해야 하기에 섬세함과 강단이 동시에 필요한 일이다.

그는 타인의 감정을 읽는 능력이 탁월해 팀원들의 미묘한 표정 변화도 그냥 지나치지 않는다. 상황에 맞는 조언을 건네며 감정은 절제

   떡볶이 사주

하되 상대방은 보호받고 있다는 느낌이 들게 한다. 그가 발휘하는 리더십은 부드럽지만 여운이 오래 남는다. 문제를 마주하는 용기와 타인을 이해하는 섬세함이 어우러져 함께 일하는 사람들에게 "당신과 함께여서 감사하다."는 말을 이끌어 낸다.

★ 일주의 이해와 특징

을묘 일주는 넝쿨같이 유연한 을목(乙木)과 화초처럼 생기 있는 묘목(卯木)의 결합이다. 부드럽고 적응력 있는 성향과 생기 넘치는 기운이 어우러져 섬세하지만 강단 있는 성격으로 나타난다. 이들은 환경에 유연하게 적응하고, 자신의 의견을 내세우기보다 조용히 설득하며 조화를 이룬다. 섬세한 감각과 뛰어난 공감 능력으로 타인의 감정과 상황을 세심하게 파악하고 온화한 태도로 신뢰를 얻는다. 변화에도 유연하게 대처할 줄 아는 융통성이 장점이다. 대인 관계에서는 부드러운 조율자이자 신뢰받는 친구다. 갈등 상황에서도 평화로운 해결을 추구하며, 주변 사람들에게 안정감을 주는 존재로 여겨진다.

★ 중요하게 여기는 가치

을묘 일주는 화합과 조화를 중요한 가치로 여긴다. 갈등을 피하고 서로를 존중하며 배려하는 관계 속에서 안정감을 느낀다. 눈에 띄는 변화를 추구하기보다는 조용히 자신이 속한 환경에서 의미를 찾는다. 부드러운 외면 속에는 자신만의 성장 방식과 확고한 신념이 자리 잡고 있으며, 이를 통해 타인에게 긍정적인 영향을 주려는 욕구가 있다.

★ 발전을 위한 성장 가이드

섬세한 감수성과 부드러운 리더십을 꽃피우기 위해 다음과 같은 방향으로 자신을 다듬어 보자.

창의적 활동을 탐구하자 | 미술, 글쓰기, 음악, 디자인 등 자신의 감각을 자유롭게 펼칠 수 있는 창의적 활동을 추천한다. 감정을 건강하게 표현하고 내면의 에너지를 긍정적인 방향으로 흘려보낼 수 있다.

명확한 리더십을 계발하자 | 부드럽게 이끄는 리더십에 자신의 의사를 분명히 전하는 훈련을 더해 보자. 중요한 순간엔 결단력 있게 행동하는 연습이 필요하다. 유연함과 단호함이 조화를 이루면 영향력은 배가된다.

내면의 중심을 잡자 | 타인의 감정이나 기대에 민감하게 반응하는 만큼 자기만의 중심을 세우는 연습도 중요하다. 명상, 요가, 자연 속 산책 등을 통해 내면을 단단히 다져 보자.

★ 원만의 꿀팁!

내면의 안정감과 심리적 균형감을 유지하기 위해 호박을 추천한다. 호박은 고대부터 보호와 치유의 상징으로 여겨졌으며, 예민한 감성을 안정시켜 주는 효과가 있다. 긍정적인 에너지를 끌어들이고 스트레스를 완화시키며 감정의 균형을 잡아 준다.

3장

큰 불
- 존재감을 드러내는 사람들

[큰 불, 병화]

병화는 한낮의 태양처럼 세상을 밝히는 빛과 같다. 어둠을 밀어내고 모든 것을 드러내며 그 뜨거운 열기로 주변을 살리는 존재가 된다.

일간이 병화인 사람은 대체로 솔직하고 숨김이 없다. 하고 싶은 말은 가감 없이 전하고, 해야 할 일은 힘 있게 밀고 나간다. 눈에 보이는 목표가 있으면 한 번에 몰아붙이는 기세를 보인다.

이들은 빛이 되어 길을 비추고 주위 사람들에게 에너지를 전한다. 그러나 그 강렬함이 때로는 너무 뜨거워서 부담스럽게 느껴질 수도 있다. 그럼에도 병화는 태양을 품고 세상 어디서든 사람들에게 길과 희망을 보여 주는 존재다.

병인(丙寅) 일주
– 에너지 서포터

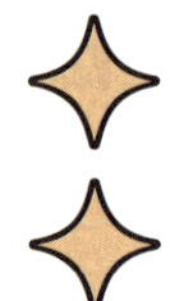

그녀의 이름은 '해영'이다. 밝고 빛난다는 의미처럼 언제 어디서나 환한 미소를 짓는다. 그녀가 있는 곳은 빛이 머물고 어둠이 물러간다. 그리고 남은 자리에 유쾌함이 여운으로 남는다.

그러나 그녀의 밝은 성격은 오해를 부르기도 했다. 학창 시절엔 선생님께 더 많은 야단을 맞았고, 직장 다닐 때는 불필요한 질책을 더 듣기도 했다. 함께 야단맞을 때 친구나 동료들이 불편해하는 분위기를 참지 못해 나서서 무마시키려는 그녀의 행동으로 인해 오히려 눈치 없는 사람으로 여겨지곤 했다. 그러나 이런 결과는 그녀의 잘못이라기보다는 그녀를 이해하지 못한 주변 사람들의 오해일 뿐이다.

그녀는 적지 않은 직장 생활을 마치고 공예가로 살고 있다. 취미로 배운 것이 직업이 되었다. 자신이 좋아하는 일로 먹고사는 이상적인 삶이다. 얼마 전 첫 전시회를 가졌다. 준비하면서 그가 원했던

떡볶이 사주

몰입과 만족감을 경험했다. 힘들었다고 말하지만 장인의 기품이 느껴졌다.

그녀가 공예에 빠진 이유는 단순히 작품을 완성하는 데 있지 않다. 그녀에게 중요한 것은 내면의 정직함이다. "나는 진실하게 살고 있는가?" 일상과 사람을 대할 때 늘 되묻는 질문이다. 모든 것을 정직하게 이해하고 진심을 다해 표현하는 마음이 정직한 공예가로 작품을 만들게 한다.

그녀의 삶에는 태양의 따스함과 움트는 새싹의 생명력이 들어 있다. 나무가 쉼 없이 자라듯 해영도 매일 자란다. 내면의 평화를 소중히 여기며 타인의 시선이 아닌 자신의 목소리에 귀 기울이며 살고 있다. 그것이 그녀가 바라는 선한 영향력이다.

★ 일주의 이해와 특징

병인 일주는 태양같이 밝은 병화(丙火)와 단단한 나무 같은 인목(寅木)의 결합이다. 밝은 에너지와 성장의 기운이 함께하는 병인 일주는 생기발랄하고 주변을 환하게 밝히는 사람이다. 이들은 쉼 없이 도전하고 목표 달성을 위해 움직인다. 대인 관계에서는 자연스럽게 리더십을 발휘하는 선도자다. 어려운 상황이 와도 낙담하지 않고, 주변 사람들에게 긍정적인 에너지로 힘을 불어넣는다. 소통 방식은 꾸밈없고 솔직하다. 자신의 생각을 명확하게 전달하며 작은 부분도 대충 넘기지 않고 세심하게 다룬다. 이런 성향은 신뢰를 쌓는 바탕이 된다.

★ 중요하게 여기는 가치

병인 일주는 도전과 성장을 핵심 가치로 여긴다. 성장은 도전의 부산물이며 도전은 경쾌하고 즉각적인 리듬으로 다가온다. 자신의 한계를 스스로 정하지 않으며 새로운 목표를 향해 나아갈 때 진정한 만족을 느낀다.

★ 발전을 위한 성장 가이드

즉흥적으로 보일 수 있지만 창의성과 잠재력이 숨어 있다. 그것을 발현하기 위해 꾸준함이 필요하다.

휴식의 시간을 갖자 | 강한 에너지와 열정으로 번 아웃으로 이어지지 않도록 휴식이 필요하다. 휴식할 때는 에너지를 부드럽게 다스리는 물과 관련된 활동을 추천한다. 반신욕이나 수영 같은 활동은 안정감과 회복력을 키워 준다.

듣는 연습을 하자 | 자기주장이 강할수록 타인의 목소리를 놓치기 쉽다. '경청'은 상대를 위한 일이 아니라 자신의 삶의 질을 높이고 깊은 관계를 만드는 자기 수양 방법이다.

단계적으로 목표를 세우자 | 큰 그림을 잘 그리는 병인은 디테일을 놓치거나 서두르다 실수를 할 수 있다. 목표를 세분화하고 실행 가능한 단위로 나누는 습관이 꾸준한 성장을 가능하게 한다.

떡볶이 사주

★ 원만의 꿀팁!

에너지를 조절하고 내면의 안정을 찾기 위해 아쿠아마린을 추천한다. 아쿠아마린은 라틴어로 '바다의 물'을 의미한다. 맑고 투명한 푸른색을 띠는 보석으로, 자신의 감정을 표현하는 데 도움을 준다. 푸른색의 색감이 봄을 떠올리게 하여 평화로운 에너지와 마음의 안정감을 준다.

병자(丙子) 일주
- 솔직한 소통가

"그래도 나는 뒤끝 없잖아." 그가 자주 하는 말이다. 늘 밝고 활기찬 모습으로 사람들에게 인기를 끌지만, 한 번씩 보이는 불같은 성미가 사람들의 마음에 작은 화상을 남긴다.

약사인 그의 주변에는 사람이 많다. 약국을 찾는 손님들뿐만 아니라 건물에 있는 이웃까지도 그의 친구다. 재치 있는 입담으로 분위기를 잘 띄워 쉽게 친해진다. 그 덕에 약국은 동네 사랑방이 되어 있다.

그는 목표를 정하면 힘 있게 밀어붙인다. 종종 지나친 자신감 때문에 "내가 다 알아서 할게!"라는 태도를 보일 때가 많다. 성급한 판단으로 실수도 하지만 실수마저 웃으며 넘기는 여유도 있다. 그러나 겉으로 보이는 밝은 모습 뒤에 현실적인 책임감도 있다. 약국의 식구들을 책임지는 경영자이기 때문이다.

 떡볶이 사주

그는 아이디어도 많다. 최근에 지역 사회를 위한 약물 복용 관리 프로젝트를 제안했다. 작은 아이디어에서 시작했지만 그의 열정 덕에 현실에 가까워지고 있다. 그의 삶은 열정으로 가득하다. 그 열정이 주변을 따뜻하게 데우고 가끔은 살짝 태우기도 하지만 사람들은 알고 있다. 그가 남기고 싶어 하는 흔적은 상처가 아니라 희망이라는 것을.

★ 일주의 이해와 특징

병자 일주는 태양같이 밝은 병화(丙火)와 차가운 강물 같은 자수(子水)의 결합이다. 겉으로는 열정적이고 활달해 보이지만 그 속엔 냉정하고 이성적인 면이 들어 있다. 뜨거움과 차분함이 공존한다. 이들은 강한 추진력으로 어려운 상황이 닥치면 정면으로 돌파한다. 문제가 생기면 피하지 않고 현실적인 방법으로 해결책을 찾아낸다. 자신 있게 결정하고 주저 없이 행동한다. 대인 관계에서는 긍정적인 에너지를 주는 리더다. 그의 에너지는 잠재된 가능성을 끌어내는 힘이 있다. 다만 지나치게 독립적이고 주도적인 성향으로 갈등이 생길 수 있다. 소통은 솔직하고 직선적인 편으로, 감정과 생각을 숨기지 않는다.

★ 중요하게 여기는 가치

병자 일주는 자신의 힘으로 주도적인 삶을 살기 원한다. 타인에게 의존하지 않고 자기 힘으로 개척한다. 그의 삶은 자신만의 의미와 방식으로 설계되고 그 안에서 자아실현을 추구한다.

★ 발전을 위한 성장 가이드

불과 물의 상반된 기운으로 감정 기복을 조절하지 못하면 균형이 흔들리기 쉽다. 꾸준한 자기 관찰과 완급 조절이 필요하다.

내면의 균형을 찾자 │ 명상, 요가, 규칙적인 운동은 불의 에너지를 다듬고 물의 흔들림을 가라앉힌다. 감정을 글로 풀어내는 일기를 쓰거나, 심리학 도서를 읽는 것이 좋다. 자신의 감정을 알아차리고 균형을 유지하는 연습이 필요하다.

열정으로 전문성을 계발하자 │ 타고난 열정은 콘텐츠, 디자인, 예술 등 창의적 분야에서 강점이 된다. 워크숍이나 세미나 참여하여 관련 기술 습득 등 실천을 통해 관심사를 '능력'으로 확장하자. 단, 흩어지지 않도록 선택과 집중이 중요하다.

소통과 협력을 강화하자 │ 밝고 긍정적인 인상은 인간관계를 빠르게 맺지만, 지나친 자기 확신은 독선처럼 비칠 수 있다. 타인의 의견을 경청하고 융통성을 발휘하는 연습이 필요하다.

★ 원만의 꿀팁!

병자 일주가 가진 불과 물의 상반된 에너지를 조화롭게 다스리기 위해 호박을 추천한다. 호박은 따뜻한 에너지 파장을 불러와 불의 과열을 진정시키고 물의 냉기를 끌어올린다. 감정의 기복을 안정시키고 내면의 평화를 회복하는 데 도움이 된다. 마음의 중심을 지키고 싶을 때 호박의 에너지를 곁에 두어 보자.

병술(丙戌) 일주
– 공평 실행가

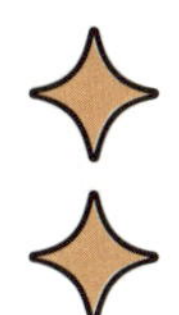

서울의 명문 대학에서 물리를 전공한 그녀는 남자 고등학교에서 물리 교사로 재직 중이다. 조용하고 차분한 외모와 달리 내면에는 뜨거운 열정과 원칙이 자리 잡고 있다. 그녀가 가르치는 과목인 물리처럼 말과 행동에도 논리와 질서가 있다. 말 한마디 설명 한 줄조차 허투루 넘어가지 않는다. 그녀에게 교육은 감정이 아닌 신념의 문제다.

그녀는 마음을 정하면 끝까지 밀고 나가는 뚝심이 있다. 과학 경시대회를 준비하며 밤늦게까지 실험실에 남거나 새로운 실험 장비가 필요하다고 판단되면 직접 자료를 조사하고 예산안을 검토하며 제안 자료를 만들기도 한다.

학급 담임, 과학부 실장, 교사모임 대표, 그녀는 자연스럽게 중심으로 올라오는 리더다. 사람이 모인 자리에서는 조용히 듣고 있다가 자신의 차례라고 생각하면 논리적이고 설득력 있게 흐름을 주도한다. 동료 교사들은 물론 학생들까지 그녀를 따르는 이유는 단순히 말 뿐인 사람이 아니라 반드시 실천하는 사람이기 때문이다.

★ 일주의 이해와 특징

병술 일주는 태양같이 밝은 병화(丙火)와 넉넉한 대지 같은 술토(戊土)의 결합이다. 불의 에너지와 대지의 무게감이 만난 이 조합은 따뜻하면서도 단단한 품성으로 나타난다. 이들은 자신에게 확신이 있고 판단 기준이 명확하여 남의 말에 흔들리지 않고 인생을 끌고 가는 경향이 강하다. 한번 결심하면 주저 없이 실행에 옮기며 성실하게 결과를 만들어 낸다. 성실과 열정 그 두 가지가 병술 일주의 가장 큰 힘이다. 대인 관계에서는 중심을 가진 리더다. 어려운 상황에서도 흔들리지 않고 사람들에게 용기와 방향성을 제시한다. 소통 방식은 명확하고 직선적이다. 에둘러 말하지 않고 자신의 생각을 솔직하게 드러낸다. 말에 진심이 실려 무게감을 가진다.

★ 중요하게 여기는 가치

병술 일주는 목표 달성을 통한 자아실현을 중시한다. 성과를 통해 자신을 증명하고, 그 결과가 주변 사람들에게도 긍정적인 영향을 주기를 바란다. 어떤 어려움이 닥쳐도 자신의 신념과 가치관으로 책임감 있게 밀고 나간다. 병술 일주에게 성공이란 개인적 만족을 넘어 타인의 성장에 기여하는 삶이다.

★ 발전을 위한 성장 가이드

병술 일주는 과정에 대한 여유와 감정 조율, 균형 있는 실천이 핵

    떡볶이 사주

심이다. 열정이 큰 만큼 자기 자신을 돌보는 노력이 필요하다.

감정을 조절하고 유연성을 키우자 | 강한 에너지가 충돌을 부를 수 있다. 명상, 호흡, 일기 쓰기 등 감정을 정리하는 습관을 통해 관계를 부드럽게 만드는 기술을 기르자.

체계적으로 계획을 세우자 | 순간의 열정이 장기 목표를 잊게 할 수 있다. 비전을 크게 세울 때 실천을 위한 세부 계획과 실행 도구를 마련하자. 목표를 단계별로 나누고 체크리스트처럼 실천하면 성취감도 높아진다.

균형 잡힌 에너지를 활용하자 | 열정이 과하여 번 아웃으로 이어지기 쉽다. 규칙적인 운동과 충분한 수면 그리고 가벼운 취미 활동이 살아 숨 쉬게 하는 자양분이 된다. 일의 밀도만큼 쉼의 질도 중요하다.

★ 원만의 꿀팁!

강한 추진력과 집중력을 가진 병술 일주에게 자수정을 추천한다. 자수정의 보랏빛 에너지는 직관과 정서적 균형을 제공하며 과도한 열정을 차분하게 내려 준다. 명상할 때 손에 쥐고 호흡하면 마음의 소용돌이를 가라앉히고 맑고 단단한 내면의 힘을 찾아 준다.

병신(丙申) 일주
– 열정적인 리더

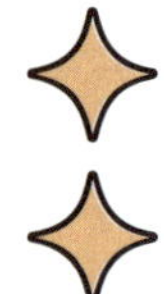

그는 유복한 집안에서 태어났다. 지금은 노년이 되어 빛이 바래져 가고 있지만, 젊은 시절엔 서울의 명문 대학을 다닌 멋쟁이 청년이었다. 영문학을 전공하여 여고에서 영어 선생님으로 근무했다. 얼마 후 집안의 가업을 잇기 위해 사업을 하면서 전성기를 맞았다.

그는 명랑하고 자신감 넘치는 성격과 위트 있는 언변으로 인기가 많았다. 밝은 미소로 사람들을 대하고, 상황 파악이 빠른 태도로 주위 사람들을 끌어당겼다. 감각이 좋고 수완이 뛰어나 해외 시장에서도 빠르게 기회를 잡았다.

그는 일뿐만 아니라 일상에서도 빛났다. 호기심이 많아 음악, 사진, 미술 등에 관심을 보였다. 어느 날은 기타를 치고, 다음 날엔 카메라를 둘러매고 거리를 누볐다. 가족들의 걱정에는 웃으며 화답했다. "인생은 즐기려고 있는 거야."

 떡볶이 사주

지금은 은퇴하여 시골 마을에서 여생을 보내고 있다. 최근에 사주를 배우기 시작해 주변 사람들에게 인생 상담을 하며 사회에 기여하고 있다. 몸도 부지런해서 텃밭을 가꾸며 작물을 기르고 해외 잡지를 구독하며 세상 사는 이야기에 귀를 기울인다. 명랑하게 삶을 대하는 모습이 꼭 '청춘'에 머문 것 같다.

★ 일주의 이해와 특징

병신 일주는 태양같이 밝은 병화(丙火)와 단단한 무쇠 같은 신금(申金)의 결합이다. 뜨거움과 냉철함이 공존하는 이 조합은 열정적인 추진력과 이성적인 판단력을 동시에 품고 있다. 낙관적인 기질을 가지고 있으며 상황 파악이 빨라 문제가 생기면 현실적인 선택을 하는 현명함이 있다. 다만 고집스러운 면도 있어 자신이 옳다고 믿는 방향엔 쉽게 타협하지 않는다. 대인 관계에서는 주도적인 조언자 역할을 한다. 어려운 상황이 오면 든든한 지지자가 되어 준다. 소통 방식은 논리적이고 절제된 표현을 선호하고, 감정보다는 이성적으로 접근하여 상황을 객관적으로 바라본다.

★ 중요하게 여기는 가치

병신 일주는 성취와 자기실현을 중요한 가치로 여긴다. 안정보다 도전을 선택하고, 자신이 가진 자원으로 결과를 이뤄 내는 과정에서 의미를 부여한다. 결과를 통해 주변으로부터 인정받고 자신의 영향력이 확장될 때 만족을 느낀다. 이러한 욕구가 성장을 향한 추진력으로 작용한다.

⭐ 발전을 위한 성장 가이드

병신 일주는 장점을 유지하기 위해 감정을 조절하고, 끈기와 균형 잡힌 계획이 뒷받침되어야 한다.

감정을 조절하고 소통 능력을 강화하자 | 표현이 직설적이고 강렬해 상대방과 오해나 갈등이 생기기 쉽다. 감정을 가라앉히는 명상, 요가, 호흡법 등을 통해 내면을 안정시키고 타인의 관점을 이해하려는 노력이 필요하다.

끈기를 기르자 | 새로운 것에는 강한 열정을 보이지만 지속성이 떨어진다. 10분 독서나 10분 운동처럼 작은 약속을 꾸준히 완수하는 연습으로 끈기 있는 자신을 만들어 가야 한다.

균형 잡힌 계획과 실천을 하자 | 열정이 크기 때문에 현실적 제약을 간과한다. 목표를 설정할 때 이상과 현실을 비교하여 우선순위를 정해 에너지를 효율적으로 분배하는 연습이 필요하다.

⭐ 원만의 꿀팁!

감정의 기복을 완화하고 내면의 평화를 돕기 위해 아벤츄린(Aventurine)을 추천한다. 아벤츄린은 자기주장과 추진력이 강한 병신 일주에게 지속성과 감정의 완급을 보완한다. 정서적으로 지치거나 균형을 잃었을 때 곁에 두면, 자신을 중심에 놓을 수 있도록 도와준다.

병오(丙午) 일주
– 타고난 연예인

그는 큰아이의 친구 아빠로 알게 되었다. 첫인상부터 눈에 띄는 사람이었다. 밝고 강한 기운이 활력으로 느껴졌다. 액세서리를 제조하는 사업을 하는데, 공장을 중국으로 옮기는 바람에 한 달의 절반은 중국에서 지내고 있었다.

아이 엄마들끼리도 친분이 있어 출장을 마치고 돌아오면 저녁 식사를 하거나 주말에 나들이를 함께하곤 했다. 그때마다 자연스럽게 중국에서의 이야기를 들려주었다. 공장을 지을 때 겪은 일이나 낯선 땅에서 부딪히는 일들과 사건들이 생생하게 전해졌다.

중국 공장은 대부분은 현지인을 고용하고 있는데 그들과의 심리 싸움이 대단하다고 했다. 고용 문제로 갈등이 생기면 지역 사회 전체가 반기를 들어 어려움을 겪는다고 했다. "중국에서 사업을 한다는 건 웬만큼 강단이 세지 않고는 불가능한 일이겠구나." 하는 생각이

들었다.

　사람이 온다는 건 우주가 오는 것이다. 그의 말과 웃음 속에는 단단한 에너지와 따스한 열정이 있었다. 대화를 나누다 보면 마음이 밝아지고 머물던 자리는 늘 빛이 남는 것 같다.

⭐ 일주의 이해와 특징

　병오 일주는 태양같이 밝은 병화(丙火)와 촛불같이 따뜻한 오화(午火)의 결합이다. 태양처럼 밝고 병화와 따뜻한 열기를 가진 오화가 만나 밝고 열정적인 성격을 보인다. 열기는 목표를 세우고 직진하는 성질이다. 강한 의지로 어려움을 돌파하며, 중간에 어려움을 겪어 넘어져도 다시 일어나 도전하여 결국 해내는 사람이다. 병오 일주는 사람들과 함께 있으면 자연스럽게 중심에 선다. 솔직하고 직설적으로 표현하는 데 거침이 없다. 자신의 감정을 숨기지 않고 분명하게 드러내며 그 솔직함이 때로는 상대를 자극하지만 진심이 담겨 신뢰감으로 이어진다.

⭐ 중요하게 여기는 가치

　병오 일주는 도전하고 실행하는 것을 중요한 가치로 여긴다. 목표를 달성하고 결과를 통해 존재감을 증명한다. 자신의 노력이 타인에게 영감과 용기를 주길 원한다. 자신의 열정이 주변에 긍정적인 영향을 주고 함께 성장해 나갈 때 존재감을 느낀다.

⭐ 발전을 위한 성장 가이드

　병오 일주는 뜨거운 불을 다듬고 타인과 조화롭게 협력하는 방법

떡볶이 사주

을 익히면 자신의 잠재력을 크게 펼칠 수 있다.

감정 조절과 내적 균형을 찾자 | 감정 기복이 심해 충동적인 반응이 나올 수 있다. 명상, 요가, 자연 속 산책 등을 통해 내면의 온도를 조절하는 법을 배워야 한다. 겉으로 드러나는 표현의 온도를 낮추는 연습이 필요하다.

지속성 있는 목표를 설정하고 실천하자 | 초반에는 적극적으로 몰입하지만 쉽게 식거나 중도에 포기하는 경향이 있다. 작은 목표부터 실천하고, 달성했을 땐 스스로를 칭찬하고 보상하는 루틴이 필요하다.

타인과의 협력과 유연성을 키우자 | 독립적인 성향이 강한 만큼 타인의 의견을 듣고 함께하는 경험이 중요하다. 유연한 사고는 리더십을 빛나게 한다. 협력을 통해 얻는 성장은 생각보다 크다.

★ 원만의 꿀팁!

강렬한 불을 조화시키기 위해 블루 레이스 아게이트(Blue Lace Agate)를 추천한다. 불의 에너지를 부드럽게 조율하고 감정의 파고를 안정시킨다. 하늘빛을 닮은 이 보석은 스트레스를 낮추고 감정을 정돈한다. 중요한 만남이나 혹은 감정을 정리하고 싶을 때 블루 레이스 아게이트를 곁에 두어 보자.

병진(丙辰) 일주
- 감정 소통가

그를 한번 마주치면 쉽게 잊히지 않는다. 하늘에 떠 있는 정오의 태양처럼 눈에 띄는 존재감이다. 그는 일을 대충 하는 법이 없다. 일단 마음을 정하면 전력으로 질주한다. 불꽃처럼 타오르는 추진력과 한번 맡은 일은 책임을 다하는 자존심이 있다. "후광이 비친다."는 말은 단지 비유가 아니다. 사람들은 그의 존재에서 실제로 그런 무언가를 느낀다.

정직을 중요하게 생각하여 누군가의 말 속에 숨겨진 불순한 의도를 읽으면, 모른 척 넘기기보다 정면으로 부딪친다. 때로는 그 직설 화법과 고집이 사람들을 놀라게 하지만 진심은 통한다. 결국 그의 주변엔 그를 아끼는 사람들이 모여든다.

그러나 홀로 있을 때엔 다른 모습을 보인다. 자신의 말과 행동이 바른 방향으로 향하고 있는지 성찰한다. 어쩌면 완벽을 추구하는 성향이 자신을 지치게 만들지만 쉽사리 바꾸지 못하고 있다.

그는 뜨거운 열정과 직설과 사색 사이를 오가며 자신을 다듬고 있다. 겉으로는 활화산 같지만 내면의 서늘함, 그 이중성이 묘한 매력으로 다가온다.

★ 일주의 이해와 특징

병진 일주는 태양같이 밝은 병화(丙火)와 촉촉한 대지 같은 진토(辰土)의 결합이다. 밝고 강렬한 태양의 에너지와 실용적이고 안정적인 땅의 특성이다. 병진 일주는 열정적이면서도 현실 감각이 뛰어난 성향으로 나타난다. 이들은 긍정적인 모습으로 문제를 직시하며 현실적인 해결 방안을 찾아낸다. 타인의 감정에 민감하게 반응하고 신뢰를 쌓기 위해 노력한다. 대인 관계에서는 조언자 역할을 자처하며 직설적인 표현을 선호한다. 솔직하고 담백하게 자기의 생각을 드러내고 상대방을 격려하지만, 이것이 지나쳐 상대방이 부담을 느끼는 경우가 있다.

★ 중요하게 여기는 가치

병진 일주는 자신의 능력으로 성과를 내는 것을 중요한 가치로 여긴다. 추상적인 목표보다는 실질적인 결과에 가치를 둔다. 자신의 목표를 설정하고 실현을 통해 자아실현을 이룬다. 또한 자신의 열정이 주변에 영향을 미칠 때 존재의 의미를 느낀다.

★ 발전을 위한 성장 가이드

병진 일주는 내면의 에너지를 방향성 있게 다듬는 훈련이 필요하다.

목표를 정하고 꾸준히 추진하자 | 여러 가지 일을 동시에 진행하면 집중력이 분산된다. 자신이 진정으로 원하는 것을 정하고 선택과 집중을 단계적으로 실천하자. 꾸준함이 병진 일주의 성공을 이루는 핵심 열쇠다.

감정을 조절하고 내면의 균형을 찾자 | 기질적으로 감정 기복과 불안함이 숨어 있다. 명상, 요가, 일기 쓰기처럼 내면을 다스릴 수 있는 활동은 자기 성찰의 힘을 길러 준다. 내면이 단단해야 태양의 힘을 쓸 수 있다.

인내심을 키우자 | 성급하게 결과를 보려는 경향이 있다. 성취는 시간이 걸리는 법이다. 장기적인 시야를 갖고 작은 걸음을 계속하자. 조금 더디더라도 꾸준한 사람이 멀리 간다.

★ 원만의 꿀팁!

강한 내구성에 비해 무게가 가벼운 티타늄을 추천한다. 티타늄은 병진 일주의 성향과 매우 잘 어울리는 보석으로, 자신만의 길을 걷는 데 필요한 정신력을 강화하고 내면의 힘을 길러 준다. 티타늄으로 제작된 액세서리를 착용하면 일상 속에서 안정성을 느낄 수 있다.

　　　　　　　　떡볶이 사주

신점과 사주의 차이

신점은 무속인이 신령의 힘으로 보는 점술이다. 내가 아닌 '신령님의 눈으로 본다'는 표현으로 설명된다. 무속은 영적 연결을 통해 이루어지는 점사 행위를 의미한다. 신점은 사주처럼 생년월일과 같은 정보를 요구하는 경우도 있지만, 이름이나 전화번호같이 간단한 정보만으로 점사를 시작할 수 있다는 점이 특징이다.

신점의 해석은 매우 직관적이고 구체적이다. 예를 들어, "00년 00월부터 일이 안 풀렸지?", "이건 ○○ 문제 때문이야."처럼 내담자의 상황을 직접적으로 지적하며 문제의 원인을 제시한다.

신점에서 자주 다루는 문제들은 매우 포괄적이지만 주로 현실적이고 무거운 고민들을 다룬다. 가정 문제, 사업이나 직장 관련 고민, 질병과 건강 문제, 귀신이나 조상과 관련된 영적 문제 등 삶의 전반에 걸친 내용들이다.

일반적으로 신점은 일반인이 접근하기 어렵다는 시각이 존재한다. 이는 보이지 않는 두려움이 존재하기 때문이다. 두려움의 이유는 자신과 관련된 사실을 정확히 맞히는 경우에 느끼게 된다. 또한 뉴스를 통해 과도한 굿이나 고액의 비용을 요구한 사례가 보도되는 것도 관련이 있다.

　그럼에도 신점을 찾는 이유는 답답한 마음을 다른 방법으로는 해결하기 어려울 때 마지막 수단으로 찾는 것이다. 실제로 신점을 통해 위로를 얻거나 삶의 문제를 해결했다는 사람들도 있다.

　신점을 이용할 때는 몇 가지 주의할 점을 기억해 두는 것이 좋다. 먼저 지나치게 불안을 조장하여 굿을 권하거나 고액의 비용을 요구하는 경우는 경계해야 한다. 어떤 상황에서도 자신의 삶을 선택할 권리는 본인에게 있다는 점을 잊지 말아야 한다. 또한 신점이 도움이 될 수는 있지만 전적으로 의존하게 되면 오히려 자기결정력을 잃을 수 있다는 점을 기억해야 한다. 이것은 사주 상담 또한 같이 주의해야 할 점이다.

　신점은 놀라운 정확성으로 과거를 맞히기도 하지만 동시에 사람을 불안하게 만들 수도 있다. 따라서 신점을 이용할 때는 맹목적으로 의존하기보다는 자신의 판단력과 삶의 방향성을 지키는 자세가 필요하다. 신점은 삶의 조언을 얻는 하나의 방법일 뿐이며, 궁극적인 선택과 책임은 자신에게 있다는 사실을 잊지 말아야 한다.

떡볶이 사주

4장

작은 불
- 온화한 사람들

[작은 불, 정화]

정화는 어둠 속에서 조용히 타오르는 촛불이나 활활 타오르는 장작불과 같다. 태양처럼 강렬하진 않지만 은은한 열기로 마음을 데우고 온기를 전하는 존재다.

일간이 정화인 사람은 대체로 섬세하고 사려 깊으며 따뜻한 온기를 품고 있다. 겉으로는 부드럽지만 필요할 순간에는 자신의 불씨로 상황을 바꾸는 결단력을 보인다.

이들은 주변을 세심히 살피며 한 사람 한 사람의 마음을 환하게 밝힌다. 그 불빛은 작지만 오래 지속되고 꺼질 듯 말 듯 이어지면서도 끝내 사라지지 않는다. 그래서 정화는 은근하고도 깊게 사람들의 마음을 비추며 살아간다.

정묘(丁卯) 일주
- 진리 탐구가

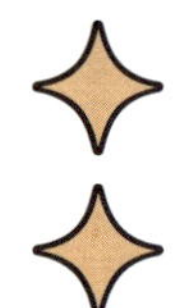

그는 매일 아침 8시부터 9시까지 라이브 방송을 진행한다. 정규 방송국이 아닌 개인 SNS 방송이다. 그를 떠올리면 '양파 같은 사람'이라는 표현이 가장 먼저 떠오른다. 겉으로는 평범하지만 껍질을 벗길수록 다채로운 결이 드러나기 때문이다.

대학에서 실용무용을 전공하고 무용수로 활동하던 그는 국제 대회에 출전했을 때 서양 무용수들의 압도적인 신체 조건을 보며 큰 좌절을 겪었다. 그 뒤 석사 학위까지 취득했지만 결국 전공을 살리지는 못했다. 대신 헬스트레이너, 이벤트 홍보 회사 창업, 구청 공무원, 그리고 현재의 부동산 경매에 이르기까지 다양한 길을 걸어왔다. 도전을 멈추지 않는 기질이 그를 변화 속에서도 성장하게 했다.

그는 매일 아침 사람들과 소통하며 정보를 전하는 방송인으로 살아간다. 방송에는 그의 세밀하고 신중한 성격이 고스란히 드러난다.

떡볶이 사주

작은 디테일도 놓치지 않으며 방송 전 자료를 꼼꼼히 검토하고 구독자들의 질문에도 성의껏 답변한다.

겉으로 보이는 온화함 너머에는 굳은 의지가 숨어 있다. 아무도 강제하지 않는 개인 방송이지만 4년 동안 하루도 쉬지 않았다. 그에게 성실함은 스스로 지켜야 할 약속이자 구독자에게 줄 수 있는 가장 큰 선물이다. 그는 단순한 채널 운영자가 아니라 사람들과 신뢰를 쌓아가며 자신의 진심을 성실함으로 증명해 내는 사람이다.

오늘도 아침 방송이 끝났지만 내일 방송을 위해 준비를 시작한다. 내일은 오늘보다 더 멋진 자신이 있기 때문이다.

★ 일주의 이해와 특징

정묘 일주는 촛불같이 따뜻한 정화(丁火)와 화초처럼 생기 있는 묘목(卯木)의 결합이다. 감성이 풍부하고 섬세하다. 타인의 감정을 깊이 이해하고 배려하는 능력이 뛰어나다. 공감 능력이 높고 예술적 감수성이 강해 인간관계에서 부드럽고 수용하는 태도를 보인다. 특히 예술, 감성 콘텐츠, 상담, 교육 등 사람의 마음을 다루는 분야에서 뛰어난 역량을 발휘한다. 하지만 감정적으로 쉽게 흔들리거나 중요한 결정을 내릴 때 우유부단한 모습을 보이기도 한다. 대인 관계에서는 중재자이자 조용한 지지자 역할을 하며, 소통에 있어서도 온화하고 배려 깊은 접근을 선호한다. 다만 자기감정을 지나치게 숨기거나 표현을 미루는 경향은 자신을 소외시키는 결과로 이어질 수 있다.

★ 중요하게 여기는 가치

정묘 일주는 조화로운 인간관계와 진심 어린 소통을 중요한 가치로 여긴다. 관계는 단순한 정보의 교환이 아니라 마음을 나누는 장이라고 생각하며, 타인에게 공감과 위로를 건네는 삶을 지향한다.

★ 발전을 위한 성장 가이드

정묘 일주는 섬세한 감성과 예술성 그리고 따뜻한 내면을 지닌 사람이다. 이 기질을 실행력과 자기 돌봄으로 연결한다면 큰 성취로 이어질 수 있다.

결단력과 실행력을 기르자 | 풍부한 아이디어를 가지고 있지만 완벽을 추구하여 시작을 미루는 경우가 있다. 완벽한 준비보다 '일단 시작하기'를 우선순위에 두자. 작더라도 실행을 통해 성취감을 맛보는 것이 중요하다.

감정을 관리하고 자신을 돌보자 | 타인의 감정을 살피느라 정작 자신의 마음은 방치하는 경우가 많다. 혼자만의 공간에서 감정을 정리하거나 일기와 명상을 통해 감정의 방향을 조율해 보자. 자기감정을 소중히 대하는 습관은 지속적인 성장을 만든다.

이벤트로 삶의 활력을 주자 | 반복된 루틴 속에서 정체감을 느낄 수 있다. 즐겨 듣던 음악을 바꾸거나 산책길 코스를 새롭게 정하는 등 작은 변화를 주어 창의성과 활력을 키워 보자. 의식적인 리듬 전환이 삶의 밀도를 높여 준다.

떡볶이 사주

정묘 일주에게 브라운 재스퍼(Brown Jasper)를 추천한다. 이 보석은 대지의 안정된 기운을 담고 있어 흔들리는 감정의 균형을 회복하는 데 효과적이다. 지나치게 타인을 배려해 자신을 놓치기 쉬운 정묘 일주에게 마음의 뿌리를 단단히 내리고 한 걸음씩 나아가도록 이끌어 줄 것이다.

정축(丁丑) 일주
– 냉철한 기획자

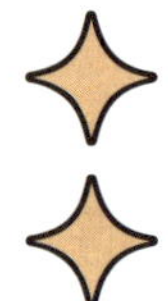

다정한 '교회 오빠'인 그는 좋은 목소리를 가지고 있다. 노래도 잘해 교회 합창단원으로 활동했다. 노래방에 가서 마이크를 한번 잡으면 함께한 일행들은 순식간에 콘서트장의 관객으로 변한다. 그의 노래에 빠져 다음 곡 선곡을 잊어버리기 일쑤다.

한때 목회자의 길을 꿈꾸며 신앙생활에 열심이었지만, IT 계열을 전공해 프로그램 개발자로 일했다. 따뜻하고 다정한 성격은 목소리뿐만 아니라 일하는 태도에서도 고스란히 드러났다. 그가 근무했던 회사는 지금은 합병되어 사라졌지만 정보통신의 선두 기업이었다. 그곳에서 통신 시스템을 관리하며 탁월한 업무 처리 능력으로 동료들의 신뢰를 받았다.

겉으로는 부드럽지만 일을 시작하면 완전히 다른 사람이 되었다. 작은 오류 하나가 큰 사고로 이어질 수 있어 완벽을 추구하게 되어 점차 강박증이 생겼다. 스스로 마음을 내려놓으려고 노력하지만 오랜 습관이 되어 잘 바뀌지 않는다. 변화에 익숙하지 않은 그는 새로운 환경에 적응하는 데 시간이 필요하고 낯선 상황엔 부담을 느끼기도 한다.

그런데 최근 뜻밖의 변화를 시작했다. 지인의 권유로 라이브 카페에서 가수로 노래를 부르기 시작한 것이다. 그의 목소리를 그리워하는 이들의 러브콜에 서서히 마음이 움직였다. 그를 무대로 이끈 지인은 인터넷 방송도 계획하고 있다. 나는 개인적으로 지인의 계획인 차질 없이 실현되어 그의 듣기 좋은 목소리가 여기저기서 들렸으면 하는 바람이다.

★ 일주의 이해와 특징

정축 일주는 촛불같이 따뜻한 정화(丁火)와 언 땅같이 차가운 축토(丑土)의 결합이다. 따뜻하고 부드러운 불의 기운이 차가운 땅의 기운을 녹여 타인을 배려하고 사려 깊은 성격을 형성했다. 이들은 타인을 감싸 주는 포근함과 현실적인 판단력을 함께 갖추고 있다. 성급하지 않고 인내심과 책임감으로 주어진 일을 차근차근 마무리한다. 그러나 변화에 대한 두려움이나 적응의 어려움이 있어 주변의 응원과 지지가 큰 힘이 된다. 대인 관계에서는 넓은 인간관계보다는 깊이 있는 관계를 선호한다. 신뢰를 쌓고 현실적인 조언을 아끼지 않는 든든한 조력자 같은 역할을 한다.

★ 중요하게 여기는 가치

정축 일주는 안정과 신뢰 그리고 실질적인 성취를 중요한 가치로 여긴다. 급격한 변화보다는 예측 가능한 흐름 속에서 계획을 세우고 꾸준히 실천하며 삶의 평온을 추구한다. 외적인 인정보다는 내적인 만족을 추구하고, 작고 약한 존재를 도우며 바른 삶을 살아가는 데서 존재의 의미를 찾는다.

★ 발전을 위한 성장 가이드

신중함과 안정감을 바탕으로 삶을 착실하게 꾸려 나가는 정축 일주는 다음과 같은 실천을 통해 더 넓은 세계로 나아갈 수 있다.

실행하는 연습을 하자 | 지나치게 조심스럽게 굴다 보면 기회를 놓치기 쉽다. 일상에서 사소한 결정을 빠르게 내리는 연습을 시작해 보자. 점차 큰 결정을 주도하는 습관으로 확장하면 자신감과 추진력을 기를 수 있다.

감정을 표현하자 | 내성적인 성향으로 감정을 안으로 삭이기 쉬운데, 이는 오해를 낳고 관계를 소원하게 만든다. 일기를 쓰거나 마음을 담은 말을 자주 건네는 것으로 감정 표현을 연습해 보자. 솔직한 소통이 대인 관계에도 긍정적인 영향을 준다.

자신을 확장하기 위해 도전하자 | 새로운 활동이나 경험에 대한 두려움은 있지만 그 안에 뜻밖의 재능과 기쁨이 숨어 있을 수 있다. 예술 활동 모임, 여행, 공연 등 자신을 드러낼 수 있는 활동 속에서 자신의 다른 면모를 발견할 수 있다.

잠든 열정과 창의성을 깨워 주는 가넷(Garnet)을 추천한다. 따뜻하고 붉은 기운을 지닌 가넷은 심리적인 불안을 다독이고 내면의 불꽃을 밝혀 준다. 과묵하고 신중한 성향 속에서도 활력과 용기를 북돋아 사람들과의 관계에서 생기와 자신감을 더해 준다.

정해(丁亥) 일주
- 따뜻한 멘토

그는 2000년대 초반 일본으로 건너가 개발자로 직장 생활을 시작했다. 당시 일본은 자국 내 IT 인력 부족 문제를 해결하기 위해 해외 개발자에게 다양한 지원 정책을 제공했는데, 그 분위기에 편승하여 일본행을 택한 것이다. 솔깃한 조건이라도 쉬운 선택은 아니지만 새로운 변화에 대한 두려움이 적은 성격이었기에 가능한 일이었다.

처음엔 적응하는 데 어려운 점이 많았다. 일은 서툴고 언어의 장벽은 높았다. 하지만 쉽게 주눅 들지 않았다. 자신이 가진 무기도 있었다. 활발함이었다. 이 장점으로 점차 적응해 갔다. 업무는 물론이고 회식 자리에서도 분위기를 이끌었다. 가까운 일본 동료들에게는 한국 문화를 소개하며 친분을 쌓기도 했다.

그러나 일본에서의 생활은 고향 친구들과 가족들에 대한 그리움으로 울적한 날이 많았다. 새로운 환경 속에서 끊임없이 자신을 증명시

  떡볶이 사주

켜야 한다는 압박감이 그를 지치게 만들었다. 그럴 때면 자신의 방식
으로 마음을 달랬다. 도시의 야경을 바라보며 혼자만의 대화를 나누
는 것이다. 조용한 카페에 앉아 음악을 들으며 하루를 정리했다. 창
밖을 멍하니 바라보는 그 시간은 그에게 평온을 주었다.

지금은 귀국하여 같은 분야에서 일을 하지만, 일본에서의 시간은
값진 경험이었다. 자신의 한계를 시험하며 성장을 경험했고 동시에
내면의 소리를 들을 수 있는 시간이었다. 혼자 있는 시간과 사람들
사이에서 균형을 맞추는 법도 배웠다. 시간이 오래 지난 지금도 그때
의 시간들이 좋은 추억으로 남아 있는 이유다.

★ 일주의 이해와 특징

정해 일주는 촛불같이 따뜻한 정화(丁火)와 강물같이 큰 물 해수
(亥水)의 결합이다. 겉으로는 따뜻하고 온화하지만 내면에는 깊은 통
찰과 유연한 감성이 흐른다. 작은 불과 큰물의 조합으로 내면의 갈등
이 일기도 한다. 하지만 그 긴장감이 오히려 창의적인 발상과 독창적
인 감각으로 이어지며 인내심과 열정을 이끌어 낸다.

감정적으로 공감력이 뛰어나며, 예술적 분야에서 감성을 표현하는
데 강점을 보인다. 다만 감정의 깊이가 지나쳐 결정이 늦어지거나 책
임을 회피하는 경향이 나타날 수도 있다. 대인 관계에서는 갈등을 조
율하고 분위기를 부드럽게 만드는 중재자 역할을 잘 수행한다. 상대
의 감정을 섬세하게 읽고 적절하게 대응하지만 자신의 감정은 쉽게
드러내지 않아 마음속에 쌓이는 경우가 많다.

★ 중요하게 여기는 가치

정해 일주는 조화롭고 평화로운 관계와 내면의 안정감을 소중히 여긴다. 감정과 직관을 표현할 수 있는 예술적 활동 속에서 자아를 실현하고자 하며, 창의성과 감수성을 통해 자신만의 길을 찾아 나아가려는 의지가 있다.

★ 발전을 위한 성장 가이드

불과 물의 상반된 기운이 공존하는 정해 일주는 감정의 기복이 클 수 있다. 내면의 균형을 유지하고 자신만의 리듬을 찾기 위해 다음과 같은 실천이 도움이 된다.

감정을 관리하여 안정을 찾자 | 감수성이 풍부한 만큼 외부 환경의 영향을 많이 받는다. 명상, 요가, 자연 속 산책 등 정서적 평형을 유지할 수 있는 루틴을 만들어 보자. 자신의 감정을 돌아보고 조절하는 시간이 필요하다.

창의적인 취미 활동을 계발하자 | 정해 일주는 예술적 재능이 뛰어나다. 글쓰기, 그림, 작곡 등 감정을 외부로 표현할 수 있는 활동은 자신을 이해하고 내면의 에너지를 건강하게 순환시키는 데 도움이 된다.

원활한 소통을 위해 노력하자 | 타인을 잘 이해하지만 그만큼 자신의 감정은 억누를 때가 많다. 부드럽고 솔직한 방식으로 자신의 감정을 전달하는 연습을 하자. 때로는 '나를 위한 시간'과 감정적 거리 두

기도 필요하다.

★ 원만의 꿀팁!

정해 일주에게는 오닉스(Onyx)를 추천한다. 오닉스는 검은 돌로, 집중력과 안정감을 상징하며 내면의 흔들림을 잠재우는 데 효과적이다. 감정이 휘둘릴 때 중심을 잡아 주고 외부의 부정적 에너지로부터 자신을 보호해 준다. 예민한 감성을 조율하며 명확한 방향성을 찾는 데 힘을 더한다.

정유(丁酉) 일주
– 예술적 직관가

그녀는 작은 커피숍을 운영하고 있다. 커피를 좋아해서 직장 생활할 때 바리스타 자격증을 땄다. 그리고 용기를 내어 회사를 그만두고 작은 커피숍을 차렸다. 우유부단한 면이 있는 그녀에겐 큰 결단이었다. 하지만 마음을 굳히자 마치 우주가 도와주듯 순조롭게 흘러갔다.

아침마다 원두를 고르고 커피를 내리는 그녀의 손길엔 작은 떨림이 느껴진다. 고객의 반응을 세심히 살피며 온도와 시간을 철저히 지키는 모습에 그녀의 완벽주의 성향이 고스란히 드러난다.

겉보기엔 다정하지만 그녀의 내면엔 날카로움과 단단함이 있다. 커피숍을 열기 전 주변 사람들은 하나같이 그녀의 결정을 걱정했다. "안정적인 직장을 두고 왜?"라는 물음에 그녀는 말없이 그저 미소로 답했다. 하지만 그 미소 뒤엔 자신만의 길을 개척하겠다는 결심이 자리 잡고 있었다. 가게가 처음 문을 열던 날 그녀는 스스로에게 다짐

떡볶이 사주

했다. "쉽지 않겠지만, 그래도 끝까지 해 볼 거야."

영업을 마친 늦은 밤, 커피 향이 가득한 가게 안에서 그녀는 지나간 하루를 돌아본다. 소소한 성공을 떠올리며 스스로를 다독이고 작은 실수엔 조용히 자책하기도 한다. 촛불처럼 섬세한 감성과 금속처럼 단단한 내면이 함께 어우러진 그녀의 하루는 진한 커피 향처럼 은은하게 퍼진다.

★ 일주의 이해와 특징

정유 일주는 촛불같이 따뜻한 정화(丁火)와 날카로운 금속 같은 유금(酉金)의 결합이다. 부드럽고 따뜻한 불의 성질과 이성적이고 현실적인 금의 기운이 함께 존재하는 이들은 겉보기엔 따뜻하지만 내면엔 단단함과 단호함이 들어 있다. 열정과 책임감을 바탕으로 주어진 일을 묵묵히 완수하며, 현실적인 판단력으로 신뢰를 얻는다. 하지만 지나치게 보수적이고 완벽을 추구하는 경향은 스스로를 지치게 만들 수 있다. 대인 관계에서는 조용한 조언자이자 현실적인 지지자의 역할을 하며, 감정보다는 이성과 논리를 중시하는 소통을 선호한다. 이로 인해 때때로 냉정하다는 오해를 받을 수 있다.

★ 중요하게 여기는 가치

정유 일주는 안정과 성취를 중요한 가치로 삼는다. 예측 가능한 환경 속에서 꾸준히 자신의 자리를 만들어 가며 타인과의 관계에서도 신뢰를 기반으로 평화를 유지하려 한다. 외부의 평가보다는 자기만족과 내면의 성실함을 통해 삶의 의미를 찾는다. '믿을 수 있는 사람'으로 인정받고자 하는 욕구가 강하며, 스스로 정한 기준에 따라 묵묵히 자신의 길을 간다.

★ 발전을 위한 성장 가이드

섬세한 감수성과 냉철한 판단력을 겸비하고 있지만, 완벽주의 성향으로 내면적 긴장이 존재한다. 이를 균형 있게 관리하면 자신의 역량을 크게 펼칠 수 있을 것이다.

감정을 관리하고 마음을 챙기자 | 풍부한 감수성은 장점이지만 과한 자극에 쉽게 영향을 받을 수 있다. 명상, 요가, 글쓰기 등 마음을 챙기는 루틴을 통해 내면을 정돈하자. 감정의 중심을 잡으면 섬세함은 훌륭한 감각이 된다.

완벽주의와 생산성의 균형을 찾자 | 완벽을 추구하는 성향은 때때로 성과를 가로막는다. '80%면 충분하다'는 마인드로 실행 중심의 계획을 세우고, 일정한 기준 이상이 되었을 땐 다음 단계로 넘어가는 연습을 해 보자. 자신에 대한 긍정적 지지가 자존감을 높여 줄 것이다.

자기표현을 확장하자 | 정유 일주는 예술적 감수성과 창의성을 갖고 있다. 글쓰기, 미술, 음악 등 자신을 표현할 수 있는 채널을 통해 에너지를 건강하게 발산하자. 타인과의 교류 속에서 새로운 시각과 영감을 얻을 수 있다.

★ **원만의 꿀팁!**

예민하고 섬세한 정유 일주에게 사파이어(Sapphire)를 추천한다. 사파이어는 불필요한 감정 소모를 줄이고 내면의 평온을 회복하는 데 효과적이다. 진실성과 지혜를 상징하는 이 보석은 정유 일주의 섬세한 감성과 이성적인 판단에 조화를 준다.

정미(丁未) 일주
– 내면 관찰자

늦깎이 대학생인 그녀는 아직 진로를 정하지 못했다. 졸업을 앞두고 있지만 무엇을 해야 할지 고민이 깊다. 친구들의 취업 소식을 들을 때면 부러운 마음도 들지만, 여전히 쉽게 결정을 내리지 못한다. 조금 늦더라도 자신만의 길을 찾고 싶기 때문이다.

수업을 듣는 그녀의 모습은 늘 집중 그 자체다. 마치 그 순간 강의실에는 교수님과 그녀 둘만 있는 듯하다. 작은 메모 하나도 허투루 넘기지 않는 섬세함에 친구들의 감탄이 이어진다. 하지만 그 고요한 모습 뒤에는 다가올 미래에 대한 불안과 자기 내면의 치열한 고민이 자리하고 있다. 현실적인 선택을 해야 한다는 압박감 속에서도 그녀는 자유롭고 창의적인 삶을 꿈꾼다.

"무언가를 포기해야 하지 않을까?" 스스로에게 던지는 이 질문은 때때로 그녀를 흔들지만 아직 결론을 내리지 못한다. 대신 그녀는 끊

    떡볶이 사주

임없이 생각하고 기다린다. 단순히 안정된 직장을 원하는 것이 아니라 자신의 열정과 감성을 살아 있는 에너지로 발휘할 수 있는 삶을 바란다.

현실과 이상 사이에서 흔들리며 방황하는 지금이지만 그녀는 결국 자신의 길을 찾아낼 것이다. 그녀 안의 섬세함과 열정이 조화를 이루어 자신만의 미래를 만들 것이다.

★ 일주의 이해와 특징

정미 일주는 촛불같이 따뜻한 정화(丁火)와 사막같이 건조한 미토(未土)의 결합이다. 부드러움과 단단함이 함께 존재하는 이들은 겉으로는 온화하고 차분하지만, 내면엔 뚜렷한 가치관과 조심스러운 고집이 깃들어 있다. 상대방의 감정을 잘 읽고 배려하며 조화를 중시하는 이들은 갈등보다는 평화로운 관계 속에서 안정감을 느낀다. 하지만 지나친 배려심은 자기표현을 제한하고 변화를 두려워하게 만든다. 소통은 조심스럽고 신중한 태도를 취하며, 감정보다는 상황을 조율하고 관계의 온도를 유지하는 데 집중한다. 이러한 특성은 때론 거리감을 형성할 수 있지만 그만큼 신뢰받고 존중받는 사람으로 비친다.

★ 중요하게 여기는 가치

정미 일주는 조화와 내면의 평온 그리고 성실한 성취를 중요한 가치로 여긴다. 겉으로는 조용하고 부드러워 보이지만 맡은 일에 대한 책임감이 강하며 성과를 차곡차곡 쌓아 나가면서 자기만족을 추구한다.

★ 발전을 위한 성장 가이드

감정적 균형과 결단력 강화, 창의성 발휘를 통해 내면적으로 성장할 수 있다. 따뜻하고 섬세한 에너지를 성취로 연결해 주는 과정이 필요하다.

자기 관리 훈련을 하자 | 감수성이 풍부한 만큼 정서적인 파동도 크다. 감정 일기, 명상, 요가, 산책 등을 통해 마음의 균형을 유지하는 루틴을 만들어 보자. 정기적인 내면 성찰은 자기 이해를 깊게 하고 감정의 소진을 막아 준다.

결단력을 키우자 | 지나치게 신중하면 기회를 놓칠 수 있다. 점심 메뉴 고르기처럼 일상 속 작은 선택부터 빠르게 실천하는 연습이 필요하다. 이 작은 결단들이 쌓이면 점점 더 중요한 선택에서도 자신 있게 행동할 수 있게 된다.

자기표현 연습을 하자 | 예술적 감각과 섬세함은 정미 일주의 큰 강점이다. 그림, 글쓰기, 음악, 디자인 등 창의적인 활동을 통해 감정과 에너지를 건강하게 표현하고 협업이나 프로젝트를 통해 사회적 소통도 자연스럽게 확장시켜 보자.

★ 원만의 꿀팁!

정미 일주에게 추천하는 보석은 블루 토파즈다. 맑고 청량한 에너지를 지닌 이 보석은 고민과 불안을 가라앉히고 감정의 파동을 정리해 명확한 판단과 진정성 있는 자기표현을 도와준다. 특히 의사소통

 떡볶이 사주

능력을 강화해 자신의 생각을 부드럽고 자신감 있게 표현할 수 있게
돕는다.

정사(丁巳) 일주
- 즉흥 변신가

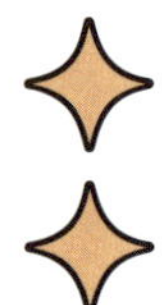

그녀는 아이들을 좋아한다. 대학에서 영문학을 전공한 뒤 심리대학원을 거쳐 지금은 청소년 직업 상담가로 일하고 있다. 겉으로는 온화하고 부드러운 성품이지만, 그 안에는 불꽃 같은 열정이 숨어 있다. 아이들에겐 다정한 상담 선생님이지만, 해야 할 말이 있을 땐 결코 물러서지 않는 단단함도 있다.

상담실에서 아이들의 이야기를 들으며 꿈을 그리다 보면 그녀의 마음도 덩달아 설렌다. 하지만 그 밝은 웃음 뒤에는 자신과 끊임없이 싸우는 또 하나의 자아가 있다. 타인에겐 따뜻한 격려를 건네면서 정작 자신에겐 가혹한 잣대를 들이대는 이유는 어쩌면 내면의 경쟁심과 자기 검열 때문이다. 거울 앞에 서서 "나는 괜찮은 사람이야."라고 말할 수 있기까지 그녀에겐 적지 않은 시간이 필요했다.

밤이 되면 그녀는 모든 역할의 가면을 내려놓는다. 따뜻한 차 한

떡볶이 사주

잔을 들고 창밖을 바라보며 오늘 하루를 조용히 돌아본다. 그 얼굴엔 담담함과 쓸쓸함이 함께 머문다. "나는 정말 잘하고 있는 걸까?" 이 질문에 마음이 약해진다. 그녀의 마음 한편에는 포기하고 싶은 마음이 있지만, 사랑스러운 아이들을 떠올리며 마음을 다잡는다.

그녀의 담담함은 아이들의 꿈으로 피어나고, 그녀의 쓸쓸함은 더 나은 사람이 되고자 하는 다짐으로 승화된다. 그녀는 단순한 상담사가 아니라 아이들이 마음껏 꿈을 그릴 수 있는 캔버스가 되고자 한다. 내면의 요동과 불확실함이 그녀를 흔들고 있지만 자신을 단단하게 만드는 과정이라 믿는다.

★ 일주의 이해와 특징

정사 일주는 촛불같이 따뜻한 정화(丁火)와 용광로 같은 뜨거운 사화(巳火)의 결합이다. 활화산의 용암처럼 겉으론 온화하지만 속은 뜨겁고 강렬하다. 이들은 뛰어난 직관력으로 상황을 빠르게 파악하고 필요할 땐 단호한 결단을 내릴 줄 안다. 따뜻하고 다정한 인상과는 다르게 내면의 기준은 엄격하다. 감정을 잘 읽고 배려하지만 때로는 그 열정이 과해 타인에게 부담을 주거나 스스로 상처를 남기기도 한다. 이런 경험이 반복되면 감정을 밖으로 드러내는 데 신중해지고 그로 인해 소극적으로 비칠 수도 있다. 그러나 그 중심에는 여전히 타인을 향한 따뜻한 마음과 자기 역할에 대한 책임감이 숨겨 있다.

★ 중요하게 여기는 가치

정사 일주는 내면의 성장과 자아실현을 중요한 가치로 삼는다. 자신과의 깊은 대화를 통해 안정된 중심을 만들고 그 토대 위에서 타인과 협력하며 성취를 이루고자 한다. 조화로운 관계와 신뢰를 바탕으로 감정의 진심을 중요하게 여기고 꾸준한 자기 성찰을 통해 더 나은 사람으로 발전해 나가고자 한다.

★ 발전을 위한 성장 가이드

뜨거운 열정과 섬세한 감성을 동시에 지닌 정사 일주는 감정의 균형과 대인 관계에서의 유연함을 통해 더 깊고 넓은 성장을 이룰 수 있다.

감정의 균형을 잡자 | 예민하고 감수성이 풍부한 만큼 감정 기복이 크다. 명상, 일기 쓰기, 요가 등으로 감정을 객관화하고 충동적인 판단을 줄이기 위한 '멈춤의 습관'을 들이자. 차분한 자신을 회복할 수 있는 나만의 공간을 만드는 것도 좋은 방법이다.

인간관계의 유연성을 확보하자 | 자신의 기준이 분명하지만 그 기준을 상대방에게 똑같이 적용하면 부담이 될 수 있다. 열린 마음으로 타인의 입장을 이해하고 다른 의견도 수용하는 훈련이 필요하다. 팀워크와 타협의 경험을 쌓으며 관계의 폭을 넓혀 보자.

전문성을 강화하자 | 정사 일주는 예술적 감각과 창의성이 뛰어나다. 상담, 예술, 교육 등 창의적 소통이 필요한 영역에서 두각을 나타낼 수 있다. 관련 분야의 학습과 경험을 통해 자신만의 '전문 역량'을 키우면 내면의 열정이 명확한 방향성과 함께 빛날 수 있다.

★ 원만의 꿀팁!

정사 일주에게 추천하는 보석은 사파이어다. 푸르고 차분한 보석은 뜨거운 내면 에너지를 부드럽게 조율하고 감정의 폭을 정리하는 데 도움을 준다. 진리, 불변, 지혜, 성실, 영원함을 상징하는 사파이어는 섬세한 감성과 창의력을 더욱 선명하게 만들어 주며 집중력과 자기표현의 안정된 중심을 세워 준다.

5장

큰 땅
- 균형 잡는 사람들

[큰 땅, 무토]

무토는 사시사철 묵묵히 자리를 지키는 큰 산이나 모든 것을 품고 있는 대지 같다. 변함없는 무게와 넓은 품으로 세상을 떠받치는 존재다.

일간이 무토인 사람은 대체로 든든하고 우직하여 신뢰를 주며, 쉽게 흔들리지 않는다. 한번 마음을 정하면 오래 버티고 맡은 일은 끝까지 책임진다.

이들은 사소한 변화보다 큰 흐름을 중요하게 생각하며 안정과 질서를 지킨다. 이것은 때로 완고하게 보일 수 있지만 그 안에는 변치 않는 성실함과 믿음이 있다. 그래서 무토는 사람들에게 의지할 수 있는 든든한 기둥이 되어 준다.

무진(戊辰) 일주
- 조화로운 중재자

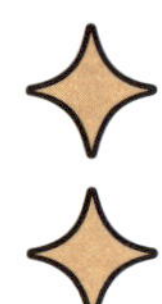

그는 아무것도 없는 허허벌판에서 뚝심 하나로 성공을 거둔 영업맨이다. 마흔을 넘긴 나이에 조직의 리더로 수많은 성과를 이루어 존재감을 증명해 낸 인물이다. 지인들은 그를 두고 "돌을 굴려 산을 만든다."고 말한다. 목표를 정하면 끝까지 해내는 근성과 추진력을 가졌다는 뜻이다.

그는 주관이 뚜렷하고 자기만의 원칙을 지킨다. 전략을 세울 때 숫자나 데이터에 전적으로 의존하지 않는다. 오랜 경험과 치열하게 다져진 신념을 바탕으로 이루어진다. 누구나 아는 매뉴얼 대신 자신만의 방식으로 조직을 이끌고 결과로 말한다. 이런 고집스러움이 동료들에게 부담이 되기도 하지만 의외의 낭만도 있다. 치열한 하루를 마치면 고즈넉한 찻집에 앉아 차를 마시거나 감성적인 음악을 들으며 와인 한 잔을 기울인다. 이럴 때면 숫자와 목표는 잊어버린다.

 떡볶이 사주

그의 삶은 치열하고도 여유롭다. 그는 목표를 향해 정진하지만 삶의 즐거움을 포기하지 않는다. 이런 균형 감각 덕분에 그를 따르는 사람이 많다. 시작은 아무것도 없는 들판이었지만 지금은 남들이 부러워하는 자리에 서 있다. 그는 사람 냄새 나는 리더이자 낭만을 가진 성숙한 어른이다.

★ 일주의 이해와 특징

무진 일주는 대지같이 넓은 무토(戊土)와 촉촉한 대지 같은 진토(辰土)의 결합이다. 너른 들판처럼 광활하고 깊은 곳에서 역동하는 에너지가 있다. 자신을 드러내기보다는 묵묵히 상황을 조율하는 데 능숙하다. 눈에 띄지는 않지만 없어서는 안 될 존재감이다. 대인 관계에서는 책임감 있는 리더다. 현실적인 조언을 제공하고 위기 상황에서도 흔들림 없이 중심을 잡아 준다. 장기적인 성공을 추구하는 성향으로 원칙과 신념을 지킨다. 소통 방식은 차분하고 이성적으로 접근하며 감정보다는 논리로 설명하고 판단한다. 다만 자신의 방식에 대한 확신이 너무 강하여 새로운 변화를 받아들이거나 적응하는 데 시간이 걸린다.

★ 중요하게 여기는 가치

무진 일주는 신뢰를 중요한 가치로 여긴다. 맡겨진 일을 끝까지 책임지고 완성도 높은 결과를 만들어 낼 때 성취감을 느낀다. 신념과 원칙을 기반으로 타인에게 실질적인 도움을 주고 존경받는 존재가 되고자 한다.

★ 발전을 위한 성장 가이드

유연한 사고로 감정을 표현하고 구체적인 실행력을 더할 때 큰 성장을 이룰 수 있다.

유연성을 길러 변화에 도전하자 | 강한 책임감은 안정감을 주지만 동시에 고정관념에 갇히기 쉽다. 다양한 관점을 수용하기 위해 의식적으로 사고의 유연성을 길러야 한다. 책을 읽고 토론하고 새로운 취미를 갖는 등 자기만의 틀을 깨는 연습이 필요하다.

내면을 타인과 공유하자 | 감정을 쉽게 표현하지 않는 성향이 대인관계에서 거리감을 줄 수 있다. 일기 쓰기, 그림, 음악 등 창의적인 방법을 통해 감정을 해소하거나 믿을 수 있는 사람과 솔직한 대화를 나누는 시간을 갖자.

꾸준하게 작은 성과를 쌓아 가자 | 큰 목표는 원동력이 되지만 너무 멀리 있는 목표는 심리적 부담으로 작용할 수 있다. 목표를 월별, 주별, 일별 단위로 쪼개어 실천해 보자. 작은 실천 루틴이 지속적인 성장을 가능하게 한다.

★ 원만의 꿀팁!

긴장감으로 인한 감정적 해소를 위해 아쿠아마린을 추천한다. 아쿠아마린은 차분하고 맑은 물의 에너지를 상징하며 내면에 고요함을 준다. 감정을 정화하고 직관력을 높여 자신의 일상을 창의적으로 해결할 수 있도록 돕는다. 아쿠아마린은 자신을 표현하는 데 도움을 준다.

무인(戊寅) 일주
– 기발한 실행가

　"미래를 여는 코딩 학원, 첫걸음을 축하합니다." 그가 코딩을 가르치는 학원을 열었다는 소식을 듣고 진심으로 축하를 보냈다. 코딩은 컴퓨터 프로그램의 코드를 만드는 일이다. 전문 프로그래머의 영역이지만, 논리적인 사고와 문제 해결 능력을 키우는 데 효과적이라 일반인도 배우는 추세다. 특히 초등학교 정규 수업에 코딩이 포함된다는 소식에 사설 학원이 생기고 있다는 뉴스를 본 기억이 있다. 그 역시 흐름에 발맞추어 학원을 열었다.

　그와의 인연은 몇 해 전, C제조사의 품질관리 시스템개발 프로젝트에서 시작되었다. 동갑인 데다 결혼 시기와 아이들의 나이도 성별도 비슷했다. 이렇게 인생의 큰 장면들이 비슷하면 공감하는 부분이 많다. 그 덕분에 프로젝트가 끝난 후에도 연락을 이어 돈독한 친구가 되었다.

그는 꿈을 꾸는 사람이다. 돈키호테처럼 이상을 좇는다. 첫 만남에서 자신을 "IT 얼리어답터"라고 소개했다. 새로운 기술이 나오면 누구보다 먼저 체험하고 혼자 프로젝트를 만들어 보는 게 취미라고 했다. 그동안 들었던 자기소개 가운데 가장 인상적인 소개였다.

또 자신이 알고 있는 것을 쉽게 설명하는 재주가 있었다. 고객이나 동료에게 기술 설명회를 했는데, 그의 설명을 들으면 복잡한 개념도 쉽게 이해가 되었다. 이런 경험들이 자신감을 키워 코딩 학원으로 이어진 것이다.

하지만 그는 꿈만 꾸는 이상주의자는 아니다. 세 아이의 아버지로 현실적인 가장이기도 하다. 이상과 현실 사이에서의 갈등은 그에게 숙명 같기도 했다. 안정을 지향하는 성격과 변화를 지향하는 상반된 기질을 둘 다 가지고 있기 때문이다. 때때로 가장의 현실은 안전한 결정을 내리곤 했다.

그의 학원은 그를 닮았다. 나는 그가 앞으로 어떤 그림을 그리고 어디로 향할지 알 수 없지만, 분명한 건 로시난테를 타고 공주를 구하기 위해 질주하는 돈키호테처럼 가슴 뛰는 일상을 살 거라는 믿음이다.

★ 일주의 이해와 특징

무인 일주는 대지같이 넓은 무토(戊土)와 단단한 나무 같은 인목(寅木)의 결합이다. 겉으로는 무뚝뚝하고 말수는 적지만, 그 안에는 책임감과 강한 의지가 자리하고 있다. 한번 결심하면 밀어붙이는 추진력이 강하고, 성장을 위해 앞으로 나가는 힘이 있다. 대인 관계에서는 든든한 지원자이자 리더다. 묵묵히 자리를 지키며 필요할 때 결정적 역할을 해낸다. 자유롭고 유연한 사고로 어려운 상황에서도 새로운 해

떡볶이 사주

법을 제시하는 창의적인 시선을 갖고 있다.

★ 중요하게 여기는 가치

무인 일주는 자신이 맡은 역할에 충실하고 타인에게 믿음을 얻는 것을 중요한 가치로 여긴다. 외부의 환경 변화에도 흔들림 없이 자신의 가치와 목표를 지켜 나가는 데 집중한다.

★ 발전을 위한 성장 가이드

성장은 '균형 감각 + 실행 계획 + 관계 기술'이라는 세 가지 핵심 요소의 조화에서 비롯된다.

균형 감각을 기르자 | 때로는 과도한 열정이 갈등의 원인이 된다. 자신의 감정을 객관적으로 들여다보는 연습이 필요하다. 명상, 일기 쓰기, 심리학적 성찰을 통해 감정을 정리하고 바라보는 습관은 내면의 균형을 만들고 원만한 대인 관계를 만든다.

구체적인 실행 계획을 세우자 | 너무 큰 목표만 설정하면 실행 과정에서 지치기 쉽다. "하루 한 걸음"이라는 마음가짐으로 구체적인 계획을 세우고 실천한다면 힘 있게 일을 마무리할 수 있다.

대인 관계 기술을 향상하자 | 직설적이고 솔직한 소통 방식이 오해를 불러올 수 있다. 주변 사람들과의 협력을 강화하기 위해 공감 능력을 키우고 대화의 기술을 익히는 것이 좋다.

강한 추진력과 책임감에 어울리는 보석으로 티타늄을 추천한다. 티타늄은 단단하면서도 가벼운 금속으로 강인함과 유연함을 가지고 있다. 이는 무인 일주의 결단력에 균형을 더하고 뜨거운 열정의 온도를 조절해 준다.

무자(戊子) 일주
- 든든한 멘토

　그는 최신 기술에 대한 열정과 문제 해결 능력을 가지고 있는 소프트웨어 개발팀 팀장이다. 그는 언제나 고객의 요구를 듣는 순간 망설임 없이 "할 수 있습니다."라고 대답한다. 말하는 그의 눈빛은 이미 새로운 도전의 설렘으로 빛나고 있지만, 프로젝트를 책임지는 상사에게는 불안 요소로 다가온다.

　고객과 기술 협상을 마치고 돌아오는 길에 상사는 현실적인 일정과 자원을 고려해야 한다고 주의를 주었다. 말투는 부드러웠지만 질책에 가까웠다. 김 팀장은 마지못해 수긍하는 대답을 했지만, 그의 눈빛은 자신의 열정을 보여 주고 싶은 마음과 인정받지 못한 데 대한 서운한 감정이 묻어 있다.

　김 팀장은 남다르다. 빠르게 변하는 기술 환경에서 문제가 생길 때마다 해결책을 찾아냈다. 어려운 상황일수록 더 깊이 뛰어들어 많은 문제를 돌파했다. 하지만 프로젝트란 매번 한 사람의 열정만으로 완성되는 일이 아니다. 예산, 인력, 일정 등 복합적인 조건들을 고려해야만 하는 것이 현실이다.

그는 말보다 행동이 빠르고 계획보다 실천이 앞선다. 일이 될지 안될지 따지기보다 먼저 손이 움직인다. 그것이 그가 일하는 방식이다.

★ 일주의 이해와 특징

무자 일주는 대지같이 넓은 무토(戊土)와 차가운 강물 같은 자수(子水)의 결합이다. 겉으로는 우직하고 단단한 인상을 주지만, 내면에는 섬세하고 속 깊은 감수성이 들어 있다. 이들은 맡은 일에 책임감을 가지고 일한다. 문제가 생기면 해결하기 위해 본질을 꿰뚫는 통찰력을 발휘한다. 일을 맡으면 끝까지 해내려는 태도로 주변의 신뢰를 얻는 경우가 많다.

대인 관계에서는 신뢰받는 조언자다. 누구든 그에게 고민을 털어놓으면 현실적이고 실용적인 조언을 얻을 수 있다. 불안한 상황에서도 침착함을 유지하지만, 이것이 지나쳐 감정을 잘 드러내지 않고 속에 담아 두면 타인과의 거리감이 생길 수 있다. 소통은 차분하고 이성적으로 접근한다. 감정보다는 사실과 논리에 기반한다. 결과 중심적으로, 때때로 계획 단계를 건너뛰고 결과를 보려는 성급함이 있다.

★ 중요하게 여기는 가치

무자 일주는 실질적인 '성과'를 중요한 가치로 여긴다. 눈에 보이는 결과에서 의미를 찾고 만족스러운 실적이 곧 자신의 가치로 연결된다. 동시에 신뢰받는 사람이 되고자 하는 욕구도 크다. 주변 사람들에

 떡볶이 사주

게 믿음을 주고 실질적인 도움을 줄 수 있는 존재가 되길 원한다.

⭐ 발전을 위한 성장 가이드

무자 일주는 일단 밀어붙이는 힘이 좋다. 성장을 위해서는 균형을 유지하고 유연하게 사고하는 것이 핵심이다.

감정 표현을 연습하자 | 감정을 내면에 담아 두면 정서적 피로가 누적된다. 글쓰기, 일기, 그림, 음악 같은 활동으로 감정을 표현하자. 신뢰할 수 있는 사람과 대화를 통해 마음을 나누는 연습도 유연함과 공감 능력을 키우는 효과가 있다.

변화와 유연성을 수용하자 | 실적 중심의 사고는 변화를 거부하는 모습으로 나타난다. 익숙하지 않은 환경에 자신을 노출시켜 보자. 이러한 경험은 균형감을 기르는 데 좋다. 예를 들어 순환 보직을 신청하여 새로운 업무를 경험하거나 새로운 취미를 배우면, 사고는 확장되고 유연성은 강화된다.

목표 설정과 실행력을 강화하자 | 목표를 세울 때 장기적인 계획에 지나치게 의존하면 실행 속도가 느려진다. 목표를 작게 나누고 단기적인 실행 계획을 설정하면 실천력이 높아진다.

⭐ 원만의 꿀팁!

정체되기 쉬운 기운을 순환하기 위해 루비를 추천한다. 루비는 따뜻하고 강렬한 에너지를 가진 보석으로, 내면을 활기차게 변화시키고

열정을 불러오는 역할을 한다. 따뜻한 색상과 강한 에너지가 무자 일
주가 가지고 있는 책임감과 현실적인 태도와 조화를 이루어 삶의 에너
지를 끌어올린다.

무술(戊戌) 일주
– 질서 관리자

"저는 꿈이 없어요. 오늘 당장 해야 할 일이 있을 뿐이죠." 그녀는 커피잔을 손에 들고 창밖을 바라보고 있었다. 이른 아침, 고요하지만 그 속엔 서서히 에너지가 깨어나고 있다.

그녀의 직업은 경찰관이다. 그녀의 일상은 하루하루가 긴장의 연속이다. 범죄와 마주하고 문제를 해결하며 누군가의 위급함을 감당해야 하는 자리다. 그녀에게 이상은 화려한 슬로건이 아니라 삶의 배경음이었다. 그저 '지금, 여기'의 상황을 정확히 직시하고 움직이는 것이 그녀가 택한 삶의 방식이었다.

그녀는 마음먹은 일은 해내는 사람이다. 과정에서 오는 잡음이나 누군가의 비난, 가끔은 조언마저도 묵묵히 넘겨 버릴 뿐이다. 사람들은 그런 그녀를 "독불장군"이라 불렀다. 하지만 그녀는 개의치 않는다. 중요한 건 말이 아니라 결과니까.

“토론보다는 행동이 필요하죠.” 그녀는 그렇게 말했다. 말보다 행동하는 사람. 감정보다 사실을 중시하는 사람이다. 경찰이라는 직업도 누군가에겐 사명일지 모르지만, 경찰관인 아버지를 따라가는 그녀에겐 ‘오늘을 살아 내는 방식’이었다. 멀리 보지 않아도 괜찮았다. ‘지금 이 순간’에 최선을 다하는 것. 그것만으로도 삶은 충분히 가치 있다.

⭐ 일주의 이해와 특징

무술 일주는 대지같이 넓은 무토(戊土)와 넉넉한 대지 같은 술토(戌土)의 결합이다. 겉은 차분하고 견고하지만 그 속엔 뜨거운 열정과 의지가 들어 있다. 현실적인 판단력과 책임감으로 쉽게 흔들리지 않는 중심을 지닌 이들은 실질적인 문제를 해결하는 데 능숙하다. 위기 상황에서도 침착하게 행동하여, 주변으로부터 든든한 지지자와 조력자로 기억된다.

소통으로는 이성적이고 절제된 방식을 선호한다. 감정보다는 사실적이고 분석에 가까운 대화법을 갖고 있다. 자신의 방식과 신념에 대한 확신이 강한 만큼 변화를 받아들이는 데 시간이 걸리고, 때로는 무뚝뚝하거나 완고해 보일 수 있다. 그러나 그 속엔 따뜻한 마음과 깊은 신뢰가 있다. 입으로 말하지 않아도 오래 함께한 사람들은 안다. 무술 일주가 얼마나 묵묵히 곁을 지켜 주는 사람인지를.

⭐ 중요하게 여기는 가치

안정과 신뢰 그리고 실질적인 성취를 중요한 가치로 여긴다. 불필요한 감정 소모를 경계하고 예측 가능한 일상 안에서 자신의 역량을 발휘하는 삶을 지향한다. 성취의 기준은 외부의 박수가 아니라 자신이 스스로 던지는 질문이다. "최선을 다했는가?" 그 물음에 '그래'라고 답할 수 있다면 그날은 최고로 의미 있는 하루다.

⭐ 발전을 위한 성장 가이드

내면의 단단한 행동력은 무술 일주의 가장 큰 강점이다. 이를 더 넓게 확장하기 위해서는 감정 표현과 유연한 사고, 그리고 의외성 있는 시도들이 필요하다.

융통성을 기르자 | 가치에 충실한 삶을 살지만 타인의 시선을 지나치게 배제하면 자신의 시야도 좁아질 수 있다. 다른 사람의 관점을 이해하는 연습이 삶의 균형을 잡아 주는 기술이다.

감정을 표현하자 | 자신의 감정을 드러내는 데 서툰 편이다. 그래서 때로 오해받기도 한다. 일기 쓰기, 글쓰기, 신뢰하는 사람과의 대화는 감정을 풀어내는 유익한 훈련이다. 감정 표현도 훈련처럼 연습이 필요하다.

틀을 깨고 도전하자 | 안정은 편안하지만 때로는 변화를 가로막는다. 새로운 취미나 예상 밖의 관심사 혹은 낯선 공부 등 한 가지쯤은 삶에 신선한 균열을 만들어 줄 필요가 있다.

⭐ 원만의 꿀팁!

열정과 생기를 더해 주는 보석으로 홍옥수(레드 제이드)를 추천한다. 홍옥수는 감정의 표현을 도와주고 인간관계에서 따뜻한 에너지를 준다. 강렬한 붉은색이 자신감을 주고 무술 일주가 가진 내면의 강인함을 빛나게 한다. 목표를 향해 나아가는 데 필요한 정체된 에너지를 흐르게 한다.

무신(戊申) 일주
- 묵직한 기둥

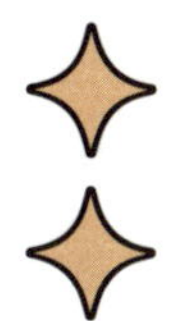

그를 처음 만난 건 벌써 십여 년 전의 일이다. 오래전 모 통신사의 프로젝트에서 함께 일하게 된 것이 인연이 되었다. 그는 일찍 아버지를 여의고 몇 해 전에는 어머니마저 떠나보냈다. 외로움을 느끼던 무렵, 철인 삼종 경기 운동 동호회에서 만난 여성과 결혼해 지금은 행복한 결혼 생활을 하고 있다. 그가 일하는 모습은 철인 삼종 경기의 훈련처럼 단단하고 체계적이다.

그는 사람들과 원만하게 지내지만 자신이 소중하게 여기는 사람에게는 헌신적인 모습을 보인다. 특히 아내 이야기를 할 때는 사랑과 존경의 마음이 느껴진다. "내가 가장 잘한 일은 그녀의 남편이 된 일"이라고까지 말한다. 가벼운 농담처럼 말하지만 말속에 진심이 느껴진다.

그는 일과 삶의 균형을 유지하며 성실한 시스템 엔지니어로서 그리고 헌신적인 남편으로서 하루하루를 살아가고 있다. 언제나 실질적인 결과와 신뢰를 중시하는 그의 모습은 주변 사람들에게 든든한 산과 같은 존재로 자리하고 있다.

⭐ 일주의 이해와 특징

무신 일주는 대지같이 넓은 무토(戊土)와 단단한 무쇠 같은 신금(申金)의 결합이다. 겉과 속 모두 단단한 성질이다. 현실적이고 체계적인 사고를 한다. 감정보다는 이성, 희망보다는 실질적인 해결책을 중요하게 생각한다. 어떤 상황에서도 흔들림 없는 책임감과 추진력 그리고 문제 해결 능력이 강점이다. 복잡한 상황 속에서도 중심을 잃지 않으며 주변에 안정감을 주는 존재다. 소통 방식에 있어서는 감정을 절제하고 논리적이다. 상대의 이야기를 먼저 듣고 차분하게 의견을 전달한다. 말보다 행동, 감정보다 실천으로 자신을 증명한다. 다만 이러한 이성 중심의 소통은 때로는 거리감을 느끼게 한다.

⭐ 중요하게 여기는 가치

무신 일주는 실질적인 성과와 책임 있는 태도를 중요한 가치로 여긴다. 맡은 역할에 최선을 다하고, 성실한 실행을 통해 가치를 입증하려 한다. 외부의 인정보다 자신의 기준에 부합하는 성취를 통해 자존감을 쌓고 주변 사람들에게도 실질적인 도움이 되는 존재가 되고자 한다. 목표를 향한 성실한 걸음 안에서 자아실현의 의미를 찾는다.

⭐ 발전을 위한 성장 가이드

무신 일주는 강한 추진력과 책임감을 갖추고 있다. 여기에 감정 표

떡볶이 사주

현과 유연한 사고, 창의적인 시선이 더하면 깊고 성장을 이룰 수 있다.

타인의 관점을 이해해 보자 | 자신의 방식에 확신이 강해 타인의 의견을 간과하기 쉽다. 경청, 열린 대화, 다양한 관점 수용은 무신 일주에게 더 넓은 세계를 열어 준다. 관계를 부드럽게 만드는 건 완벽한 논리가 아니라 공감이다.

목표에 감정적 요소를 더해 보자 | 무신 일주는 '어떻게'에 집중하지만, '왜'에 감정적인 의미를 담는 것이 장기적인 동기를 만들어 준다. 예를 들어 "경제적으로 안정된 삶"이란 목표에 "사랑하는 가족과 따뜻한 저녁 식사를 나누기 위한"이라는 감정적 의미를 부여해 보자. 감정은 의지를 오래 지속시킨다.

유연한 사고를 키우자 | 철학, 예술, 글쓰기 같은 감성 기반의 활동은 무신 일주가 가진 분석력에 새로운 활력을 불어넣는다. 정확하고 논리적인 사고와 유연한 상상력이 만날 때 전혀 다른 가능성이 열린다.

★ 원만의 꿀팁!

내면의 활력과 따뜻함을 불러일으킬 보석으로 썬스톤을 추천한다. 썬스톤은 태양의 에너지를 담은 보석으로 자신감과 긍정적인 에너지를 활성화한다. 현실적이고 묵직한 기운에 밝고 생동감 있는 변화를 가져다준다. 썬스톤을 착용하거나 가까이 두면 에너지의 균형감으로 삶의 활력과 긍정적 변화를 경험할 수 있다.

무오(戊午) 일주
- 품어 주는 근성가

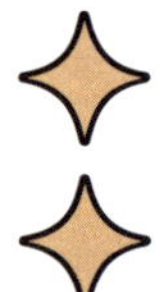

그의 어머니는 이른 나이에 세상을 떠났다. 그래서 그는 일찍 철이 들었고 가슴 한쪽에는 늘 허전함이 있었다. 다행히 아버지는 누구보다 다정하고 성실한 분이었다. 그는 아버지의 품 안에서 건강한 어른으로 자랄 수 있었다.

미소년 스타일로 귀티 나는 용모와 단정한 품행을 갖춘 그는 무슨 일이든 건성으로 하지 않는다. 적극적으로 책임을 다한다. 그동안 몇몇 아르바이트를 경험했는데, 계약 기간이 끝날 때가 되면 예외 없이 정식 직원으로 함께 일하고 싶다는 제안을 받았다.

그는 어릴 적부터 미술과 음악에 소질이 있었다. 그리고 타인의 아픔을 헤아리는 따뜻한 마음도 가지고 있었다. 이런 재능과 성정이 그를 심리치료로 인도했다. 미술과 심리학을 공부하는 미술치료를 전공했지만, 자신을 이끄는 것은 음악이라는 결론에 도달했다.

떡볶이 사주

현재 그는 싱어송라이터로, 언더그라운드 래퍼로 활동하고 있다. 전업으로 하기엔 수입이 일정하지 않아 본업은 따로 있지만 꾸준하게 곡을 쓰고 노래를 부른다. 어린 시절 이야기, 그리운 어머니와 자신을 보살펴 준 따뜻한 분들의 이야기를 진솔하게 풀어내는 노랫말로 마음을 울린다. 그는 자신을 드러내는 데 서툴고 인기에 연연하지 않는다. 오직 오선지 위에 자신의 이야기를 쓰고 노래를 부른다. 그의 노래를 듣고 있으면 어디선가 그의 어머니의 미소가 보이는 것 같다.

★ 일주의 이해와 특징

무오 일주는 대지같이 넓은 무토(戊土)와 뜨거운 태양 같은 오화(午火)의 결합이다. 이들은 단단하면서도 따뜻한 성정을 가지고 있다. 자기의 생각과 목표가 뚜렷하고 책임감과 결단력이 강하다. 쉽게 흔들리지 않고 긍정적인 에너지로 문제를 해결해 나간다. 대인 관계에서는 책임감 있는 리더 역할을 한다. 단호하고 중심을 잡는 태도가 사람들에게 신뢰와 안정감을 준다. 소통 방식에서는 직설적이고 솔직한 표현을 선호한다. 속에 있는 말을 숨기지 않고 단정하게 전달한다. 그런 이유로 때때로 오해를 사기도 하지만 일관된 태도가 오히려 시간이 흐르면 신뢰로 바뀐다. 단호한 말투 속에 예의와 배려가 들어 있다.

★ 중요하게 여기는 가치

무오 일주는 자아 성취와 자기 신뢰를 중요한 가치로 여긴다. 삶의 의미를 외부의 평가가 아닌 자기만족에서 찾는다. 성과와 노력 그리고 성실함으로 자신이 어떤 사람인지 증명해 보이는 삶을 지향한다. 더불어 신뢰받는 존재로서 타인에게도 좋은 영향을 주고자 한다.

⭐ 발전을 위한 성장 가이드

강한 추진력과 에너지 속에서 자기 조율과 장기적 시야를 함께 키운다면 무오 일주는 더 깊고 강해진다.

유연한 사고를 기르자 | 확신이 강한 만큼 타인의 의견을 놓치기 쉽다. 책, 토론, 또는 반대 의견을 일부러 경청하는 연습을 통해 융통성과 유연한 사고를 키워 보자.

감정 관리로 균형을 잡자 | 감정이 과하게 표출되면 갈등이 생길 수 있다. 명상, 요가, 심호흡 등 내면을 정돈하는 루틴을 만들자. 완벽을 내려놓는 연습도 필요하다.

장기적인 비전 설계와 체력을 기르자 | 강한 열정은 지속 가능해야 진짜 힘이 된다. 큰 목표를 세우되 이를 세분화하여 단계별로 실천하는 계획을 세워 보자. 또한 에너지 소비가 큰 만큼 체력 관리도 중요한 자산이다.

⭐ 원만의 꿀팁!

내면의 평화를 유지하는 데 도움이 되는 보석으로 사파이어를 추천한다. 사파이어는 통찰력을 강화하는 힘을 지니고 있는데, 중요한 결정을 내릴 때 도움이 된다. 사파이어에서 나오는 푸른빛은 마음을 안정시키고 마음의 결정을 돕는다.

6장

작은 땅
- 실속형 사람들

[작은 땅, 기토]

기토는 농작물을 품고 자라게 하는 비옥한 흙 같다. 겉으론 조용하지만 그 속에서는 끊임없이 생명을 키우고 변화를 준비하는 존재다.

일간이 기토인 사람은 대체로 다정하고 포용력이 있으며 섬세하게 배려하는 마음을 지니고 있다. 눈에 잘 띄진 않아도 곁에서 마음이 편안해지는 안정감을 준다.

이들은 누군가를 보살피고 가능성을 길러 내는 인내심을 갖고 있다. 이것이 지나치면 필요한 때 결단을 늦출 수 있지만, 그럼에도 기토는 단단하게 누군가의 뿌리가 되어 주는 존재다.

기사(乙巳) 일주
– 보살피는 양육자

그는 금년 하반기 인사에 실장으로 승진했다. 경험이나 나이를 생각하면 다소 이른 감도 있었지만, 팀장일 때 보여 준 태도와 팀원을 챙기는 모습이 경영진의 신뢰를 얻었다.

그는 외유내강의 기질을 가지고 있다. 회의는 부드럽게 이끌되 중요한 사안 앞에서는 단호하게 결정한다. 사람을 포용하는 따뜻함과 원칙에 기반을 둔 단단함이 중심에 서게 한다.

그는 목표를 향해 꾸준히 걸어가는 사람이다. 성과 하나에 안주하기보다는 그 성과를 다음을 향한 디딤돌로 삼는다. 정책 발표를 앞두고 예산 문제로 긴장감이 돌던 날이 있었다. 그는 전 팀원을 모아 이렇게 말했다. "목표는 예산이 아니라 사람입니다. 함께 고민하고 최선을 다하면 해답은 나올 거예요." 그의 말에 흐트러진 분위기가 잡히고 실적 발표는 긍정적인 평가로 돌아왔다.

떡볶이 사주

그는 젊은 나이에 실장이 되었지만 속도에 조급함이 없다. 부드러운 포용력으로 관계를 조율하고 속 깊은 열정으로 나아간다. 이제 막 시작된 그의 여정이 어떤 방향으로 뻗어 나갈지 궁금해진다.

★ 일주의 이해와 특징

기사 일주는 논밭같이 알뜰한 기토(己土)와 용광로 같은 뜨거운 사화(巳火)의 결합이다. 따뜻한 마음과 현실적인 판단력을 갖춘 이들은 온화한 인상과 단단한 내면을 동시에 지닌다. 상황 파악이 빠르고 열정적으로 문제에 접근하며 임기응변에도 능하다. 대인 관계에서는 따뜻한 지지자이자 평화로운 중재자다. 상대방의 감정을 잘 살피고 조화롭게 이끌며 안정된 분위기를 만드는 능력이 탁월하다. 감정 표현은 절제되어 있으나 진정성이 느껴지는 소통 방식으로 신뢰를 쌓는다. 그러나 타인을 너무 배려하다 보면 자신의 감정을 억누르게 되어, 정서적 피로로 이어지기도 한다. 균형 잡힌 감정 표현과 자기 돌봄이 필요하다.

★ 중요하게 여기는 가치

기사 일주는 현실적 성취 속에서의 내면적 성장을 중요한 가치로 여긴다. 단순한 결과보다 과정을 성실하게 완수해 나가는 태도에 의미를 두며, 그 안에서 자기 확장을 이뤄 간다. 또한 외면의 성취와 내면의 진실함이 어긋나지 않도록 하려는 욕구가 크며, 말과 행동의 일치를 추구하는 성향이 강하다.

★ 발전을 위한 성장 가이드

기사 일주는 부드러움과 열정 현실 감각과 감수성이 조화된 기질을 가지고 있다. 여기에 자기표현을 높이는 활동을 추천한다.

결단력을 기르는 연습을 하자 | 고민이 길어질수록 기회는 멀어진다. 중요한 선택이 아니더라도 일상 속에서 빠른 판단을 내리는 습관을 들이자. 완벽하지 않아도 괜찮다는 여유를 갖는 것이 실행력의 문을 여는 첫걸음이 된다.

내면의 열정을 드러내자 | 말하기 훈련, 글쓰기, 스피치 수업 등 표현을 돕는 활동을 통해 속마음을 밖으로 드러내는 연습을 해 보자. 당신의 열정은 빛나고 있지만 밖으로 드러내야 그 빛을 알아본다.

도전하고 새로운 시도를 하자 | 안정을 추구하는 기질은 좋지만 성장은 낯선 길 위에서 찾아온다. 창작 활동이나 새로운 기술을 배우거나 낯선 프로젝트에 참여해 보는 것이 내면의 활기를 일깨워 줄 것이다.

★ 원만의 꿀팁!

마음을 안정시키고 스트레스를 해소하기 위해 아쿠아마린을 추천하다. 아쿠아마린은 내면의 생각을 부드럽게 표현할 수 있는 용기를 주며 결단력을 끌어내는 에너지를 제공한다. 감정을 정제해 자기표현으로 이어지게 하는 다리 역할을 해 준다.

떡볶이 사주

기묘(己卯) 일주
- 문제 해결사

그녀는 세 번의 도전 끝에 대학에 합격했다. 겉으로 보기엔 똑 부러지고 강단 있어 보이지만 속마음은 깨지기 쉬운 유리 같다. MBTI로는 외향형으로 사람들과 어울릴 때 에너지를 얻는 타입이지만, 타인의 말 한마디에도 쉽게 상처받는 여린 마음이 숨어 있다.

그녀는 생기발랄하다. 땅을 힘차게 뚫고 나오는 새싹처럼 힘찬 에너지로 주변을 따스하게 아우르며 사람들을 웃게 만든다. 타인의 의견을 잘 받아들이며 친구들 관계를 부드럽게 만든다. 하지만 그런 배려가 지나쳐 자신을 잃어버리지 않을까 걱정한다. 조화를 유지하려는 마음과 자신만의 존재감을 지키고 싶은 사이에서 갈등한다.

그녀는 대인 관계에서 갈등을 피하고 평화를 유지하려 한다. 작은 의견 충돌도 그녀에겐 오래 남는 울림이 된다. 그래서 자연스럽게 중재자의 역할을 맡는다. 이런 성향은 때로 부담스럽지만 조화의 가치를 누구보다 잘 알기에 스스로 감당한다.

현실적이면서도 창의적인 그녀는 대학이라는 새로운 환경 속에서 자신의 길을 찾아가고 있다. 타고난 재능으로 자신감을 갖고 있지만 불쑥불쑥 불안감이 찾아온다. 변화와 알 수 없는 미래에 대한 두려움이다. 하지만 알고 있다. 새싹은 어느새 단단한 줄기가 되고 마침내 꽃을 피운다는 사실을.

★ 일주의 이해와 특징

기묘 일주는 논밭같이 알뜰한 기토(己土)와 화초처럼 생기 있는 묘목(卯木)의 결합이다. 넓은 이해심과 온화한 성품을 바탕으로 타인의 감정을 잘 읽고 조율하는 능력이 뛰어나다. 겉으로는 유쾌하고 밝은 모습이지만, 내면에는 섬세한 감수성과 정서적 깊이가 자리한다. 이들은 부드러운 카리스마와 따뜻한 조율 능력으로 사람들 사이의 균형을 맞춘다. 다만 갈등을 피하려는 성향과 과한 배려로 인해 자신의 감정을 억누르거나 자기주장에 소극적일 수 있다. 이는 감정적 피로를 유발하고, 때로는 우유부단함으로 비친다.

★ 중요하게 여기는 가치

기묘 일주는 평화롭고 조화로운 관계를 중요한 가치로 생각한다. 자신이 속한 환경에서 갈등 없이 조화를 이루며, 타인도 편안함을 느끼길 바란다. 이런 조화로운 분위기 속에서 자신 역시 정서적인 안정을 찾고 성장을 추구한다. 타인과의 관계 속에서 조화를 이루며 자기 존재의 의미를 확인하고, 그로 인해 삶의 만족을 추구하는 경향이 크다.

     떡볶이 사주

★ 발전을 위한 성장 가이드

기묘 일주는 조화와 이해를 추구하지만 그 안에서 자기 자신을 더욱 단단히 세우는 연습이 필요하다.

명상으로 내면을 들여다보자 │ 명상은 마음을 고요히 하고 흔들리는 감정을 가라앉히는 데 도움이 된다. 정기적으로 자신을 돌아보는 시간을 갖고 조용히 삶의 방향을 설정해 보자.

새로운 문화를 경험하자 │ 다양한 감각 자극을 통해 창의성과 감수성을 확장할 수 있다. 전시회, 공연, 강연 등 다양한 문화 체험은 새로운 시선을 갖게 하며 타인과의 공감 능력을 한층 깊게 만든다.

봉사활동과 나눔을 실천하자 │ 봉사와 나눔은 자신의 가치를 재발견하게 해 주며 세상과 연결되는 연대감을 키울 수 있다. 타인의 삶에 긍정적인 영향을 미치는 경험은 자존감을 회복하고 삶에 의미를 더해 준다.

★ 원만의 꿀팁!

기묘 일주에게는 모거나이트를 추천한다. 모거나이트는 부드러운 핑크빛 보석으로, 자기 수용과 내면의 균형을 상징하며 예민한 감정을 부드럽게 감싸 준다. 자신을 있는 그대로 받아들이고, 타인과의 조화 속에서도 자기 자신을 놓치지 않도록 힘을 실어 준다.

기축(己丑) 일주
– 실용 전문가

겉으로 보이는 활기찬 모습이 가끔 덜렁대는 것처럼 보이지만, 그녀는 매우 정확한 루틴을 가지고 있다. 매일 아침 정해진 시간에 일어나 화장을 하고 거의 같은 시간에 출근한다. 버스에서는 하루의 계획을 점검한다. 작은 디테일까지 꼼꼼히 챙기며 자신의 하루를 예측 가능한 구조로 만들어 두는 것이 그녀만의 방식이다.

서른 살, 영주 씨는 회사 경영지원 팀의 핵심 멤버로 단순한 회사원이 아니라 조직의 중심축 역할을 한다. 사람들과의 관계에서 그녀의 신뢰도는 높은 편이다. 회식 자리에서 가볍게 나눈 이야기도 잊지 않고 기회가 닿으면 챙긴다. 약속 시간에 늦는 법이 없고, 맡은 일은 언제나 최상의 결과를 내기 위해 노력한다.

그녀에게 목표는 희망이 아니다. 목표를 세웠다면 그것을 이루기 위한 구체적으로 계획을 세우고 실천한다. "안 될 이유를 생각하는 대신 될 방법을 찾는다."라는 그녀의 말처럼 어려움이 닥쳐도 물러서지 않고 끝까지 밀어붙이는 추진력이 있다. 그러한 태도는 주변 사람들에게 긍정적인 영향을 미친다. 조직을 위해 개인의 이익을 양보할 줄 알고, 때로는 모두의 방향을 조율하며 설득력 있는 대안을 제시한다. 구성원들의 의견을 귀 기울여 듣고 합리적인 결론을 도출한다.

그녀의 하루는 바쁘고 치열하다. 그 속에는 단단한 철학과 계획성이 함께한다. 성실한 책임감이 쉽게 잊을 수 없는 존재로 만든다.

★ 일주의 이해와 특징

기축 일주는 논밭같이 알뜰한 기토(己土)와 언 땅같이 차가운 축토(丑土)의 결합이다. 이들은 수용적이면서도 현실적이고 안정적인 기질을 지닌다. 맡은 일은 묵묵히 끝까지, 쉽게 흔들리지 않고 차분하게 상황을 해결한다. 대인 관계에서는 신뢰받는 실무형 지지자다. 현실적인 시각으로 실질적인 조언을 제공하며 어려운 상황에서도 흔들림 없는 안정감을 주는 존재다. 소통 방식에서는 조용하고 차분한 태도를 보인다. 실용적인 시각으로 주변에 실질적인 도움을 준다. 감정적으로 크게 동요하지 않아 주변 사람에게 안정감을 주는 존재다. 신중해서 감정보다는 이성을, 격한 표현보다는 현실적인 대안을 선호한다. 다만 자기중심이 분명하고 원칙을 중시하다 보니 실제 마음과 달리 타인에게 차갑거나 무관심해 보일 수 있다.

★ 중요하게 여기는 가치

기축 일주는 안정과 실질적 성취를 인생의 중요한 가치로 여긴다. 겉으로는 조용하지만 내면엔 끊임없는 자기 성찰과 성장 욕구가 자리하고 있다. 급격한 변화보다는 꾸준한 성장을 선호하며, 성과보다 과정 속에서 내면의 단단함을 기르는 것에 깊은 만족을 느낀다. 인간관계에서도 조화와 신뢰를 중요하게 여기며, 갈등을 일으키기보다 평화로운 분위기를 유지하고자 한다.

★ 발전을 위한 성장 가이드

기축 일주의 책임감은 때때로 자신을 소외시키는 방향으로 흐를 수 있다. 감정을 억누르고 문제를 스스로 떠안으며 자신보다 타인을 먼저 챙기는 모습이 흔하다. 그래서 때로는 조용히 지치고 그 피로가 오랫동안 해소되지 않기도 한다.

감정을 솔직히 표현하는 연습을 하자 | 감정을 누르지 말고 작은 말부터 표현하는 연습을 해 보자. 일기 쓰기, 신뢰하는 사람과의 대화는 좋은 출발점이 된다. 말하지 않으면 몰라주므로 표현은 관계의 숨통을 틔운다.

변화와 도전을 피하지 말자 | 안정적인 환경에 익숙하다 보니 변화를 경계하는 경우가 많다. 그러나 성장에는 새로운 환경이 필요하다. 관심 있는 분야의 강의를 듣거나 소규모 프로젝트에 참여해 보자. 작은 도전이 새로운 활력으로 이어진다.

자기 돌봄을 실천하자 | 책임감이 지나치면 '자기 돌봄'이 뒷전이 된다. 하지만 결국 자신을 돌보는 사람이 타인도 잘 돌볼 수 있다. 가끔은 본인의 마음을 먼저 살피자. 충분히 쉬고 원하는 것을 표현하자.

  떡볶이 사주

활력을 상징하는 붉은빛의 루비를 추천한다. 루비는 불의 기운을 담고 있어 기축 일주의 차가운 기운에 온기를 불어넣어 부드럽고 활력 있는 에너지로 전화되도록 돕는다. 또한 용기와 자신감을 북돋아 새로운 도전이나 변화가 필요할 때 두려움을 덜어 준다.

기해(己亥) 일주
– 성실한 노력가

그녀가 인사차 우리 집에 왔다. 겉으로 보이는 수줍어하는 모습과 조용조용한 말과 행동이 듣던 대로였다. 외숙모가 될 사람이라는 말에 우리 집 아이들은 옆에 붙어 떨어질 줄 몰랐다. 아이들 입장에서는 친근함의 표현이지만, 어려운 자리에서 여간 성가신 일이 아닐 수 없다. 그럼에도 아이들을 대하는 말과 행동에서 다정함과 따뜻함이 느껴졌다.

겉으로 보이는 모습과 달리 그녀의 직업은 철도 기관사였다. 크고 단단한 열차의 이미지와 수십 명의 승객을 태우고 거대한 열차를 운전하는 모습을 상상하니 조용한 겉모습 속에 숨겨진 강단이 느껴졌다.

그녀는 자신을 "무대 체질"이라고 말했다. 대중이 모인 연단에 올라가면 에너지가 발산되는 특수한 체질이라고 했다. 실제 회사에서 큰 규모의 발표 대회에 나가 수상한 경험도 있고, 케이블TV의 노래자랑

떡볶이 사주

프로그램에 나가 댄스를 곁들인 열창으로 인기상을 받기도 했다. 이런 모습들을 떠올리면, 그녀의 내면에 숨어 있는 강한 의식과 끈기가 느껴졌다.

그녀는 타인을 잘 챙긴다. 얼마 후 외숙모가 되어 이웃이 된 뒤로도 온정이 느껴졌다. 조카들의 생일이며 시댁 식구들의 대소사를 세심하게 챙겨 따뜻함이 느껴지기도 했다.

세 아이의 엄마가 된 그녀는 요즘 주말을 거의 족구로 보낸다. 클럽에서 스트라이커의 포지션을 소화하고 있다. 곧 있을 구청단배 족구 대회를 준비하느라 강훈련 중이라고 한다. 아파트에 쌓인 눈은 치우지 않아도 족구장 눈은 언제나 일등으로 달려가 치운다는 그녀는 외향적인 자신의 강점을 잘 아는 것 같다.

그녀를 떠올리면 두 가지가 떠오른다. 수줍은 미소와 그 안에 숨은 강인한 내면이다. 조용하게 그러나 흔들림 없이 자기 삶을 살아가는 모습이 멋지다.

★ 일주의 이해와 특징

기해 일주는 논밭같이 알뜰한 기토(己土)와 강물같이 큰 물 해수(亥水)의 결합이다. 겉으로는 차분하고 온화하지만 그 속엔 깊이 있는 감수성과 유연하면서도 단단한 내면이 숨어 있다. 이들은 공감 능력이 뛰어나며, 타인을 품어 주는 안정된 에너지를 가지고 있다. 감정을 세심하게 살피고 관계를 이끌어 가는 능력도 탁월하다. 갈등을 최소화하고 조화로운 분위기를 만드는 데 능하다. 소통 방식은 신중하고 섬세하다. 상대의 기분을 살피며 조용히 조율해 간다. 하지만 때로는 타인을 배려하느라 자신의 감정을 억누르는 경향이 있다. 지나치게 신중하여 중요한 결정을 미루는 경우도 있어 결단력 부족으로 비칠 수 있다.

★ 중요하게 여기는 가치

기해 일주는 조화로운 인간관계와 내면의 평온을 중요한 가치로 여긴다. 성장은 경쟁보다는 자기 성찰과 건강한 관계를 맺을 때 이루어진다고 믿는다. 깊은 감정의 교류 속에서 타인에게 긍정적인 영향을 주며 자기 내면의 가치를 확인하고자 한다. 외부 성취보다도 자아실현과 내면의 평화에 더 깊은 의미를 둔다. 삶의 의미는 성찰을 통해 그리고 타인과의 따뜻한 연결 속에서 발견된다.

★ 발전을 위한 성장 가이드

기해 일주는 섬세한 감성을 지키되 그 감정을 현실로 이끄는 실천력과 자존감을 강화하는 것이 중요하다.

실행 가능한 계획을 수립하자 | 자신만의 리듬은 존중하며 목표를 구체적으로 나누고 실행해 보자. 한 달 목표를 세우고 이를 주간·일일 단위로 나누면, 안정감을 유지하면서도 성취감을 높일 수 있다.

자기표현 능력을 계발하자 | 글쓰기, 그림, 노래, 춤 등 감정을 밖으로 표현하는 활동이 필요하다. 단순한 취미가 아닌 자기 자신을 돌보고 확인하는 힘이 된다.

자신감 있는 의사결정을 연습하자 | 사소한 선택부터 자기결정권을

연습해 보자. "오늘 내가 먼저 제안해 보기", "혼자서 작은 외출 계획 세우기" 등이다. 선택 후엔 스스로에게 "잘했어."라고 피드백을 건네자. 반복될수록 자신에 대한 신뢰가 깊어진다.

★ 원만의 꿀팁!

온화하고 조화로운 성향에 어울리는 루비를 추천하다. 루비는 결단력과 열정 그리고 자기 확신을 더해 준다. 루비의 따뜻하고 강렬한 파장은 중요한 순간에 망설이지 않도록 돕는다. 사랑하고 표현할 수 있는 용기를 주며 인간관계를 진정성 있게 이어 준다.

기유(己酉) 일주
- 포용하는 수용가

그는 베테랑 프로그래머다. 일본에서 첫 직장 생활을 시작했다. 낯선 언어와 문화 속에서 치열하게 보낸 시간들이 계획적이고 신중한 사람으로 만들었다. 젊은 날의 도전은 그를 단단하게 만들었지만, 쉽게 가시지 않는 긴장감이라는 그림자를 남겼다.

오랜 시간 긴장 속에서 일한 탓에 생긴 직업병이 있다. 일을 시작하기 전에 최악의 시나리오를 모두 그려 보는 것이다. 복잡한 상황을 분석하고 예상되는 문제를 예측하며 필요한 것들을 꼼꼼히 체크한다. 이러한 철저함은 일에서는 든든한 방어막이 되지만, 일상에서는 스스로를 짓누르는 압박이 되기도 한다.

그래서 환경의 작은 변화에도 매우 민감하게 반응한다. 팀원 간의 갈등이나 모호한 방향성, 갑작스러운 고객의 요청 변경 등 어떤 상황에도 만반의 준비를 한다. 그러나 불행인지 다행인지 그렇게 대비한 상황들은 대부분 현실로 일어나지 않았다. 결국 시간이 지나 돌이켜 보면 과도한 대비에 에너지를 쓴 것 같아 허탈한 마음이 들었다.

그래서일까. 그는 이제 '하지 않는 것'이야말로 현명한 선택이라는 신념을 갖게 되었다. 철저한 분석 끝에 지금은 나설 때가 아니라고 판단하는 것. 그것이 그가 말하는 노련함일지도 모른다.

★ 일주의 이해와 특징

기유 일주는 논밭같이 알뜰한 기토(己土)와 날카로운 금속 같은 유금(酉金)의 결합이다. 이들은 부드러운 인상 속에 현실적이고 분석적인 사고력을 지닌다. 상황을 객관적으로 판단하고 신중하게 결정하며 책임감 있게 행동한다. 대인 관계에서는 신뢰를 주고 꾸준히 문제의 핵심을 짚어 주는 지지자다. 갈등을 피하면서도 현실적인 조언을 건네고 흔들림 없이 자신이 맡은 역할을 해낸다. 소통 방식은 이성적이고 절제되어 있다. 격한 감정 표현보다는 조용한 대화를 선호하며 경청을 잘한다. 그러나 자기감정을 억제하는 경향이 있어 때로는 상대에게 차갑거나 무심하게 비칠 수 있다. 결정 앞에서는 지나치게 신중하여 기회를 놓치는 경우도 있다.

★ 중요하게 여기는 가치

기유 일주는 예측 가능한 환경과 안정된 관계 그리고 작은 성취를 중요한 가치로 여긴다. 성실한 태도를 통해 스스로를 증명한다. 외적인 화려함보다는 내면의 질서와 의미 있는 루틴을 더 중시하며, 이를 통해 정서적 평온과 자아실현의 기쁨을 추구한다.

★ 발전을 위한 성장 가이드

섬세함은 큰 장점이지만 때로는 행동력이 부족하거나 지나친 예민함으로 완벽주의라는 이름 안에 자신을 가둔다. 다음과 같은 훈련이 균형 잡힌 성장을 돕는다.

과감하게 결단을 연습하자 | 작은 선택을 빠르게 결정하는 연습을 하자. "점심 메뉴 5초 안에 정하기", "먼저 인사 건네기" 등을 실천해 보는 것이다. 반복은 실행력을 키우고 자기 신뢰를 회복하게 한다.

자기 돌봄을 실천하자 | 감정의 파고를 넘기 위해서는 의식적인 정리 루틴이 필요하다. 명상, 산책, 차 한 잔, 일기 쓰기 같은 조용한 시간은 꼭 필요한 쉼이다. 때로는 '아니요'라고 말할 수 있는 거리 두기 역시 자기 보호의 기술이다.

완벽주의에서 벗어나자 | 기유 일주는 100%를 향해 달리다 스스로를 소모하는 경향이 있다. 80%에서 멈춰 보자. 결과보다 실행의 흐름에 집중하는 연습은 오히려 더 큰 완성을 이끌 수 있다. "지금은 이 정도면 충분해."라고 스스로에게 말하는 것이 성장의 시작이다.

★ 원만의 꿀팁!

섬세함을 부드럽게 다독이고 자신감을 더해 주는 아쿠아마린을 추천한다. 아쿠아마린은 마음속 걱정을 정화하고 생각을 명료하게 풀어 주는 물의 에너지를 지니고 있다. 소통과 평화를 상징하는 보석으로, 자기표현을 유연하게 할 수 있도록 도와주는 조력자가 되어 준다.

 떡볶이 사주

기미(己未) 일주
– 선 굵은 중재자

그는 정보보안 부서에서 보안 업무를 담당하고 있다. 회사는 고객의 개인정보를 취급하고 있어 정보를 안전하게 관리하는 것이 매우 중요하다. 그는 나이는 어리지만 자신이 맡고 있는 보안 분야에서 전문성을 인정받고 있다.

그는 꼼꼼하고 섬세한 성격으로 업무에 있어서는 작은 실수도 용납하지 않는다. 모든 절차를 지켜야 한다는 생각으로 스스로 기준을 적용해 따르는 성실함이 있다. 그 성실함은 신뢰를 쌓는 바탕이 되었지만, 때로는 그를 옥죄는 족쇄가 되기도 한다.

겉으로 보기에는 친절하고 사교적인 인상으로 동료들과의 관계도 원만하다. 가끔은 타 부서의 회식 자리에도 스스럼없이 참석하곤 한다. 그러나 자신의 속마음을 털어놓는 데는 오랜 시간이 걸린다. 사람들과의 관계에서 진정성을 중요하게 생각하는 그는 상대방이 신뢰할 수 있는 사람인지 아닌지 확인한 후에야 비로소 마음을 연다.

자기중심적인 면모도 있지만, 중요한 결정 앞에서는 자신의 판단이 위험이 될까 싶어 선뜻 나서지 못하는 태도를 보인다. 그런 보수적이고 조심스러운 성향은 정보보안을 다루는 직무에 안전장치가 되기도 한다. 완벽을 추구하는 마음과 진정성을 기반으로 한 태도는 신뢰받는 동료이자 조직에 꼭 필요한 사람으로 그를 자리매김하게 한다.

★ 일주의 이해와 특징

기미 일주는 논밭같이 알뜰한 기토(己土)와 사막같이 따뜻한 미토(未土)의 결합이다. 이들은 현실적인 판단력과 깊은 배려심을 동시에 지니고 있으며, 성실하고 조용한 신뢰감을 바탕으로 관계를 조화롭게 유지한다. 이들은 주어진 일을 차분히 끝까지 해내는 꾸준함이 있고, 문제 상황에 있어서는 감정보다 현실적인 해결책을 제시하려 한다. 대인 관계에서는 따뜻한 조언자이자 안정적인 중재자로서 신뢰를 얻는다. 소통 방식에서는 차분하고 유연하다. 감정 소모를 피하고 상대방의 반응을 세심히 살피며 말하는 특성이 있다. 그러나 자신의 의견을 뚜렷하게 드러내지 못하거나 타인의 요구를 지나치게 수용하여 관계에서 스스로가 무거워지는 경우도 있다.

★ 중요하게 여기는 가치

기미 일주는 내면의 평화와 조화로운 관계를 중요한 가치로 여긴다. 정서적 안정과 조용한 신뢰를 바탕으로 하루를 소중하게 여긴다. 겉으로 드러나는 성취보다 자기 성찰에서 오는 만족감을 더 중요하게 생각한다. 그래서 자신이 속한 환경 속에서 신뢰받으며 조화를 이루는 존재로 인정받는 것에 깊은 의미를 둔다.

 떡볶이 사주

★ 발전을 위한 성장 가이드

섬세함이 자기표현을 막고 실행력 부족으로 이어질 수 있다. 다음과 같은 실천은 기미 일주의 내적 자원을 보다 유연하고 효과적으로 펼치는 데 도움을 준다.

도전을 수용하고 유연성을 키우자 | 낯선 환경이나 새로운 취미에 자신을 노출시키자. 그림, 요리, 봉사 활동, 새로운 사람과의 모임 등 다양한 자극이 주는 확장성을 경험해 보자.

감정을 표현하고 소통 능력을 강화하자 | 혼자만의 감정을 마음속에 담아 두는 경우가 많다. 일기 쓰기, 명상, 또는 믿을 수 있는 사람과의 소통 시간을 가져 보자. 감정을 말로 표현하는 연습은 내면의 흐름을 밖으로 연결시키는 다리가 된다.

작은 성취 경험을 쌓자 | 부담 없는 목표를 세우고 그 목표를 달성할 때마다 자신을 칭찬하자. 이런 일상의 반복은 기미 일주에게 맞는 속도와 방식으로 자기 효능감을 키우는 자연스러운 방법이다.

★ 원만의 꿀팁!

마음의 안정을 가져다주는 보석으로 사파이어를 추천한다. 사파이어는 지혜와 집중력을 강화시켜 기미 일주가 자신의 판단력을 안정감 있게 발휘할 수 있도록 도와준다. 감정에 흔들리기 쉬운 순간에도 내면의 중심을 지켜 주는 힘을 준다.

사주와 타로 카드

사주와 타로는 모두 미래를 예측하고 인생의 방향을 탐구하는 데 사용된다. 비슷한 목적을 가지고 있지만 철학적 기반과 접근 방식에서 차이를 보인다.

사주는 음양오행, 천간지지, 태극 등 동양철학의 핵심 개념을 바탕으로 한다. 이는 우주의 원리와 자연의 법칙을 인간의 운명에 적용한 것으로 우주와 인간의 조화를 추구한다. 이에 반해 타로는 카발라, 연금술, 점성술, 무의식 이론 등 서양의 다양한 상징체계를 바탕으로 발전했다. 인간의 내면과 무의식을 탐구하는 심리학적 접근과도 밀접하게 연결되어 있다.

사주는 생년월일과 태어난 시간을 필수로 한다. 변하지 않는 고정된 정보를 바탕으로 사주팔자를 구성하는데, 이는 변하지 않는 개인의 기본 구조를 나타낸다. 분석은 이론을 적용해 비교적 객관적인 결과를 도출한다. 그러나 타로는 질문이나 현재의 마음 상태에서 출발한다. 질문자가 질문은 마음에 품고 무작위로 선택한 카드의 이미지와 상징을 해석자가 읽어 낸다. 직관과 통찰의 영역이기에 같은 카드라도 상황과 해석하는 타로 마스터에 따라 의미가 달라질 수 있다.

사주는 개인의 타고난 기질, 성격, 건강, 직업, 재물, 결혼 등 인생 전반을 포괄적으로 다룬다. 장기적인 관점에서 운의 흐름과 인생의 큰 방향을 찾아 "나는 어떤 사람인가?"라는 근본적인 질문에 답을 찾도록 돕는다. 반면, 타로는 현재 직면한 구체적인 문제나 고민에 대해 즉각적인 조언을 제공한다. "지금 이 선택이 옳은가?", "현재 상황을 어떻게 해결해야 하는가?"와 같은 즉각적이고 구체적인 질문에 특화되어 있다.

사주는 태어난 날로 정해지는 사주팔자라는 기본 구조는 변하지 않지만 시간의 흐름에 따라 찾아오는 운의 영향으로 삶의 변화가 생긴다고 본다. 즉, 운명의 큰 틀은 정해져 있지만 그 안에서 변화와 선택의 여지가 있다는 관점이다. 이에 반해 타로는 질문이 바뀌면 카드도 달라지기 때문에 매번 다른 메시지를 전달한다. 이는 현재의 선택과 행동이 미래를 얼마든지 바꿀 수 있다는 적극적인 운명관을 반영한 결과다.

결론적으로, 사주는 "나는 어떤 사람인가?"라는 존재론적 질문에 가까운 답을 하는 도구이고 타로카드는 "지금 나는 어떤 상황에 있는가?"라는 현실적 질문에 적합한 도구이다. 두 체계는 서로 다른 관점에서 인간의 삶을 조명하며 각자의 고유한 가치와 역할이 있다. 이런 이유로 상호 보완적인 역할을 할 수 있다. 사주를 통해 자신의 본질과 인생의 큰 방향을 이해하고, 타로 카드를 통해 현재 상황과 당면한 문제에 대한 실질적인 조언을 얻을 수 있는 것이다.

7장

큰 쇠
- 강단 있는 사람들

[큰 쇠, 경금]

경금은 깊은 산속에서 오랜 세월을 견뎌 온 거대한 바위 같다. 단단하고 묵직하며 쉽게 변하지 않는 강인함을 품고 있다. 땅속 깊이 묻혀 있다가 세상에 드러난 원석처럼 힘과 가치를 가진 존재다.

일간이 경금인 사람은 의지와 신념이 강하고 한번 결심한 일은 쉽게 포기하지 않는다. 자시의 원칙과 기준이 분명하고, 주변의 말이나 상황에 쉽게 휘둘리지 않는다.

이들은 강한 책임감으로 주어진 일을 끝까지 완수하며, 냉정한 판단력으로 옳고 그름을 가릴 줄 안다. 또한 세월이 흐를수록 빛나는 금속처럼 단단하고 귀한 가치를 드러낸다.

경오(庚午) 일주
– 팩트 분석가

그는 청춘을 직업 군인으로 보냈다. 규율이 엄격한 조직에서 강인함을 첫 번째 덕목으로 삼았지만, 두 아들에게는 한없이 부드럽고 다정한 아빠이다.

직업 군인은 3~4년에 한 번씩 근무지가 바뀌는 특징이 있다. 아이들이 어릴 때는 전학과 이사를 하는 데 큰 어려움이 없었지만, 중학생 정도가 되면 여의치 않아 떨어져 사는 군인 가족이 많다. 아이들은 한 번 자라면 그뿐인데 사랑스러운 모습을 곁에서 볼 수 없다는 생각이 그를 고민하게 만들었다. "이제 곧 아이들이 자랄 텐데, 가족과 떨어져 살 것인가? 아니면 가족과 함께 살 수 있는 방법은 없는가?"

오랜 고심 끝에 군복을 벗기로 마음을 먹었다. 그러나 그에게 군대는 뗄 수 없는 사명 같은 것이어서 예비군 동대장이라는 새로운 도전을 시작했다. 근무 기간이 긴 장교는 전역을 앞두고 1년간 유예 기간을 준다. 사회에 나가는 적응 기간이다. 그는 1년의 시간을 동대장 시험을 준비하는 데 썼다. 그는 평소 활달하고 대인 관계가 좋아 많은 사람들과 어울려 지내고 그때마다 술자리가 잦았다. 그러나 일생일대의 결심 앞에 절연과 절주를 단행했다.

1년에 한 번 치러지는 시험은 경쟁이 치열하다. 선임 동대장이 정년 퇴임을 하여 자리가 비거나 다른 이유로 자리가 생겨야 채워지는 상황이기 때문이다. 배속지를 결정하는 순서는 시험 성적순이었다. 그는 강인한 추진력과 결단력으로 시험을 통과했다. 시험에 합격한 것은 물론이고, 성적도 상위권이라 가족이 원하는 근무지를 선택할 수 있었다.

그는 계획대로 전역을 하고 예비군 동대장으로 아이들 교육하기 좋은 곳에서 가족과 살고 있다. 감정 표현이 서툴러 아빠의 본심을 이야기하는 데 어려움이 있지만 표정에서 애정이 느껴진다. 가족과 함께 있을 때 가장 행복한 그는, 구들장 아랫목처럼 따뜻한 온기가 느껴지는 아버지다.

★ 일주의 이해와 특징

경오 일주는 무쇠같이 단단한 경금(庚金)과 촛불같이 따뜻한 오화(午火)의 결합이다. 이들은 솔직하며 강한 목표의식과 추진력을 지니고 있다. 추진력과 결단력으로 어려운 상황에서도 쉽게 포기하지 않는다. 꾸밈없이 솔직하게 자신의 생각을 전달한다. 대인 관계에서는 리더나 선도자 역할을 수행한다. 활발한 성격으로 주변에 강한 인상을 주며, 사람들을 이끌어 가는 능력이 있다. 소통 방식에서는 솔직한 표현을 선호한다. 자신이 옳다고 생각하는 방향만을 고수하려는 경향으로, 타인의 의견을 수용하는 데 어려움을 겪을 수 있다.

★ 중요하게 여기는 가치

독립과 자립 그리고 성취를 중요한 가치로 여긴다. 타인에게 의지하기보다 자신의 힘으로 목표를 성취하기를 원한다. 자신이 이룬 성과가 다른 사람에게 동기를 부여하고 긍정적인 변화를 줄 때 만족감을 느낀다. 이러한 욕구가 사람을 이끄는 원동력이 된다.

★ 발전을 위한 성장 가이드

강한 추진력과 열정은 번 아웃으로 이어지기 쉽다. 소화할 수 있는 계획을 꾸준하고 지속적으로 실천하는 것이 중요하다.

감정을 조절하고 균형 감각을 기르자 │ 열정적이고 강한 추진력이 성급한 판단을 부른다. 명상을 하거나 호흡법을 통해 마음을 가라앉히고 침착함을 유지하는 연습이 필요하다. 내면의 안정감을 찾고 현명한 결정을 내리는 데 도움을 준다.

타인을 의견을 수용하자 │ 자기주장이 강하고 독립적인 성향은 타인의 의견을 수용하는 데 어려움을 겪는다. 협력을 통해 더 큰 성과를 얻을 수 있으므로 상대의 의견을 받아들이고 팀워크를 강화하는 연습이 필요하다.

장기적인 목표를 설정하고 실행하자 │ 단기적인 목표에 치중하면 에너지를 분산시킬 수 있다. 자신의 열정과 추진력을 장기적인 계획에

   떡볶이 사주

집중시키는 것이 좋다. 구체적인 목표를 세우고 이를 단계적으로 실현하는 계획표를 만들어 실행하면 성과를 높일 수 있다.

★ 원만의 꿀팁!

내면의 균형과 감정의 안정성을 위해 문스톤을 추천한다. 문스톤은 조화와 치유의 에너지를 제공하는 보석으로, 부드럽고 은은한 빛이 마음의 평온을 가져다준다. 경오 일주가 가진 강한 기운을 다독이며 과도한 에너지를 균형 잡힌 상태로 이끌어 준다.

경진(庚辰) 일주
– 신기술 선구자

그녀의 취미는 드라마 감상과 스도쿠라는 온라인 퍼즐 게임이다. 드라마를 볼 때는 중년 아줌마의 한가로운 시청자 모드가 아니라 예리한 눈빛으로 등장인물들의 동선을 체크하는 수사반장이 된다. 그녀는 본방 사수를 원칙으로 한다. 피치 못할 상황으로 가끔 본방 사수를 못 해도 절대 낙담하거나 당황하지 않는다. 그동안 추리소설로 단련된 추리 능력으로 한두 편 건너뛰어도 스토리를 꿰는 데 어려움이 없기 때문이다.

평소 단련된 두뇌 회전은 그녀의 직장에서 매우 유용하게 사용된다. 그녀의 직업은 은행원이다. 은행은 매일 오후 4시 30분이 되면 영업이 종료되지만 그날 있었던 모든 거래를 전표와 대조하여 마감해야 하기 때문에 사실 그때부터 제대로 분주해진다.

시제는 매일 맞추지만 다양한 고객과 정신을 쏙 빼놓는 객장 상황으로 착오가 생기곤 한다. 가끔은 금액이 모자라거나 남는 일이 생긴다. 이것은 신입뿐만 아니라 경험이 많은 선임에게도 종종 일어난다. 전표가 맞지 않으면 지점의 마감이 지연되고, 시제를 맞추지 못한 직원은 쩔쩔매는 상황이 생긴다.

바로 이때 그녀가 등장한다. "찾아줘요, 홍 반장!" 검은색 선글라스를 쓰고 빨간 머플러를 두른 그녀가 나타나 거래의 유형과 전표를 훑어 특이점을 찾는다. 가끔은 객장을 비추는 CCTV를 까는 일도 생긴다. 그렇게 상황 파악을 마친 그녀는 마른기침을 한 번 하고 난 후 해결책을 전달한다. 마침내 시제가 맞춰지고 지점의 퇴근 각이 완성된다.

퇴근했어도 그녀는 어제처럼 분주하다. 드라마 편성표를 체크하고 짬짬이 스도쿠를 해야 하기 때문이다. 오늘도 밀려드는 고객과 참을성 없는 사람들 때문에 힘든 하루를 보냈지만, 그녀는 무척이나 만족스럽다. 오늘도 시제를 맞추는 공덕을 하나 쌓았기 때문이다.

★ 일주의 이해와 특징

경진 일주는 무쇠같이 단단한 경금(庚金)과 촉촉한 대지 같은 진토(辰土)의 결합이다. 이들은 책임감과 성실함으로 자신이 지킬 수 있는 적당선의 기준을 세우고, 맡은 일을 끝까지 완수한다. 어떤 상황에서도 원칙을 지키며 다양한 변수에도 변하지 않는 자세를 유지한다. 대인 관계에서는 신뢰받는 조언자 역할을 한다. 흔들리지 않는 원칙과 신념을 지켜 주변 사람들의 신뢰를 얻으며, 중요한 결정이나 판단이 필요할 때 의지가 되는 존재다. 소통 방식에서는 이성적이고 절제된 태도를 보인다. 직접적인 감정 표현보다는 신중한 접근을 선호한다.

과묵하고 감정 표현이 서툴러 차갑게 보일 수 있으나 속마음은 그렇지 않다.

★ 중요하게 여기는 가치

경진 일주는 정직과 신뢰를 중요한 가치로 여긴다. 남을 속이거나 둘러대기보다는 자신의 기준에 따라 올곧게 행동한다. 스스로 정한 원칙을 지키는 것이 자신이 속한 환경에 기여하는 길이라고 생각한다.

★ 발전을 위한 성장 가이드

자신의 성장 잠재력을 발휘하기 위해 일상에서 꾸준하고 지속적으로 실천하는 것이 중요하다. 이를 위해 세 가지 방법을 제안한다.

매일 아침 새로운 아이디어를 기록하자 | 생각을 기록하는 것은 실천으로 이어지는 효과가 있다. 또한 자신의 생각을 기록하고 확인하는 일상을 통해 자신을 이해하고 관심사를 되돌아볼 수 있다.

다양한 문화를 체험하자 | 다양한 문화를 경험하는 것은 세계관을 확장하고 감정적으로 풍요한 삶을 만드는 데 중요한 역할을 한다. 다른 문화와 관습을 접하면서 기존의 사고방식에서 벗어나 새로운 관점을 배울 수 있다.

명상으로 내면을 돌보자 | 명상은 마음을 안정시키고 집중력을 향상시키는 수행 방법이다. 명상을 통한 내면에 집중하면 평소 무시되거나 묻혀 있던 잠재적 아이디어와 감정을 마주할 수 있다. 이는 새로

 떡볶이 사주

운 통찰력과 자존감을 높여 주는 효과로 이어진다.

★ 원만의 꿀팁!

아쿠아마린은 라틴어로 바다의 물이란 의미이다. 맑고 투명한 푸른색을 띠는 보석으로, 자신의 감정을 표현하는 데 도움을 준다. 푸른색의 색감이 봄의 기운을 떠올리게 하고, 평화로운 에너지와 마음의 안정을 준다.

경인(庚寅) 일주
– 결단의 용사

"담당님, 그렇게 일방적으로 결정하시는 건 갑의 횡포가 아닙니까!"
수화기를 들고 열변을 토하고 있는 사람은 강 프로젝트 매니저다. 상
대편 담당은 아니지만 옆에서 듣고 있는 나도 가슴이 조마조마하다.
강 매니저는 지방의 시골 고등학교를 졸업하고 서울의 명문 대학에 입
학한 인재였다. 졸업 후 국내 대기업에 입사했지만 몇 년 지나지 않아
사표를 내고 퇴사한 이력이 있다. 상관의 지시가 부당하다고 느꼈기
때문이다.

평소엔 온화하지만 한 번씩 욱하면 그를 말릴 사람은 없다. 그런 그
가 우리 회사에서 가장 중요한 프로젝트를 이끌면서 고객 담당에게
"갑의 횡포"라는 단어를 써서 부당함을 호소하고 있는 것이다. 그의
목소리에는 흔들림이 없고 말 한마디 한마디가 날카롭고 정확하게 상
대를 겨냥했다.

사실 강 매니저의 이런 모습은 놀라운 일이 아니다. 추진력과 리더십이 뛰어난 그는 문제 해결에 있어서도 독보적이었다. 어떤 복잡한 상황에서도 일을 추진하는 속도와 정확도는 따라올 자가 없었다. 다만 그는 성격이 급하여 팀원들에게 부담으로 작용하기도 했다. 아이디어가 넘쳐 두세 단계를 앞서 계획을 세웠다. 문제는 그 속도를 팀원들이 따라가야 한다는 점이다. "이 정도는 기본 아니야?"라는 말에 팀원들은 한숨 쉬는 일이 많았다.

그럼에도 불구하고 그와 함께 일하는 것은 좋은 경험이다. 자신의 다재다능함을 이용해 팀의 역량을 끌어올리기 때문이다. 설계부터 재무 계획까지, 손대는 분야마다 빠르게 익히고 능숙하게 처리하는 그의 실력은 팀원들에게 존경심을 불러일으켜 모두를 함께 성장시킨다.

수화기를 내려놓는 그의 표정은 여전히 단호했다. 고객 담당과의 통화는 끝났지만, 그가 이 문제를 끝낸 것은 아니다. 그는 결코 미완성된 상태로 일을 남겨 두지 않는다. 나는 그를 바라보며 그의 단호함과 집요함은 어디서 나올까 하는 궁금한 마음이 들었다.

★ 일주의 이해와 특징

경인 일주는 무쇠같이 단단한 경금(庚金)과 단단한 나무 같은 인목(寅木)의 결합이다. 이들은 강인한 추진력과 확고한 신념을 바탕으로 목표를 향해 저돌적으로 나가는 특징이 있다. 뛰어난 결단력과 강한 추진력으로 목표가 명확하고 이를 이루기 위해 일사불란하게 움직인다. 어려운 상황에서도 포기하지 않는 끈기가 있다. 철저한 계획과 실행력이 뒷받침되어 일을 성공적으로 끝내는 능력이 있다. 소통 방식에서는 직설적이고 명확한 표현을 선호한다. 감정보다는 이성적인 대화를 추구하며, 자신의 의견을 정확하게 전달하는 것을 중요하게 생각한다. 다만 타협이 어렵고 자신의 원칙과 신념을 너무 고수하다 보니 타인의 의견을 수용하기 어려워한다.

★ 중요하게 여기는 가치

도전과 성취 그리고 독립성을 중요한 가치로 여긴다. 자신의 힘으로 성취하는 독립적인 삶과 타인에게 긍정적인 영향을 미치고자 하는 욕구가 강하다. 자신의 결단력과 추진력으로 사람들에게 신뢰감을 주고 긍정적으로 변화하는 데 기여하고자 한다.

★ 발전을 위한 성장 가이드

자신의 능력을 갈고닦을수록 더욱 빛이 나며, 이타적인 삶을 위해 조화와 이루고 갈등을 다스리는 방법을 찾는 것이 중요하다

유연한 사고와 타협 능력을 기르자 | 강한 의지와 자기 주관을 가진 만큼 주변 사람들과 의견 충돌이 잦을 수 있다. 자기 의견을 고수하는 것도 중요하지만, 필요할 때는 유연하게 대응할 수 있는 훈련이 필요하다.

체계적으로 목표를 설정하자 | 도전 정신은 강렬하지만 즉흥적으로 이어질 수 있다. 장기적인 목표를 설정하고 이를 실행하기 위한 구체적인 계획을 세우는 것이 좋다.

인내심과 감정 관리 훈련을 하자 | 원하는 것을 빠르게 이루고 싶은

마음은 성급함이나 인내심 부족으로 나타나 스트레스의 원인이 된다. 운동, 독서, 예술 활동 등 꾸준함을 요구하는 활동을 하자.

★ 원만의 꿀팁!

내면의 평화를 돕고 조화를 이루는 데 도움을 주는 보석으로 문스톤을 추천한다. 문스톤은 달의 에너지를 담고 있어 감정의 기복을 완화하고 안정된 마음 상태를 유지하도록 돕는다. 경인 일주의 불안을 해소하는 데 도움을 준다. 문스톤을 지니거나 명상 중 손에 쥐고 있으면 그 효과를 느낄 수 있다.

경자(庚子) 일주
– 공정한 심판관

그는 한때 뮤지컬배우를 꿈꾸었다. 키가 크고 기골이 장대하여 장군 같은 인상이지만, 회식 자리에서 보여 주는 생기발랄한 모습은 예상치 못한 반전의 모습이다. 1차를 마치고 2차에서 접어들었을 때 그가 보여 주는 노래와 춤은 마치 공연을 보는 것 같다. 지금이라도 배우의 길을 고민해 보는 게 어떨까 싶을 정도다.

건설회사의 현장 지원 부서에 근무하는 그는 업계의 특성상 강도 높은 환경에서 일하고 있다. 야근과 주말 출근도 잦고 대부분 현장이 지방에 있어 출장도 빈번하다. 그럼에도 틈틈이 취미 활동을 즐기며 자유로운 영혼을 유지하고 있다. 이런 여유로움 뒤에는 깔끔하고 세심한 업무 처리 능력이 숨어 있다.

그는 복잡한 상황에서도 차분하게 문제의 선후 관계를 파악한다. 무엇이 원인이 되어 문제가 발생했는지를 추적하는 것이다. 한번은

떡볶이 사주

갑작스러운 자재 공급 문제로 공사가 중단될 위기에 처했을 때도 상황을 빠르게 분석하여 대체 자재를 제안해 공사 지연을 막아 낸 적이 있다.

대인 관계에 있어서도 신임이 두텁다. 이해관계자들이 복잡하게 모여 있는 건설 현장이지만, 상대방의 입장을 이해하고 모두가 납득할 수 있는 결론을 이끌어 내기도 한다. 이런 능력 덕분에 그는 동료뿐 아니라 협력업체 관계자들 사이에서도 좋은 평판을 얻고 있다. 가끔 아재 개그로 썰렁한 분위기를 만들기도 하지만 긴장된 현장 분위기를 누그러뜨리는 데는 도움이 된다.

배우의 꿈은 이제 과거의 이야기일지 몰라도 그의 일상은 무대 위에서 주인공처럼 여전히 빛나고 있다.

★ 일주의 이해와 특징

경자 일주는 무쇠같이 단단한 경금(庚金)과 차가운 강물 같은 자수(子水)의 결합이다. 뛰어난 분석력과 현실적인 사고방식으로 실질적인 결정을 내리는 데 능숙하다. 자기 관리가 철저하고 어려운 상황에서도 흔들리지 않는 강인함이 있다. 대인 관계에서는 신뢰받는 조언자나 실행력 있는 리더 역할을 수행한다. 논리적인 판단으로 실질적인 해결책을 제시하며, 감정적인 상황에서도 사실 중심으로 관계를 조율한다. 소통 방식에서는 이성적이고 논리적인 접근을 선호한다. 감정보다는 사실에 기반을 둔 의사소통을 하며, 객관적인 기준으로 상황을 판단한다. 다만 지나치게 실리적이고 이성적으로 접근하면 타인의 감정을 충분히 공감하는 데 어려움을 겪기도 한다.

★ 중요하게 여기는 가치

경자 일주는 목표 달성과 구체적인 성과 달성을 추구한다. 일을 시작하기 전 철저히 계획하고 결과를 예측하는 경향이 있다. 또한 자기 성찰과 자기 관리를 중시한다. 자신의 약점과 강점을 인식하고 이를 기반으로 삶을 관리하고자 한다. 자기 계발을 통한 자아 성취와 자신의 강점을 활용해 더 나은 사람이 되고자 하는 의지가 강하다.

★ 발전을 위한 성장 가이드

자신의 에너지를 조절하여 균형 잡힌 자기 계발을 이루면 개인적 성장과 함께 대인 관계에서도 큰 성과를 낼 수 있다.

공감 능력 계발하기 | 감정 표현에 서투른 경우가 많다. 이를 극복하기 위해 자신의 감정을 글로 적거나 일기 형태로 정리해 보는 연습이 효과적이다. 꾸준하게 실천하면 자신의 감정 흐름을 파악할 수 있다.

융통성과 유연성 키우기 | 새로운 환경이나 도전 과제를 접할 때 완벽함보다는 실수를 배움의 기회로 삼는 태도가 중요하다. 다양한 관점을 접할 수 있는 독서나 토론 활동을 통해 사고의 유연성을 높이는 것이 좋다.

내면의 안정과 스트레스 관리하자 | 강한 책임감과 실질적인 성과를 중시하는 성향으로 스트레스가 축적되기 쉽다. 과도한 책임감을 느끼거나 주변 상황을 통제하려는 경향이 있으므로 내면의 평정을 유

떡볶이 사주

지하는 것이 중요하다. 명상, 요가, 산책과 같은 활동을 통해 마음을 가라앉히고 자신을 객관적으로 돌아보는 시간을 가져 보자.

★ 원만의 꿀팁!

예민한 기질을 부드럽게 다독이는 실버를 추천한다. 실버는 보호와 정화의 힘을 지니고 있다. 경자 일주에게 불필요한 에너지의 흡수를 막고 정화하는 역할을 한다. 실버의 차가운 성질은 경자 일주의 예민한 기운을 진정시키고 마음에 평온을 더해 준다.

경술(庚戌) 일주
– 몰입 장인

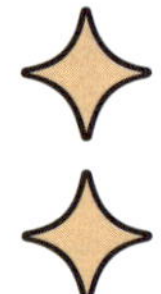

"저는 야구단의 구단주가 꿈입니다." 30대 중반으로 평범한 개발자인 그의 말을 심각하게 받아들이는 사람은 많지 않았다. 주변 사람들은 희망이나 농담쯤으로 여기지만, 정작 그는 농담으로 하는 말이 아니다. 그는 이 꿈을 언젠가 반드시 이루고야 말 사명으로 여긴다.

사춘기 시절 내성적인 성격과 자신감 없이 방황하던 시절, 우연히 만난 멘토링 프로그램으로 전환점을 맞았다. YMCA에서 진행하는 멘토링 프로그램에서 만난 대학생 형의 도움으로 이전과 다른 생활을 경험했다. 멘토의 도움으로 꿈을 꾸었고, 꿈을 이루기 위해 노력했고, 그 과정에서 자신의 잠재된 능력들을 발휘하여 좋은 성과를 낸 경험을 했다. 이런 경험으로 '꿈과 희망'의 나비 효과를 믿게 되었다.

그는 IT업계의 유명한 잡지사의 기자로 첫 직장 생활을 시작했다. 경험을 쌓고 우연한 기회에 SW 개발자로 전환했다. 일하며 협업의 중

 떡볶이 사주

요성을 깨달아 협업 관련 책을 저술한 작가가 되기도 했다. 그 덕분에 틈틈이 강연도 했다. 그리고 얼마 전에는 창업을 단행하여 회사의 대표가 되었다. 눈코 뜰 새 없이 바쁜 일정이지만, 투자 모임과 독서 모임에서 멘토로 활동하고 있다. 그에게 모임은 단순히 인적 네트워크가 아니라 누군가의 꿈을 발견하고 도와주는 플랫폼이다.

현재 진행 중인 야구단은 꿈의 종착지가 아니라 시작점 같다. 현실에서 꿈을 이루는 것은 시간이 필요하지만 시기는 그다지 중요해 보이지 않는다. 그는 이미 꿈속에서 살고 있기 때문이다.

★ 일주의 이해와 특징

경술 일주는 무쇠같이 단단한 경금(庚金)과 넉넉한 대지 같은 술토(戌土)의 결합이다. 이들은 높은 책임감과 강한 의지력으로 주변 환경에 휘둘리지 않고, 맡은 일은 끝까지 완수한다. 상황을 논리적으로 분석하고 실질적인 결정을 내리는 능력이 뛰어나 문제 해결 능력이 탁월하다. 대인 관계에서는 신뢰받는 조언자이자 중심적인 리더 역할을 한다. 냉철한 분석력으로 실질적인 조언을 제공하며 어려운 상황에서도 안정감을 준다. 소통 방식에서는 감정적인 표현보다는 사실과 논리에 근거한 대화를 추구하며, 자기 입장을 명확하게 전달한다. 자신의 신념과 원칙이 너무 강해 고집스럽게 보일 수 있다.

★ 중요하게 여기는 가치

자아실현과 신뢰를 중요한 가치로 여긴다. 자신의 능력을 최대한 발휘하여 목표를 성취하는 것에 큰 만족을 느낀다. 자아의 실현이 타인에게 실질적인 도움으로 이어지길 바라는 욕구가 있다.

★ 발전을 위한 성장 가이드

자신의 강점인 책임감과 현실적 사고 위에 내면의 유연성을 기르고 대인 관계와 장기적 목표 실행 능력을 강화하는 것이 핵심이다.

내면의 유연성을 기르자 | 명상, 독서, 또는 감정 표현을 돕는 예술 활동과 같은 글쓰기, 그림 그리기 등을 시도하는 것이 좋다. 이러한 과정은 내면의 균형을 유지하며 자기 성찰의 기회를 제공한다.

대인관계 기술을 향상하자 | 자기의 생각을 부드럽게 표현하는 기술을 배우고 상대방을 존중하는 대화 방법을 익히면 더 나은 관계를 형성할 수 있다. 적극적으로 경청하고 공감하는 태도를 표현하면 주변 사람들과의 신뢰와 소통이 강화된다.

장기적인 목표와 균형 잡힌 실행을 하자 | 계획적인 성향이 강하여 세부적인 부분에 집착하면 큰 그림을 놓칠 수 있다. 우선순위를 정하고 지나친 완벽주의를 경계하면서 유연하게 목표를 조정하는 능력을 기르면, 더욱 효과적으로 자신의 역량을 발휘할 수 있다.

★ 원만의 꿀팁!

태양의 에너지를 담고 있으며 강한 기운과 조화를 이루는 썬스톤을 추천한다. 썬스톤은 밝고 긍정적인 에너지를 제공하여 내면의 균형을 잡아 주는 역할을 한다. 활력을 높이고 자신감을 강화해 주며 마음속에 희망과 긍정적인 에너지를 주는 효과가 있다.

경신(庚申) 일주
- 외유내강 지구력자

그녀의 직업은 그래픽 디자이너다. 그녀의 회사는 프로젝트 단위로 업무를 진행하여 외부에서 일하는 경우가 많다. 대부분 팀으로 움직이지만, 가끔은 혼자 나가야 할 때도 생긴다. 낯선 환경에서 혼자 일하는 것이 쉽지 않아 대부분의 직원들은 부담을 느끼지만 그녀는 달랐다. 다소곳한 외모와는 달리 여장부 같은 기질로 혼자서도 씩씩하게 일을 해냈다.

그녀는 힘든 상황에서도 당황하지 않고 단순하고 명쾌하게 해결책을 찾아내는 능력이 있었다. 그녀는 언제나 "해 보고 알려 드릴게요!"라는 태도를 보인다. 이러한 성향이 동료들에게 긍정적인 영향을 주어 그녀가 참여하는 프로젝트는 대체로 분위기가 좋았다.

그녀는 감정보다는 이성적으로 접근한다. 예기치 못한 문제가 생겨도 차분하게 문제의 원인을 분석하고 대안을 찾는다. 예를 들어 고객의 요청이 애매하거나 혹은 효율이 떨어지는 요구를 할 때도 클라이언트를 설득해 효율적인 방향으로 조정하곤 했다.

협업이 필요할 때는 전체 공정을 우선해서 진행하고 세부적인 항목들은 따로 떼어서 진행했다. 디자인 파트에 지연이 생겨 전체 공정에 늦어지는 상황을 방지했다. 이처럼 그녀와 함께하는 프로젝트는 팀원들에게 활력을 주어 언제나 기대 이상의 성과가 났다.

★ 일주의 이해와 특징

경신 일주는 무쇠같이 단단한 경금(庚金)과 단단한 무쇠 같은 신금(申金)의 결합이다. 이성적인 사고로 세부적인 부분까지 놓치지 않는 꼼꼼함이 있다. 강단 있게 실행하고 맺고 끊음이 정확하다. 대인 관계에서는 책임감 있는 조언자이자 신뢰받는 지지자 역할을 한다. 감정에 휘둘리지 않고 현실적인 시각에서 조언을 제공하며 실질적인 도움을 준다. 소통 방식에서는 논리적인 표현을 선호한다. 사실과 논리에 기반을 둔 대화를 추구하는 것이 특징이다. 다만 주관이 뚜렷해 타인과 의견이 다를 경우 관철시키는 데 시간이 걸리고, 지나치게 이성적인 접근으로 차가워 보일 수 있다.

★ 중요하게 여기는 가치

경신 일주는 신뢰를 중요한 가치로 여긴다. 자신의 역할을 다할 때 자부심을 느낀다. 경신 일주는 외부의 인정보다는 스스로 만족할 때 더 큰 가치를 부여한다. 그렇기에 보이지 않는 곳에서도 묵묵히 노력하는 경우가 많다.

 떡볶이 사주

★ 발전을 위한 성장 가이드

큰 성과를 낼 잠재력을 가지고 있다. 여기에 유연성과 균형을 더한다면 더 높은 성장을 이룰 수 있다.

유연하게 사고하고 감정을 관리하자 | 명상이나 일기 쓰기를 통해 자신을 돌아보고 내면의 감정을 정리하는 습관을 들이면 타인과의 관계에서 부드럽고 조화로운 소통이 가능해진다. 다양한 관점을 배우는 독서나 대화를 통해 사고의 유연성을 키우는 것이 중요하다.

꾸준한 학습으로 전문성을 강화하자 | 금속을 단련하는 것과 같이 재능과 능력을 연마하면 더욱 빛나는 사람이 된다. 전문성을 키우기 위해 지속적인 학습과 실습에 집중하는 것이 좋다. 분석력과 문제 해결 능력이 뛰어나 기술적인 분야에서 두각을 나타낼 수 있다.

대인 관계에서 협업 능력을 계발하자 | 조직 속에서 타인의 도움을 받는 법과 협력의 가치를 배우는 것이 중요하다. 이를 위해 동료나 친구와의 커뮤니티 활동에 적극적으로 참여하는 것도 좋은 방법이다. 자신의 강점과 타인의 강점을 조화롭게 결합하는 방법을 익히면 큰 성장을 이룰 수 있다.

★ 원만의 꿀팁!

부드러움과 온화함을 보충하기 위해 루비를 추천한다. 루비는 따뜻한 불의 기운을 상징하는 보석으로, 차가운 금의 에너지를 녹여 활력을 준다. 루비는 열정과 자신감을 높이고 목표 지향적인 성격에 추진

력을 부여한다. 또한 사랑과 조화의 에너지를 전해 주어 경신 일주가
인간관계를 원활히 이끌어 가도록 돕는다.

8장

작은 쇠
- 감각적인 사람들

[작은 쇠, 신금]

신금은 금속 장인이 정교하게 다듬어진 보석 같다. 작고 섬세함 속에 아름다운 빛과 날카로움이 공존한다. 또 연마된 칼날처럼 부드러움 속에도 예리한 힘을 품고 있는 존재다.

일간이 신금인 사람은 세세한 것도 놓치지 않고 살펴 완벽에 가까운 기준을 향해 나아간다. 감정보다 이성을 앞세워 정리되고 정돈된 질서 속에서 안정감을 느낀다.

이들은 사람과 상황을 꿰뚫어 보는 통찰력으로, 필요한 순간에 단호하게 결단하는 냉철함을 지니고 있다. 때론 차갑게 보일 수 있지만, 그것은 더 나은 결과를 만들기 위해 반드시 필요한 과정이다.

신미(辛未) 일주
– 선경지명자

그의 음성은 맑고 용모는 단정했다. 말과 행동에서 드러나는 품위가 예의 바르고 침착한 사람이란 인상을 주었다. 그는 서두르지 않고 가만히 사물을 관찰하는 습관이 있는데, 맑은 눈에서 나오는 시선이 마치 보이지 않는 곳까지 읽어 내는 초음파 탐지기 같다.

그는 뜨거운 열정을 지닌 사람이다. 마그마를 품고 있지만 철저히 통제하는 지구처럼 깊은 곳에서부터 열정을 조용히 끌어안고 있다. 그것은 겉으로 잘 드러나지 않는 강한 내면의 에너지다.

날카롭고 차가운 섬세함 속에 감춰진 뜨거운 마음. 이 상반된 기질은 그를 때때로 이질적인 존재처럼 보이게도 한다. 현실과 이상 사이의 간극에서 그가 지닌 낯설 만큼의 고결함은 어쩌면 우리가 좀처럼 보기 어려운 이상주의자의 흔적일지도 모른다.

그는 타인의 감정을 읽고 소통하는 능력이 뛰어나다. 하지만 자신의 감정을 직접적으로 드러내지는 않는다. 그래서 깊은 공감을 나누지만 속마음을 감추곤 한다. 그는 공정하고 온화한 태도를 보이지만, 자신의 가치와 정면으로 배치되는 상황에서는 단호하게 신념을 지킨다. 결코 흔들리지 않는다.

그는 자신의 가능성을 삶 속에서 실천해 왔다. 재테크나 투자를 할 때에도 단순히 이익을 추구하지 않는다. 과정을 통해 배우고 성장하는 것이 더 중요하다. 그는 대상을 통찰력 있게 분석하고 그에 따라 용기 있게 결단을 내릴 줄 아는 사람이다.

그는 오늘도 보석처럼 빛나는 섬세함으로 자신의 길을 걸어가고 있다. 그 길의 끝에서 결과에 감사하며 환하게 웃을 수 있는 사람이다.

★ 일주의 이해와 특징

신미 일주는 보석같이 예리한 신금(辛金)과 사막같이 따뜻한 미토(未土)의 결합이다. 이들은 예리한 직관과 섬세한 분석력 그리고 묵직한 따뜻함을 함께 지닌 냉철하면서도 인간적인 지성인이다. 사소한 변화도 감지하는 민감함과 구조적으로 계획하고 실천하는 능력을 지녔다. 섬세함과 실행력의 조화가 큰 장점이다.

★ 중요하게 여기는 가치

신미 일주는 안정과 성숙 그리고 이상에 대한 성실함을 중요한 가치로 여긴다. 현실을 냉정하게 분석하지만, 내면에는 자신의 열정과 가치를 지키며 성장하고자 하는 강한 에너지가 흐르고 있다. 타인의 시선보다는 자신의 기준과 철학에 무게를 두며 내면의 단단한 뿌리에서 삶의 의미를 찾는다.

★ 발전을 위한 성장 가이드

내면의 뜨거운 열정을 실행으로 전환하는 것이 신미 일주의 주요 과제다. 다음과 같은 세 가지 방법을 제안한다.

명상으로 하루를 시작하자 | 아침 명상은 마음을 맑게 하고 생각의 중심을 잡는 데 도움을 준다. 집중력을 높이고 하루의 감정 흐름을 조절하는 효과가 있어 내면의 복잡함을 정리하는 데 유익하다.

예술적 영감을 키우자 | 전시회 관람, 음악 감상, 글쓰기 같은 예술 활동은 감성적인 치유와 새로운 시야를 동시에 제공한다. 신미 일주의 섬세함은 예술을 통해 더욱 깊고 넓게 확장될 수 있다.

새로운 취미로 창의성을 자극하자 | 배움은 신미 일주의 사고력과 통찰력을 풍성하게 해 준다. 취미를 통해 사고의 유연성을 기르고 자신에게 부드러운 자극을 선물해 보자.

★ 원만의 꿀팁!

조용한 깊이와 잘 어울리는 블루 토파즈를 추천한다. 푸른빛의 에너지는 마음의 안정을 가져다주며, 창의성과 의사소통 능력을 북돋는다. 완벽주의와 고요함 속에서 에너지를 응축시키는 신미 일주에게 심리적 여유와 부드러운 영감을 준다.

떡볶이 사주

신사(辛巳) 일주
– 스타일 메이커

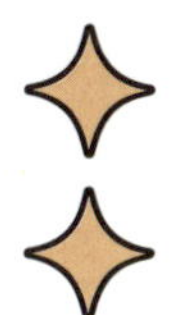

그의 별명은 '몸짱'이다. 오랜 시간 헬스를 통해 단련한 단단하고 강인한 몸을 가지고 있다. 그러나 그보다 더 단단한 것은 그의 내면이었다. 근육처럼 강한 의지와 흔들리지 않는 신념이 조용한 인상 뒤에 감춰져 있었다.

그는 20대 중반에 호주 워킹홀리데이를 다녀왔다. "일하며 돈도 벌고 여행도 하고 재미있었겠다!"라는 말에 정색하며 고개를 저었다. 낯선 땅에서 생존하듯 일했던 기억은 낭만적인 추억이 아닌 혹독한 생존 체험이었다. 그 시절을 회상하자 고생의 흔적이 표정과 목소리에 고스란히 전해졌다.

그는 30대 중반으로 전공을 살려 프로그램 개발자로 일하고 있다. 책상 앞에서는 무심한 듯한 모습이지만, 자신이 짠 코드의 논리적 흐름에는 자부심이 묻어난다.

그는 겉으로는 부드럽고 이성적이지만 속으로는 뜨거운 열정과 강한 추진력을 가진 사람이다. 가끔 자신의 방식이 최선이라 믿고 독단적으로 행동하기도 하지만, 인간관계에서는 신뢰와 안정감을 중요시하며 조화를 이루기 위해 노력한다.

젊은 날의 고된 경험은 그를 단단하게 만들었다. 고생의 기억은 여전히 마음속에 남아 있지만 무너지지 않는 뿌리 같은 자산이 되었다. 그는 프로그램을 짜듯 열정을 현실로 구현하고 있다.

★ 일주의 이해와 특징

신사 일주는 보석같이 예리한 신금(辛金)과 용광로 같은 뜨거운 사화(巳火)의 결합이다. 날카로운 통찰력과 분석력 위에 숨겨진 뜨거운 열정을 품고 있어 냉철함과 열정의 공존이라는 기질을 지닌다. 현실 판단력과 목표 지향적인 성향으로 상황을 철저히 분석하고 계획하며, 목표가 정해지면 정열적으로 몰입하는 추진력을 보인다. 일에 대한 책임감이 강하고 결과를 중시하는 현실주의자다.

★ 중요하게 여기는 가치

신사 일주는 성과와 결과를 중요한 가치로 여긴다. 단순한 결과만을 추구하지는 않고, 과정에서 배우고 결과에 의미를 부여한다. 실용적이고 안정적인 관계를 선호하며, 감정에 휘둘리지 않고 이성적인 태도로 주변 사람을 돕는다.

★ 발전을 위한 성장 가이드

신사 일주의 내면에는 뜨거운 열정이 자리 잡고 있다. 이 힘을 지혜

   떡볶이 사주

롭게 다듬어 발전시킬 수 있는 세 가지 방법을 제안한다.

완벽주의의 균형을 찾자 | 완벽함은 그의 강점이지만 동시에 부담이 되기도 한다. 완벽보다는 '지속적인 성장'을 추구하는 태도가 필요하다. 목표를 향해 작게 시작하고 과정을 즐기며 불완전한 결과도 스스로 축하해 보자.

감정을 표현하는 연습을 하자 | 조용한 성향 탓에 감정을 속에 쌓아 두기 쉽다. 감정을 표현하지 않으면 오해를 낳거나 거리감이 생길 수 있다. 감정 일기나 가까운 사람과의 대화를 통해 마음을 공유하는 습관이 필요하다.

열정을 발산할 공간을 만들자 | 운동, 예술, 창작 등 '나만의 열정'을 발휘할 수 있는 활동을 정기적으로 하자. 이는 신사의 정열을 건강하게 순환시키는 방법이며 일상 속 에너지 순환에도 도움이 된다.

★ 원만의 꿀팁!

추진력과 차가운 이성 사이의 균형을 잡아 주는 아쿠아마린을 추천한다. 이 보석은 푸른 바다의 기운을 담고 있어 마음의 긴장을 완화시키고 내면에 잠재된 부드러움을 깨워 준다. 감정 표현에 어려움을 느낄 때 진정한 자기 목소리를 찾을 수 있도록 도와주며, 내면의 평화와 명료함을 선물하는 힐링 스톤이다.

신묘(辛卯) 일주
– 날카로운 평론가

그녀는 20대 초반에 결혼했다. 주변에서는 "너무 이르지 않나?" 하는 우려의 시선을 보냈지만 그녀는 자신에게 찾아온 사랑을 기꺼이 받아들였다. 주변의 걱정 어린 목소리들은 그녀의 마음을 흔들지 못했다.

사랑이 가득한 결혼 생활이었지만 폭풍우 같은 시련도 따라왔다. 남편의 사업이 기울어 홀로 생계를 책임진 시절도 있었다. 하지만 남편을 원망하거나 자신의 결정을 후회하지 않았다. 어려운 순간마다 침착하게 상황을 수습하며 가족의 든든한 버팀목이 되었다.

하지만 단단해 보이는 모습 뒤에는 남모를 그림자가 숨어 있었다. 사소한 일에도 밤잠을 설치며 고민하고 작은 불확실성에도 불안이 가슴을 짓눌렀다. 가족들이 "괜찮아, 별일 아니야."라며 다독여도 그녀의 마음은 쉽게 평온을 되찾지 못했다.

 떡볶이 사주

가끔 그녀의 눈빛을 스쳐 지나가는 그림자는 바로 그런 세월의 흔적일 것이다. 그러나 그녀는 과거에 머물지 않는다. 슬픔을 받아들이되 붙들지 않는다. 지나온 날들을 밑거름 삼아 가족과 자신을 위해 앞으로 걸어 나아간다. 그녀의 발걸음은 작지만 단단하다. 그래서 가족들은 그녀에게서 평안과 희망을 찾는다.

★ 일주의 이해와 특징

신묘 일주는 보석같이 예리한 신금(辛金)과 화초처럼 생기 있는 묘목(卯木)의 결합이다. 신금의 날카로운 이성과 묘목의 부드러운 생명력이 공존하는 성향으로, 겉은 차분하고 이성적이지만 속은 여리고 정서적으로 섬세한 기질을 지녔다. 현실적인 분석력이 뛰어나고 상황을 대처하는 능력이 탁월하여 위기 상황에서 침착하게 대처하지만, 그만큼 걱정이 많고 불안감이 내면 깊이 자리하고 있다. 감정을 잘 드러내지 않아 차가운 인상으로 비칠 수 있으며, 때때로 결정을 미루거나 스스로를 의심하며 스트레스를 받는 경향이 있다.

★ 중요하게 여기는 가치

신묘 일주는 내면의 안정과 조화로운 관계를 중요한 가치로 여긴다. 감정적인 갈등보다는 조용하고 편안한 분위기를 유지하려 하며 스스로의 판단과 책임을 중요시한다. 자신의 일에 철저히 책임지고 성과를 통해 스스로의 가치를 확인하고자 한다. 또 타인에게 신뢰받는 존재로 남고자 하는 마음이 크며, 자기 성찰을 통한 내적 성장을 삶의 방향으로 삼는다.

★ 발전을 위한 성장 가이드

신묘 일주의 예민함과 섬세함은 타고난 강점이다. 이를 일상에서 활용하기 위해서는 내면의 균형과 회복력이 필요하다.

감정 관리로 마음의 안정을 찾자 | 걱정과 불안이 감정을 흔들 수 있다. 명상, 요가, 자연 산책 같은 루틴을 통해 감정을 객관화하고 차분히 정리하는 습관을 들이자. 자기 내면과의 대화는 감정을 다스리는 다정한 친구이다.

자기표현을 개발하자 | 예술적 감각과 내면의 감성을 글쓰기, 그림, 음악 등 창작 활동으로 표현하는 것이 좋다. 감정을 바깥으로 드러낼 수 있는 방식은 곧 자기 이해의 통로가 되고, 신묘 일주의 날카로운 에너지를 건강하게 순환시킨다.

작은 결단의 경험을 갖자 | 한 번의 큰 결정보다는 '작은 실행'을 습관화하자. 예를 들어 오늘 할 일을 세 가지로 압축해 실천하거나 주간 목표를 정하고 지켜보는 습관은 결단력과 실행력을 키워 준다. 자기 신뢰가 쌓이면 마음의 평정도 함께 따라온다.

★ 원만의 꿀팁!

따뜻하고 부드러운 에너지를 가진 호박을 추천한다. 따뜻하고 부드러운 파동을 지닌 호박은 민감한 정서를 안정시켜 주며 내면에 편안한 중심을 잡아 준다. 오랜 시간 자연이 빚어낸 이 보석은 예민한 감정의 잔물결을 부드럽게 잠재우는 안정제 역할을 한다. 마음이 흔들릴 때 고요를 찾아 줄 친구가 되어 줄 것이다.

신축(辛丑) 일주
– 섬세한 전문가

얼마 전 그녀의 박사 학위 논문이 최종 심사를 통과했다는 소식을 들었다. 그 소식이 특히나 반가웠다. 마치 오랜 시간 묵묵히 노력해 온 사람을 세상이 인정해 주는 것 같았다. 그녀는 누구보다 성실하다. 책임감의 예를 교과서에 실어야 한다면 그녀의 사례는 좋은 예시가 될 것이다. 손해 보는 것이 마음 편하다는 말을 듣고 있으면, 삶을 대하는 그녀만의 태도가 느껴진다.

그녀는 청소년 예술치료사다. 처음 만나는 사람들은 그녀의 가녀린 외모를 보고 오히려 상담을 받아야 할 것 같다고 생각하지만, 상담실에서 보여 주는 조용하면서도 상대의 마음 깊은 곳까지 도달하는 모습을 보면 감탄하지 않을 수 없다.

그녀는 모임에선 자신의 이야기를 꺼내는 걸 어려워한다. 이런 어려움은 목소리의 떨림으로 나타난다. 호흡을 가다듬어도 크게 달라

지지 않는다. 하지만 떨리는 목소리 속에 담긴 진심은 오히려 사람들의 마음을 울리는 작용을 했다. 천상 그녀는 자신의 이야기를 하는 것보다 타인의 이야기를 듣는 것을 잘하는 사람이다. 그리고 공감과 위로를 주는 사람이다.

그동안 일과 학업을 병행하며 몸과 마음의 한계에도 부딪혔다. 하지만 요령을 피운 적이 한 번도 없었다. 세상은 요령 있는 이들에게만 기회를 주는 것 같지만 그녀를 보면 알 수 있다. 편법 없이도 꾸준함만으로도 빛날 수 있다는 것을.

그녀는 이제 곧 자신의 이름을 건 치료 프로그램을 런칭할 계획이다. 묵묵한 여정의 끝에서 도약을 준비하고 있다. 이 성취는 단지 학문적인 결과를 넘어서 성실함으로 이룬 삶의 증명서와도 같다.

★ 일주의 이해와 특징

신축 일주는 보석같이 예리한 신금(辛金)과 언 땅같이 차가운 축토(丑土)의 결합이다. 이들은 세심한 관찰력과 신중한 판단력 그리고 감정에 휘둘리지 않는 차분함을 지닌다. 이들은 실수 없는 완성도를 중요시하며, 강한 책임감으로 맡은 일을 끝까지 해낸다. 현실을 날카롭게 바라보는 이성적인 시선과 누구에게나 흔들림 없는 일관된 태도로 신뢰를 쌓아 간다.

★ 중요하게 여기는 가치

신축 일주는 내면의 안정과 삶의 균형을 중요한 가치로 여긴다. 큰 소리로 자신을 드러내기보다는 자신의 위치에서 최선을 다하며 그 자체로 의미를 찾는다. 외적인 인정보다는 성실함을 통한 자기만족을

 떡볶이 사주

추구하며 조용히 자아를 완성해 간다. 인간관계에서도 큰 물결보다는 안정된 조화를 중요하게 생각하고, 감정보다는 실질적인 도움으로 관계를 유지하는 성향이다.

★ 발전을 위한 성장 가이드

단단한 책임감과 세밀함을 지닌 신축 일주는 지나친 완벽주의나 과도한 자기 통제에서 벗어날 필요가 있다. 아래와 같은 실천은 더 단단하고 유연한 균형을 만드는 데 도움을 준다.

완벽주의보다 실행에 집중하자 | 작은 실패를 두려워하지 말자. 일단 시작하고 나면 스스로 조정해 가는 능력을 발휘한다. '완벽하지 않아도 괜찮다'는 유연한 마음은 지속 가능한 성취를 가능하게 한다.

감정을 표현하는 연습을 하자 | 타인의 감정을 돌보는 데 익숙하지만, 정작 자신의 감정에는 무심하다. 일기나 창작 활동을 통해 자신의 속마음을 밖으로 꺼내 보자. 정서적 유연함은 인간관계에도 긍정적인 영향을 준다.

체력 관리로 안정감 유지하자 | 신축 일주는 자신의 한계를 무시하고 버티는 성향이 있다. 하지만 누구라도 에너지의 한계는 있다. 요가, 산책, 조깅처럼 몸을 이완시키는 활동을 통해 스스로를 돌보는 연습이 필요하다.

★ **원만의 꿀팁!**

신축 일주에게 썬스톤을 추천한다. 썬스톤은 따뜻한 태양의 에너지를 담은 보석으로 과도한 자기 통제나 완벽주의로 인해 경직된 마음에 생기를 준다. 자신감을 주어 새로운 도전을 부드럽게 응원한다. 성실함 위에 활력을 더하여 단단하면서도 유연한 존재가 되도록 뒷받침해 줄 것이다.

떡볶이 사주

신해(辛亥) 일주
– 전통 수호자

오랜 기다림 끝에 아이가 태어났다. 지극한 기도 속에 얻은 귀한 아이였다. 달빛 아래 올린 기도처럼 어머니는 마음을 태교에 담았다. 그렇게 긴 정성 끝에 아이가 세상에 왔다.

그녀가 태어난 날, 사주에 조예가 깊은 할아버지는 사주를 살폈다. "금백수청(金白水淸)의 사주구나." 할아버지는 말했다. 금처럼 단단하고 맑은 기운과 물처럼 깊고 투명한 지혜를 지닌 사주다. 총명하고 정의와 공익에 기여하는 삶을 살아가는 모습을 그렸다.

그녀는 할아버지의 예언처럼 자랐다. 호기심이 많아 무엇이든 궁금해했다. 단지 보는 것으로는 만족하지 않았다. 직접 겪고 느끼며 세상을 이해하려 했다. 그녀의 호기심은 언제나 사람과 세상으로 향했다. 대학 시절에는 학생운동에 뛰어들었고, 사회에 나와서는 아이들을 가르쳤다. 지금은 예술을 매개로 사람들의 마음을 돌보는 치료사로 살고 있다. 예술 치료는 그녀에게 사명이자 세상과 소통하는 언어다.

"희망이란 무엇일까요? 넘어져도 다시 일어설 수 있다는 믿음과 실패해도 괜찮다는 용기 아닐까요?" 그녀는 삶을 통해 조용하지만 분명하게 말하고 있다.

★ 일주의 이해와 특징

신해 일주는 보석같이 예리한 신금(辛金)과 강물같이 큰물 해수(亥水)의 결합이다. 이들은 신중하고 섬세하면서도 통찰력 깊고 감수성 풍부한 내면세계를 지닌다. 내면은 맑고 단단하며 겉은 유연하다. 사물이나 사람을 단순히 바라보지 않고 그 이면까지 들여다보려 한다. 뛰어난 분석력과 예민한 감정의 감지 능력은 예술과 심리, 교육, 연구 등에서 발휘된다. 소수의 깊은 관계를 중시하며 말보다 눈빛과 분위기로 교류한다. 겉으로는 부드럽지만 자신의 신념과 기준은 쉽게 바꾸지 않는다. 자율과 내면의 조화를 중요하게 여기는 자유로운 영혼이기도 하다.

★ 중요하게 여기는 가치

신해 일주는 고요하지만 강한 내면의 흐름을 중요한 가치로 여긴다. 조직보다 개인, 속도보다 방향, 외면보다 내면의 진정성을 중요하게 생각한다. 인위적인 기준보다 자연스러운 삶의 흐름을 좇으며 그 속에서 자신만의 가치와 의미를 구축해 간다.

★ 발전을 위한 성장 가이드

신해 일주는 조용하지만 창조적이고 느리지만 멀리 간다. 이들의

　　　　　　　　　　　떡볶이 사주

잠재력을 안정적으로 펼치기 위해 세 가지를 추천한다.

명상으로 집중력을 기르자 | 내면의 물이 너무 깊으면 고요함이 정체로 느껴질 수도 있다. 명상은 이런 내면의 고요함에 진동을 주는 효과적인 수행법이다. 감정의 진동을 이용하여 집중력을 높이고 창의적인 몰입을 도와준다.

자연 속에서 걷기를 하자 | 자연은 신해 일주의 에너지를 깨운다. 숲과 들, 해변과 강변을 걸으며 흐름과 감각을 회복해 보자. 자연은 판단하지 않고 그저 있는 그대로를 받아 주는 공간이다.

창의적인 활동을 하자 | 글쓰기, 그림 그리기, 노래 부르기 등 표현 방식은 무엇이든 좋다. 표현은 내면의 기류를 정리하고 해소해 준다. 창작은 자신과의 소통이고, 그것이 타인과의 다리를 놓아 준다.

★ 원만의 꿀팁!

신해 일주에게 권장하는 보석은 '호박'이다. 호박은 따뜻한 빛을 담고 있으며 정서적 균형을 회복하고 마음의 정화를 돕는다. 지나치게 복잡한 생각으로 감정이 혼란스러울 때, 호박의 부드러운 기운은 내면을 정돈해 준다.

신유(辛酉) 일주
– 냉정한 조정자

그녀는 단단한 기둥처럼 흔들림 없는 신념을 지닌 법조인이다. 그녀를 떠올리면 세공사의 손끝에서 정교하게 빚어진 보석이 연상된다. 그녀의 일상은 건축가의 설계도면처럼 정밀하다.

준비된 실천이 몸에 밴 그녀에게 '실수'란 단순한 오류 이상의 의미다. 그것은 스스로 정한 기준에서 벗어난 일이다. 그녀는 자신의 기준을 동료들에게도 적용한다. 이러한 엄격함은 때때로 주변을 압박하지만 동시에 신뢰감을 준다.

그녀가 지켜 온 원칙은 양날의 검이기도 하다. 변화의 속도를 따라가지 못해 어려움을 겪을 때가 있다. "지나간 옛날 사람"이라는 평가를 받을까 염려도 되지만, 변화를 좇는 사람이 아니다. 자신의 리듬으로 삶을 다져 가는 것으로 만족한다.

인간관계에서도 그녀는 신중함을 잃지 않는다. 가까운 사이라도 쉽

  떡볶이 사주

게 속마음을 열지 않는다. 신뢰는 시간을 들여 쌓아 가는 것이라는 믿음이 자리 잡고 있다.

그녀의 삶은 거대한 원석을 깎아 조각 작품을 만드는 여정 같다. 때로는 고뇌하고 흔들리기도 하지만, 모든 순간들이 반짝이는 아름다움으로 향하고 있다.

★ 일주의 이해와 특징

신유 일주는 보석같이 예리한 신금(辛金)과 날카로운 금속 같은 유금(酉金)의 결합이다. 이들은 섬세하고 논리적인 사고와 철저한 자기 관리로 실수를 용납하지 않는 완벽주의가 두드러진다. 무언가를 시작하면 끝까지 책임지는 사람이다. 주어진 임무에 대해 명확한 기준과 철칙을 가지고, 작은 흐트러짐조차 허용하지 않으려 한다. 이런 치밀함은 조직에서 없어서는 안 될 필요한 존재로 만든다.

★ 중요하게 여기는 가치

신유 일주는 책임감, 원칙, 질서, 정직을 중요한 가치로 여긴다. 외부의 변동보다는 자신의 방식과 기준에 따라 안정적이고 일관된 삶을 추구한다. 스스로의 발전과 내면의 단단함을 통해 성취를 이루고, 타인에게도 긍정적인 영향을 주고자 하는 욕구가 강하다. 인정받기보다는 스스로의 기준에 부합할 때 만족을 느낀다.

★ 발전을 위한 성장 가이드

냉철함과 섬세함을 지닌 이성적 존재로, 감정과 유연성을 더한다면 더욱 풍요로운 삶으로 나아갈 수 있다.

유연성과 융통성 키우자 | 변화가 많은 시대일수록 열린 태도가 중요하다. 새로운 사람과 생각을 수용하려는 노력은 고정관념을 풀고 시야를 확장시킨다.

감정 표현을 연습하자 | 감정을 말로 풀어내는 것이 익숙하지 않지만, 진심을 나누는 연습으로 관계는 단단해진다. 감정 피드백 나누기 등 소소한 실천이 관계의 온도를 높여 준다.

전문성에 깊이 파고들자 | 타고난 분석력과 통찰력은 전문 분야에서 최고의 성과로 이어질 수 있다. 기술의 흐름이나 사회 변화에 발맞춰 지속적으로 배우고 정제한다면 '시대에 유연한 전문가'로 성장할 수 있다.

★ 원만의 꿀팁!

신유 일주에게 추천하는 보석류는 자수정이다. 지혜와 내면의 평온을 상징하는 자수정은 과도한 긴장과 냉정함을 풀어 주며, 마음의 중심을 회복하고 통찰력을 맑게 해 준다. 복잡한 판단을 내려야 할 순간에 본질을 분별할 수 있는 힘을 키워 주며, 신유 일주의 내면적 고요함과 품격을 견고하게 해 줄 것이다.

9장

큰물
- 흘러가는 사람들

[큰 물, 임수]

임수는 끝을 알 수 없는 바다나 호수를 상징한다. 잔잔할 땐 모든 것을 품어 주지만 폭풍이 몰아치면 세상을 삼키는 힘을 발휘한다. 그러나 대지를 흐르며 만물을 적시는 강물처럼 넓고 자유로운 에너지를 품은 존재다.

일간이 임수인 사람은 바라보는 시야가 넓다. 한곳에 머무르기보다 다양한 경험과 변화를 통해 성장한다. 물이 담긴 그릇에 따라 모양이 바뀌듯 상황에 따라 형태를 바꾸는 유연함이 있다.

이들은 내면의 깊은 세계를 통해 겉으로는 차분해 보여도 안에는 강한 의지와 추진력이 숨겨져 있다. 때론 예측할 수 없는 변화무쌍함으로 새로운 길과 가능성을 만들어 낸다.

임신(壬申) 일주
– 융합형 지식인

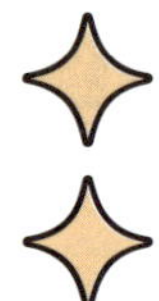

그의 첫인상은 강하고 단단했다. 짧게 깎은 머리와 단정한 셔츠, 단호한 눈빛은 마치 모든 준비를 마친 투우사 같았다. 하지만 그와 몇 마디 대화를 나누는 순간, 겉으로 보이는 모습과 다르게 여유가 있었다.

그의 대화에는 위트와 재치가 있다. 긴장된 순간조차도 가벼운 농담 한마디에 공기가 부드러워졌다. 오랜 친구처럼 편안하게 대화를 이어 가지만 결코 가볍지는 않았다. 그는 핵심을 놓치지 않으면서도 타인을 배려하는 대화를 했다. 함께한 동료들은 입을 모아 말한다. "문제가 생기면 가장 먼저 떠오르는 사람이야." 그래서 그의 주변에는 복잡한 문제를 해결하려는 사람들이 많았다. 긴박한 상황에도 허둥대지 않고 침착하게 대응하며 퍼즐을 풀듯 차근차근 실마리를 찾아 갔다. 그의 앞에서 고민을 털어놓으면 답이 저절로 풀리는 기분이 들었다.

변화에 대한 태도도 인상적이었다. 새로운 시스템 도입으로 혼란이 발생했을 때도 그는 누구보다 빠르게 적응했다. 그리고 특유의 유머 감각으로 동료들에게 용기를 주었다. "이 시스템이 우리를 시험하고 있다는 걸 알고 있죠? 잘한다고 승진을 하는 것은 아니지만 도전하는 즐거움은 특별 보상입니다!" 그의 한마디에 분위기가 한결 밝아졌다. 그는 단순히 변화를 수용하는 데 그치지 않고 동료들에게 전파하는 힘을 가지고 있었다.

그는 단단하면서 유연했고 냉철하면서도 유쾌했다. 보기 드문 조화로움이다.

★ 일주의 이해와 특징

임신 일주는 강물같이 흐르는 임수(壬水)와 단단한 무쇠 같은 신금(申金)의 결합이다. 이들은 포용력 있는 성격과 현실적인 판단력을 지니고 있다. 섬세한 분석력으로 실수 없이 일을 처리한다. 대인 관계에서는 현실적인 조언자다. 감정에 휘둘리지 않고 객관적인 시각으로 실질적인 조언을 제공하며 차분한 태도로 신뢰를 얻는다. 소통 방식에서는 절제된 감정 표현과 논리적인 접근을 선호한다. 신중하게 의견을 제시하고 사실에 근거한 대화를 추구하여 불필요한 감정적 충돌을 줄인다. 다만 감정을 잘 드러내지 않다 보니 타인에게 차갑게 보일 수 있으며, 때로는 자신의 진심이 제대로 전달되지 않을 수 있다.

★ 중요하게 여기는 가치

실질적인 성취와 신뢰를 중요한 가치로 여긴다. 불확실한 환경보다는 안정된 상황에서 자신의 책임을 끝까지 수행하며 목표를 이룰 때 만족감을 느낀다. 외부의 인정보다는 자신의 내적 발전과 성장에 중점을 두며, 끊임없이 자신을 갈고닦고자 하는 의지가 강하다. 자신의 능력을 꾸준히 계발하고 타인에게 긍정적인 영향력을 발휘하기를 원한다.

⭐ 발전을 위한 성장 가이드

감정 관리, 계획적인 도전, 지속적 학습을 통해 자신의 내면적 강점과 외부적 성과를 균형 있게 발전시킬 수 있다.

감정 표현과 소통 능력을 강화하자 | 성장을 위해 타인과 협업하고 소통하는 연습이 필요하다. 일기 쓰기나 자신만의 감정을 다루는 연습으로 자신을 이해하는 것이 좋다. 그 후 신뢰할 수 있는 사람들과 감정을 공유하거나 협력 프로젝트에 참여해 감정 표현과 소통 능력을 발전시키는 것이 중요하다.

변화와 도전을 위한 계획을 수립하자 | 환경 변화에 유연하게 대응하지만, 목표가 없으면 흐트러질 수 있다. 이를 방지하기 위해 장기적인 목표를 설정하고 이를 실현하기 위한 계획을 세우는 것이 좋다. 변화와 도전을 수용하면서 목표 지향적인 태도를 유지하면 더 큰 성장을 이룰 수 있다.

전문성 강화를 위해 지속적으로 학습하자 | 꾸준한 독서와 학습, 세미나나 워크숍 참여를 통해 지식을 쌓고 변화하는 시대에 적응하려는 태도가 필요하다. 물의 유연성을 가지고 있어 다양한 분야에서 창의

 떡볶이 사주

적 접근을 시도할 수 있다. 학습과 실무를 병행하는 전략을 통해 자신
의 가치를 극대화할 수 있다.

★ 원만의 꿀팁!

생동감 있는 에너지를 제공하는 산호를 추천한다. 산호는 조화와
균형을 상징하며, 바다의 에너지를 품고 있어 에너지의 흐름을 강화
한다. 또 균형 잡힌 삶을 유지하도록 돕고 용기를 북돋아 준다. 붉은
산호는 열정과 생명력을, 흰 산호는 평온과 정화의 기운을 제공한다.

임오(壬午) 일주
– 창의 설계자

"이 커피 맛보실래요?" 봉투를 열어 보니 잘 볶은 갈색 원두가 들어 있었다. 봉투는 상호나 로고가 없는 투명 비닐이다. 직접 생두를 구매해서 집에서 볶았다고 했다. 집에 와서 맛을 보니 쓴맛이 강하지만 향이 진하게 느껴졌다.

그는 K생명보험사의 채널 통합 프로젝트를 하면서 처음 만났다. 성격이 서글서글하고 붙임성이 좋아 팀원들과 원만한 관계를 유지하고 있었다. 특히 나와 대화가 잘 통했다. 프로젝트에 어려움이 생기면 머리를 맞대 해결책을 찾았고, 퇴근 후엔 술잔을 기울이며 개인적인 이야기도 나누는 사이가 되었다.

그는 종종 소소한 선물을 건넸다. 어느 날은 손바닥만 한 발명품을 주었다. 나무젓가락과 LED 키트로 만든 전광판인데 용도가 불분명했다. 무엇을 만들지 시작은 창대했으나 그 끝은 엉뚱하게 나온 물건이라고 했다. 그래도 자신이 만들어 세상에 하나밖에 없는 물건이라고 했다. 엉뚱하기도 하고 기발하기도 해서 함께 웃었다.

그는 오랜 세월 IT 프로젝트 현장에서 일했다. 프로젝트는 적게는 수십 명에서 많으면 수백 명이 모여서 일한다. 각양각색의 사람들이 모여 일하기 때문에 팀워크가 중요하다. 그는 팀 단위의 일을 오래 했지만 기질적으로 야생마처럼 독립적인 면을 가지고 있었다. 그것이 스트레스의 원인이 되기도 하고 한편으로는 일상에 활력이 되기도 했다.

그는 자신의 기질을 이용해 변화를 즐겼다. 직장이라는 안정된 울타리에 있지만 언제나 울타리 너머 바깥세상을 추구했다. 그것이 소소한 취미로, 때로는 새로운 인간관계나 개인 프로젝트로 이어졌다. 그는 인생이 프로젝트 같다고 말한다. 다양한 사람들이 목적지를 향해 가는 여행 같다고 한다. 그가 말하는 프로젝트는 결국 자신의 삶을 말하는 것 같다.

★ 일주의 이해와 특징

임오 일주는 강물같이 흐르는 임수(壬水)와 촛불같이 따뜻한 오화(午火)의 결합이다. 자유롭고 열정적인 성격을 보이며 틀에 얽매이지 않는 사고방식을 가지고 있다. 관습과 고정관념을 뛰어넘어 독창적인 방식으로 문제를 해결하고, 변화와 도전을 유연하게 받아들이는 경향이 있다. 대인 관계에서는 분위기 메이커 역할을 한다. 사교적이고 밝은 에너지로 자연스럽게 사람들과 어울리며 다양한 관계를 형성한다. 자신의 감정과 생각을 드러내지 않고 상대방의 이야기에도 공감하고 경청하는 편이다. 물과 불의 조합으로 감정의 기복이 있다. 열정과 냉소가 교차하면서 불안과 스트레스가 발생하기도 한다.

★ 중요하게 여기는 가치

자유로움과 자기표현을 중요한 가치로 삼는다. 창의적인 시도와 새로운 도전을 즐기며, 자신의 개성과 열정을 온전히 드러낼 때 만족감을 느낀다. 삶을 스스로 설계하고 주도적으로 이끌어 가고자 하며, 전통적인 규칙이나 제약에 얽매이기보다는 자유로운 환경에서 자신의 가능성을 펼치기를 원한다.

★ 발전을 위한 성장 가이드

강렬한 에너지와 창의성을 긍정적인 방향으로 발전시키기 위해 에너지 관리와 지속적인 학습 그리고 인간관계 기술 향상이 필요하다

에너지 관리로 균형을 찾자 | 넘치는 열정으로 소진될 위험이 있다. 명상, 요가, 호흡 운동과 같은 활동을 통해 내면의 균형을 유지하는 것이 중요하다. 또한 에너지를 효과적으로 분배하기 위해 목표를 단계적으로 설정하고 실행 계획을 세우는 것이 좋다.

꾸준한 학습과 창의력 계발하자 | 새로운 아이디어를 떠올리는 능력이 뛰어나지만 이를 실생활에 적용하기 위해서는 지속적인 학습과 성장이 필요하다. 변화와 도전을 즐기는 성향을 살려 다양한 분야의 기술이나 언어를 배우고 활동에 참여하면 만족감을 지속할 수 있다.

인간관계의 기술을 향상하자 | 열정적이고 매력적인 성격으로 주변

   떡볶이 사주

사람들에게 호감을 얻지만, 독립적인 성향이 강해 관계의 폭이 좁아질 수도 있다. 이를 보완하기 위해 대인 관계 기술을 계발하는 것이 중요하다.

⭐ 원만의 꿀팁!

에너지를 조율하고 자신감을 높이기 위해 다이아몬드를 추천한다. 다이아몬드는 강인함과 완벽함을 상징하며 열정적인 성향과 잘 어울린다. 다이아몬드의 투명하고 깨끗한 에너지가 정신적 집중력과 결단력을 강화한다.

임진(壬辰) 일주
‒승부 기획자

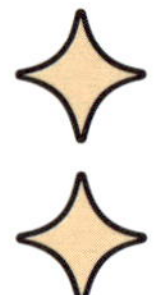

그녀는 조용한 카페에 앉아 있다. 뜨거운 커피를 두 손으로 들고 입을 크게 벌린 노트북을 바라본다. 그녀의 머릿속은 새로운 아이디어로 가득 차 있지만 무엇을 어디서부터 시작해야 할지 엄두가 나지 않는다. 창밖을 본다. 어깨를 움츠리고 걸어가는 사람과 바람에 흔들리는 나무들 잔뜩 흐린 날씨가 쓸쓸하다.

그녀는 지금 생각하는 중이다. 모든 걸 계획해야 하고 만일의 상황까지 대비해야 한다. 그녀의 별명은 플랜비(Plan-B)다. 계획에 실패할 경우를 대비해야 마음이 놓인다. 세심하게 대비해도 정작 중요한 것은 놓치고 있다는 생각이 든다. 그게 뭔지 알 수 없지만….

"딩동!" 문자 왔다. "좋은 조건이야! 지금 네 처지를 생각하면 따지고 말고 할 게 뭐가 있어?" 며칠 전 받은 제안에 답을 재촉하는 메시지다. 한 번만 해 볼까 하는 마음도 잠시 들었지만 이내 짧은 답장을 보

   떡볶이 사주

낸다. "이번엔 안 되겠어."

아직 정해지지 않은 길이지만 그녀는 자신을 믿기로 했다. "물은 스스로 흘러간다. 나도 그렇다." 카페의 커다란 유리창에 그녀의 모습이 비친다. 흐리던 하늘이 개기 시작한다.

★ 일주의 이해와 특징

임진 일주는 강물같이 흐르는 임수(壬水)와 촉촉한 대지 같은 진토(辰土)의 결합이다. 감수성이 풍부하면서도 현실적이고 안정된 성향을 지닌다. 뛰어난 유연성과 적응력으로 주변의 감정과 상황 변화를 빠르게 파악하고 타인의 의견을 수용하는 능력이 뛰어나다. 대인 관계에서는 감정적 지지자이자 중재자의 역할을 한다. 타인의 감정을 깊이 공감하며 편안한 분위기를 만들고, 갈등이 생기면 평화로운 해결책을 찾는다. 부드럽고 조화로운 소통을 선호하며, 상대방이 불편해할 표현은 피하는 경향이 있다. 예민한 감수성 탓에 외부 영향을 많이 받으며, 지나치게 유연한 태도가 우유부단해 보일 수도 있다. 또한 조화를 중시하여 자신의 의견을 억제하거나 희생시키기도 한다.

★ 중요하게 여기는 가치

평화와 조화 그리고 자기 성찰을 통한 성장을 중요한 가치로 삼는다. 인간관계에서 갈등보다는 상호 이해와 조화를 중시하며, 내면의 성찰을 통해 지속적인 성장을 이루고자 한다. 또한 틀에 얽매이지 않고 자유롭고 유연하게 자신을 표현하는 것을 중요하게 생각하다. 예술 혹은 창의적인 활동을 통해 예술성을 발휘하는 것을 선호한다.

★ 발전을 위한 성장 가이드

창의성과 적응력이 뛰어난 동시에 내면적인 균형과 방향성을 추구한다. 이러한 강점을 살리기 위해서는 잠재력을 찾아 계발하는 노력이 필요하다.

구체적인 계획을 세우자 │ 넓은 사고와 창의력은 강점이지만 명확한 방향이 없으면 에너지가 분산된다. 목표를 구체화하고 실현 가능한 단계로 나누어 실천하면, 흐트러지기 쉬운 에너지를 효율적으로 활용할 수 있다.

내면 성찰에 노력하자 │ 깊은 감수성 덕분에 감정을 억누르거나 고립되기 쉽다. 자신의 감정을 잘 이해하고 표현하는 연습이 필요하다. 명상, 일기 쓰기, 심리 상담 등을 통해 내면을 돌보고 자신의 욕구를 인식하며 삶에 반영하는 것이 좋다.

대인 관계 기술을 계발하자 │ 유연한 성향 덕분에 대인 관계에서 강점을 지니지만, 소극적인 태도로 자신의 의사를 충분히 표현하지 못한다. 공동체 활동에 적극적으로 참여하며 협력하는 법을 배우고 소통을 통해 신뢰를 쌓으면 자신의 능력을 발휘할 수 있다.

★ 원만의 꿀팁!

임진 일주에게 다이아몬드를 추천한다. 다이아몬드는 강인함과 순수함을 상징하며 창의력과 유연성을 빛나게 한다. 또한 집중력과 추진력을 강화하여 사회적 성취와 성공을 이끄는 에너지를 제공한다.

임인(壬寅) 일주
– 탐험형 학습가

"저의 닉네임은 '파시드'입니다. 여행을 좋아해 파리에서 시드니까지 도보 여행을 하고 싶은 마음으로 지었습니다." 가슴에 달고 있는 알쏭달쏭한 이름표의 의미를 알게 되자 탄성이 쏟아졌다. "와! 멋지다!"

그녀는 결혼 후 평범한 가정주부로 살다 적지 않은 나이에 대학원에 진학했다. 어린아이들을 돌보며 책상 앞에 앉아 공부하는 것은 경제적으로나 정신적으로 어려운 일이었다. 하지만 마음 한구석에서 끊임없이 솟아오르는 배움의 열정이 그녀를 이끌었다.

그녀가 선택한 길은 심리학이었다. 그녀에

게 심리학은 단순한 공부가 아니라 자신을 사랑하고 아이들을 바르게 볼 수 있는 마음공부였다. 또한 마음의 병으로 어려움을 겪고 있는 사람들을 도와줄 수 있다는 따뜻한 마음이, 힘들어도 공부를 계속하게 했다.

그녀는 자신을 찾는 내담자들과 마주할 때 표정과 말속에 숨겨진 단서를 빠르게 읽어 낸다. 그리고 가장 필요한 핵심을 찾아낸다. 한마디 한마디 대화를 나누면, 굳게 닫혀 있던 마음의 문이 열리고 치유가 시작된다. 그 순간 희열을 느끼며 자신이 선택한 이 길이 얼마나 가슴 뛰게 하는지 알게 된다. 치료사는 그녀의 천직이다.

어느덧 중년이 된 그녀는 이제 무릎이 부실해져 젊은 시절에 꿈꾸었던 파리에서 시드니까지 도보 여행은 버거운 일이 되었다. 그러나 닉네임에 담았던 도전과 열정은 여전히 가슴에 살아 숨 쉬고 있다.

★ 일주의 이해와 특징

임인 일주는 강물같이 흐르는 임수(壬水)와 단단한 나무 같은 인목(寅木)의 결합이다. 유연한 적응력과 강한 추진력을 동시에 지니고 있다. 겉으로는 부드러워 보이지만 내면에는 끈기와 신념이 깊이 자리 잡고 있어 새로운 환경에서도 두려움 없이 적응한다. 대인 관계에서 조화로운 분위기를 만드는 데 능숙하다. 타인의 감정을 세심하게 살피며 상대방이 편안함을 느낄 수 있도록 자연스럽게 이끌어 간다. 감정을 격하게 드러내기보다는 신중하게 소통하며 차분한 태도로 상황을 풀어 나간다.

★ 중요하게 여기는 가치

임인 일주는 조화로운 관계와 자기 성장을 중요한 가치로 여긴다. 주변과의 갈등을 최소화하고 상호 존중과 이해를 바탕으로 평화로운 관계를 유지하려 한다. 이를 통해 내면의 안정감을 찾으며 자아실현과 성장을 추구한다. 외부의 평가보다는 스스로 만족을 중시하고 자

떡볶이 사주

신의 삶을 주체적으로 설계하는 것을 목표로 삼는다.

★ 발전을 위한 성장 가이드

임인 일주의 장점인 유연성과 창의성을 끌어올리고 감정 기복을 일정하게 조정하는 것이 성장의 핵심이다.

목표를 세우고 실천하자 | 구체적인 목표를 설정하고 이를 실현하기 위한 단계적 계획을 수립하는 것이 중요하다. 예를 들어 "3개월 안에 새로운 기술을 익힌다."와 같은 실현 가능한 목표를 세우고 매일 일정 시간을 투자하며 꾸준히 실천하는 습관을 들이면 성취감을 얻을 수 있다.

내면의 균형을 유지하자 | 감정 기복이 생기기 쉬워 자신만의 감정 조절 방법을 찾는 것이 중요하다. 명상, 요가, 산책 등으로 마음을 정돈하고 감정을 일기로 기록하여 자신을 객관적으로 돌아보는 시간을 통해 내면의 안정을 유지하자.

학습으로 자기를 확장하자 | 새로운 지식과 경험에 대한 호기심이 많아 끊임없이 성장할 수 있는 잠재력을 가지고 있다. 직업 관련 자격증 취득, 언어 학습, 독서 등을 통해 자기 계발에 집중하면 지혜와 창의성을 더욱 풍부하게 만들 수 있다. 배운 것을 실천하며 현실적인 성취를 이루는 것도 중요하다.

⭐ 원만의 꿀팁!

강인함과 내면의 균형을 상징하는 보석으로 다이아몬드를 추천한다. 임인 일주의 넓고 유연한 에너지는 때로는 방향성을 잃거나 안정감을 필요로 할 수 있는데, 다이아몬드는 이런 임수의 특성을 보완해 주는 힘을 가지고 있다. 다이아몬드는 내면의 혼란을 정리하고 결단력을 높여 준다.

떡볶이 사주

임자(壬子) 일주
– 유랑형 모험가

"주말마다 달리기를 연습합니다." 그는 다음 달 마라톤 출전을 앞두고 매주 훈련 중이다. 그저 평범한 아저씨라고 생각했는데, 마라톤을 하며 자기 관리를 한다는 이야기를 들으니 예사롭지 않아 보였다.

저축은행에서 20년 넘게 근무한 금융 전문가인 그가 얼마 전 우리 회사 기획팀으로 합류했다. 오랜 업계 경험으로 우리 회사에서 성장 중인 금융 서비스의 중요한 역할을 맡게 되었다. 그는 사람들과의 관계에서 유연하고 매끄러운 소통 능력을 보여 주었다. 언제나 상대방의 이야기를 먼저 듣고 자신의 의견을 말했다. 팀원들과도 잘 어울려 새로운 환경에 빠르게 적응하는 모습이 마치 오래전부터 그 자리에 있었던 사람처럼 느껴졌다. 입사한 지 얼마 되지 않았지만 "실장님이 오시고 나서 금융 쪽 깊이가 달라졌다."라는 말이 나돌 정도였다.

문제 해결력도 뛰어나 직관과 분석으로 문제를 단순하게 정리했다.

팀원들이 난관에 부딪힐 때면 그의 한마디가 새로운 방향을 제시하곤 했다. "그렇게 생각해 보면 이런 방법도 있겠네요!"라는 말은 한쪽으로 치우친 나머지 보이지 않던 문제 해결의 실마리를 제공했다.

"마라톤? 힘들지 않나요?"라고 묻는 말에 "처음엔 힘들지만 힘든 고비를 넘기면 다음 순간 즐거움으로 변합니다."라고 대답한다. 그의 말속에 일과 삶을 대하는 태도가 엿보인다. 힘든 순간을 포기가 아니라 즐거움을 맞이할 계기로 삼는 발상의 전환이다. 끊임없이 도전하고 변화를 두려워하지 않는 사람이다.

★ 일주의 이해와 특징

임자 일주는 강물같이 큰 물 임수(壬水)와 차가운 물 자수(子水)의 결합이다. 이들은 이성적이고 풍부한 감수성을 지니고 있다. 겉으로는 조용하고 내성적으로 보이지만, 내면에는 다양한 생각과 깊이 있는 사고를 한다. 타인의 감정과 상황에 세심하게 살피며 차분한 태도로 주변에 안정감을 준다. 대인 관계에서는 조용한 지지자로 신뢰를 얻는다. 상대방의 이야기를 듣고 감정을 절제하면서도 따뜻한 공감을 보여 준다. 신중하게 의견을 전달하고 감정보다 논리와 균형을 중요하게 생각한다.

★ 중요하게 여기는 가치

임자 일주는 내면의 평온과 정서적 안정을 중요한 가치로 여긴다. 갈등을 줄이고 조화로운 상태를 유지하는 것을 중요하게 여긴다. 현실적인 성공보다는 자기완성과 내적 성장을 지향하는 경향이 강하다. 혼자만의 시간과 공간이 필요하고, 깊은 성찰로 스스로 가치를 높이

떡볶이 사주

고자 한다.

★ 발전을 위한 성장 가이드

유연하고 지혜로운 물의 기운을 활용하고 부족한 점을 보완하는 것이 중요하다.

실행력을 강화하자 | 다양한 아이디어를 흘려버리지 않고 실행하기 위해 단계별 계획을 세우는 습관이 중요하다. 큰 그림을 그리는 능력이 뛰어난 임자 일주는 일일 과제나 체크리스트를 만들어 실천하는 습관을 들이면 효과적이다.

감정 관리로 내면을 안정화하자 | 내면에 가진 깊고 풍부한 감정을 적절히 표현하지 못해 혼란스러울 때가 있다. 명상, 요가, 또는 일기를 통해 감정을 정리하고 균형을 찾는 연습이 필요하다.

지식과 경험을 확장하자 | 지혜와 탐구심이 강한 유형이다. 독서, 강연, 전문 기술 학습 등을 통해 지식을 확장하고 여행이나 새로운 환경에서 다양한 사람들과 교류하여 시야를 넓히는 활동이 좋다.

★ 원만의 꿀팁!

임자 일주의 강한 물기운에 어울리는 보석으로 루비를 추천한다. 루비는 뜨겁고 강렬한 붉은색으로 생명력과 열정을 상징한다. 이는 차가운 물의 속성을 따뜻하게 한다. 루비는 용기와 자신감을 북돋우며, 중요한 도전 앞에서 망설임을 줄이고 결단력을 강화해 준다.

임술(壬戌) 일주
- 관대한 스폰서

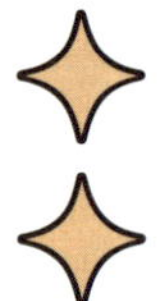

그는 경제학을 전공한 은행원 출신이다. 흔히 은행원이라고 하면 안정적이고 단조로운 삶을 떠올리기 쉽지만, 그를 생각하면 하나는 맞고 하나는 틀리다. 철저한 계획성과 높은 경제 감각으로 삶은 안정적이지만 일상은 전혀 지루하지 않다.

군 복무 시절 상관의 권유로 시작한 아침 구보는 이제 일상에서 빠질 수 없는 중요한 의식이 되었다. 특별한 일이 없는 한 매일 러닝을 한다. 러닝은 단순한 운동이 아니라 가슴 뛰는 하루를 여는 의식이며, 자신과 약속을 실천하는 수행이었다.

예술에 대한 호기심과 열정도 남다르다. 미술관에 들어가 한참을 서서 작품을 감상하거나 클래식 콘서트를 찾아 여행을 떠나는 모습은 그에게 흔한 일이다. 새로운 곳에 대한 호기심이 많아 다양한 여행으로 세상과 사람에 대한 이해의 폭도 넓다.

그는 시중 은행에서 10년간 근무하다가 외국계 보험업계로 이직했다. 안정된 직장을 떠나 보험 세일즈를 선택하는 것은 쉽지 않은 도전이다. 하지만 선배 은행원들이 퇴직한 후 노후 생활이 경제적으로 여유롭지 않다는 것을 알게 되자 이직을 결심했다. 결과적으로 그의 판단은 옳았다.

외국계 보험사로 이직한 그는 많은 성과를 올렸다. 그의 성과 중 하나는 한 해의 판매 실적에 따라 가입이 제한되는 협회의 종신회원 자격이었다. 협회에 가입하려면 한 해 실적으로 100만 달러 이상을 올려야 하고, 종신회원 자격은 그 성과를 10년 이상 지속해야 얻을 수 있다. 그러나 그는 여기에 만족하지 않고 또 다른 도전에 나선다. 경제적 안정을 고객에게 온전히 돌려주기 위해서이다.

그는 겉으로 보이는 매너와 해박한 지식 모습 뒤에 깊은 철학적 신념과 열정을 지니고 있다. 중년의 나이를 넘어가고 있는 지금도 여전히 꿈을 향해 나가고 있다. 그는 인생이라는 무대에서 자신을 판매하고 있다. 그러니 올해의 '판매왕'도 이미 예약이나 마찬가지다.

★ 일주의 이해와 특징

임술 일주는 강물같이 흐르는 임수(壬水)와 넉넉한 대지 같은 술토(戌土)의 결합이다. 이들은 풍부한 감수성과 현실적인 판단력을 동시에 지니고 있다. 겉으로는 차분하지만 내면에는 깊은 감성과 풍부한 상상력을 지니고 있다. 대인 관계에서는 포용력 있는 조언자이자 지지자 역할을 한다. 상대의 감정을 이해하고 공감하며 부담을 느끼지 않게 도움을 준다. 소통 방식은 차분하고 신중한 접근을 선호한다. 격하게 감정을 드러내지 않고 이성적으로 표현하며 상대방이 편안하게 대화할 수 있는 분위기를 만든다. 자신을 적극적으로 드러내지 않다 보니, 관계에서 소외감을 느낄 수 있고 타인과 거리감이 생길 수 있다. 좀 더 솔직한 감정 표현과 자기 주도가 필요하다.

★ 중요하게 여기는 가치

임술 일주는 내면의 평화와 안정된 인간관계를 중요한 가치로 여긴다. 조화로운 환경에서 자신이 의미 있는 존재로 인정받기를 원한다. 타인의 인정보다는 스스로 만족할 수 있는 성취를 더 중요하게 생각한다. 꾸준한 자기 성찰과 내면의 성장을 통해 삶의 만족을 얻고 이것이 신뢰로 이어져 자신의 가치를 입증한다고 믿는다.

★ 발전을 위한 성장 가이드

넓은 시야와 책임감은 있지만, 지나친 생각이나 고집으로 인해 자신의 잠재력을 충분하게 발휘하지 못하는 수가 있다.

감정을 관리하고 균형을 찾자 | 감정의 기복이 커 고민에 빠질 수 있다. 이를 극복하기 위해 명상이나 마음 챙김 같은 활동을 통해 내면의 평정을 찾는 것이 좋다. 호흡을 통해 집중력을 높이고 자신을 돌아보는 시간이 유연한 사고와 책임감을 빛나게 한다.

목표를 설정하고 실천을 강화하자 | 구체적인 실행 계획을 세우지 않으면 목표를 이루기 어렵다. 구체적이고 측정 가능한 방법으로 자신의 비전을 설정하고 단계별로 실천하는 습관을 기르는 것이 중요하다.

 떡볶이 사주

사회적 네트워크를 확장하자 | 타고난 포용력과 지혜로 사람들에게 신뢰감을 주지만, 종종 고립된 상태를 선호하는 경향이 있다. 독서 모임, 취미 활동 또는 봉사 활동에 참여하여 타인과의 관계를 넓히면 자신의 관점이 확장되고 새로운 영감을 얻는 데 도움이 된다.

★ 원만의 꿀팁!

내적 갈등으로 에너지의 균형을 갖는 것이 어려울 때 썬스톤을 추천한다. 썬스톤은 태양의 에너지를 담고 있는 기운으로, 내면의 불안감을 덜어 주고 활력을 준다. 차가운 물의 기운을 따뜻하게 보완하고 땅의 완고함을 부드럽게 풀어 준다.

10장

작은 물
- 스며드는 사람들

[작은 물, 계수]

계수는 새벽이슬처럼 맑고 고요하다. 작고 부드러워 보이지만 대지와 생명을 적시는 힘을 지니고 있다. 조용히 내리는 가랑비처럼 은근하게 세상을 변화시키는 존재다.

일간이 계수인 사람은 섬세하고 사려 깊다. 작은 흐름 속에서도 본질을 포착하는 감각이 뛰어나다. 겉으로는 차분하고 온화하지만 내면에는 은근한 끈기와 단단함이 있다.

이들은 다른 사람의 마음을 어루만지고, 보이지 않는 곳에서 변화를 만들어 낸다. 계수는 가뭄에도 마르지 않는 샘물처럼 자신을 필요로 하는 곳에서 조용히 세상을 살린다.

계유(癸酉) 일주
– 감정 예술가

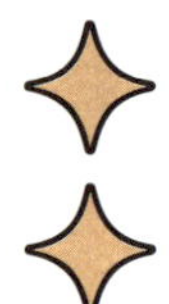

그는 직업군인으로 정년퇴임을 앞두고 있다. 미사일 정비를 맡아 온 그는 꼼꼼하고 성실하여 목표가 생기면 이루기 위해 자기 관리를 철저하게 한다. 그는 어릴 적부터 아이들과 미국에 살고 싶다는 바람이 있었는데, 군대에 있으니 실행하기가 어려웠다. 까맣게 잊고 지내다 선발대 교관이 되면 미국에 갈 수 있다는 이야기를 듣고 교관이 되기로 마음먹었다. 그리고 몇 년의 노력 끝에 능숙한 영어와 정비 교육을 이수하여 마침내 교관에 선발되었다.

최종 교관에 선발되었다는 소식을 들었을 때 내 일처럼 기뻤다. 마음먹고 노력한 몇 년의 세월을 지켜봤기에 그 결실이 더욱 빛나 보였다. 얼마 후 예정대로 가족과 함께 미국 텍사스로 날아가 새로운 환경을 경험하고 돌아왔다. 꿈을 이룬 것이다.

그는 타고난 유쾌함이 있어 만나면 기분이 좋아진다. 그래서 주위

엔 비슷한 친구들이 많다. 그중 초등학교 동창 부부들과 돈독한 관계를 유지하고 있다. 어느 때부턴가 우리 부부도 함께하는데 모두가 허물없이 지내는 가까운 사이가 되었다.

이 글을 쓰며 떠올리니 특유의 맑고 밝은 에너지가 전해 오는 것 같다. 그는 맑은 물로 보석을 닦아 빛을 내는 사람이다. 그리고 그 힘으로 타인에게 유쾌함을 전하는 존재다.

★ 일주의 이해와 특징

계유 일주는 이슬같이 촉촉한 계수(癸水)와 날카로운 금속 같은 유금(酉金)의 결합이다. 겉으로는 부드럽고 조용하지만 내면에는 날카로운 강단이 숨겨져 있다. 작은 변화도 놓치지 않고 깊이 있게 바라보며, 체계적인 판단으로 현실감을 갖는다. 이들은 목표를 설정하면 세밀한 계획과 철저한 실행력으로 성취해 낸다. 완성도에 대한 기준이 높아 자신은 물론 주변의 기대도 저버리지 않는다. 감정보다는 이성을 중심에 두고 언제나 침착한 자세를 유지한다. 다만 섬세한 만큼 스트레스에 민감하며, 지나치게 신중한 태도는 결정을 미루거나 자기표현을 억제하는 경향으로 나타나기도 한다.

★ 중요하게 여기는 가치

지적 성장과 내면의 안정은 계유 일주가 중요하게 여기는 가치다. 외부의 평가보다 자신의 기준을 중요하게 생각한다. 단단한 자존감을 갖고 섬세한 기준을 적용해 끝없이 발전하려는 성향이 있다. 꾸준히 성장하는 사람이 계유 일주이다.

★ 발전을 위한 성장 가이드

내면의 긴장을 풀고 감정을 보다 자유롭게 표현하는 노력이 더해질 때 풍요로운 삶을 누릴 수 있다.

전문성을 정리하고 기록하자 | 자신이 잘하는 분야를 꾸준히 갈고 닦는 것은 물론, 그 내용을 체계적으로 정리해 보는 것을 추천한다. 블로그 운영이나 기술 관련 글쓰기, 온라인 콘텐츠 제작 등을 통해 지식의 흐름을 구체화하면 새로운 기회를 만들어 낼 수 있다.

감정 표현 연습을 하자 | 지나치게 이성적이거나 조용한 태도는 오해를 부르기도 한다. 감정을 자연스럽게 표현하고 나누는 훈련이 필요하다. 일기나 감정 기록 앱, 감정 코칭 프로그램을 활용하자.

일과 여가의 균형을 맞추자 | 완벽주의 성향은 일과 휴식의 경계를 흐리게 한다. 휴식에도 계획을 세워 규칙적인 여가를 보내려고 한다. 명상, 요가, 산책처럼 단순하지만 일상을 정돈해 주는 활동이 도움이 된다.

★ 원만의 꿀팁!

계유 일주에게 보석으로 에메랄드를 추천한다. 에메랄드는 마음의 균형과 내면의 안정감을 주어 신중하고 예민한 성향의 계유 일주가 감정적 긴장감을 풀고 지혜롭게 사고할 수 있도록 돕는다. 초록빛 에너지는 자연의 조화로움을 상징하며 지혜·통찰·회복의 기운을 부드럽게 불어넣어 준다.

떡볶이 사주

계미(癸未) 일주
– 집요한 완주자

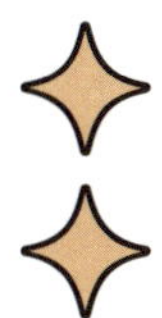

그녀는 겨우 숨을 돌리고 앉았다. 아이들은 유치원과 학교로, 남편은 출근 버스를 타고 시야에서 멀어졌다. 전쟁 같은 아침이 지나고 고요한 순간이 찾아왔다. 조용한 부엌의 식탁 위에 커피를 한 모금 마시고 잠시 머리를 기대자, 오늘 해야 할 일들이 머릿속을 스쳐 지나간다.

병원에 입원한 친정 엄마의 병문안, 아이들 간식과 남편의 저녁 반찬 준비, 장보기, 학원에 전화하기…. 반복되는 일상이지만 문득 이런 생각이 들었다. "이게 내가 바라던 삶이었을까?" 잠시 눈을 감았다. 적응하기 어려웠던 직장 생활, 마음 붙이기 어려웠던 가족과의 거리감, 그곳을 벗어나고 싶어 안간힘을 쓰던 지난날이 떠올랐다. 그때 만난 남편은 안식처이자 도피처 같았다. 그리고 지금은 그 안식처 안에서 또다시 균형을 찾아 방황하고 있다.

오래된 일기장을 꺼냈다. 마지막 페이지가 2년 전이다. "조화로운 삶이 펼쳐지기를."이라는 문장이 적혀 있다. 낯설고도 선명한 글이 마음에 박힌다. 조화로운 삶을 바라던 누군가가 조화롭지 않은 현실을 견디고 있는 아이러니.

거울을 본다. 아이들의 엄마, 한 남자의 아내라는 얼굴이 비친다. 오늘만큼은 오롯이 나를 위한 하루를 보내기로 마음을 먹는다. 흰색 카디건을 걸치고 현관문을 나선다. 차가운 바람이 인사를 한다. 오늘부터 다시 시작이다.

★ 일주의 이해와 특징

계미 일주는 이슬같이 촉촉한 계수(癸水)와 사막같이 따뜻한 미토(未土)의 결합이다. 겉으로는 조용하고 유순하지만 내면에는 이상을 향한 깊은 열망과 조화롭고 실질적인 삶을 추구하는 성향이 깃들어 있다. 풍부한 감수성과 현실 감각이 조화를 이루며, 타인의 감정에 민감하게 반응하고 섬세하게 배려한다. 그러나 동시에 현실적인 판단력도 뛰어나 이상보다는 현실적인 안정을 중시하는 경향이 있다. 그러나 자신의 감정은 잘 드러내지 않고 타인을 지나치게 배려하다가 자신의 감정을 한순간에 분출시키는 경우가 있다. 이로 인해 그동안에 쌓아 놓은 신뢰와 평판이 무너지기도 한다.

★ 중요하게 여기는 가치

조화와 내면의 안정. 계미 일주는 외부의 성공보다는 평화롭고 안정된 삶에서 행복을 느낀다. 갈등보다는 이해, 대립보다는 포용을 선택하며, 그런 환경에서 자신도 성장하길 바란다. 깊이 있는 삶과 조화로운 질서 속에서 자아실현을 이루고자 한다.

   떡볶이 사주

★ 발전을 위한 성장 가이드

감정적으로 섬세하면서도 유연한 성향을 가지고 있어 감정 관리와 내면의 성장에 초점을 맞춘 성장 방안이 효과적이다.

감정을 솔직하게 표현하자 | 계미 일주는 감정이 섬세하여 이를 표현하는 데 어려움을 느낀다. 매일 짧은 감정 일기나 감정 색칠표 등으로 자신의 기분을 기록해 보자. 예술 활동이나 창작으로 감정을 풀어내는 것도 효과적이다.

목표를 체계적으로 실행하자 | 유연성과 직관은 뛰어나지만, 루틴을 꾸준히 이어 가는 데 어려움을 겪는다. 일의 순서를 정하고 '하루 하나씩만 끝내기' 같은 작고 실현 가능한 목표를 실행하며 실행력을 강화해 보자.

내면의 성장과 전문성을 계발하자 | 깊은 통찰과 감수성은 계미 일주의 큰 자산이다. 독서나 사색을 통해 얻은 통찰을 구체적인 행동으로 옮기면 실질적인 자기 효능감을 높일 수 있다. 작고 사적인 성취가 쌓일수록 삶의 중심이 단단해진다.

★ 원만의 꿀팁!

계미 일주에게 아쿠아마린을 추천한다. 아쿠아마린은 감정적으로 민감하고 내면의 균형을 중요하게 생각하는 사람에게는 정서적인 안정감을 준다. 복잡한 내면을 차분하게 정돈해 주고 중요한 결정을 부드럽게 이끌어 주는 힘을 준다.

계사(癸巳) 일주
– 고도심리 책략가

　그를 처음 만난 건 모 프로젝트를 수행하면서였다. 우리 회사는 중견기업들과 컨소시엄 형태로 프로젝트에 참여해 오다가 처음으로 대기업 금융사의 사업을 단독 수주해 주사업자가 되었다. 제안 작업부터 참여했던 나는 사업 수주가 확정되자 프로젝트 매니저로 배정되었다.

　그는 고객사 정보부서의 채널파트 팀장이었고 이번 프로젝트에 IT 담당자로 참여했다. 주변의 평판을 들어 보니 사람 좋다는 이야기가 많았다. 한마디로 갑질과 거리가 먼 사람이라고 했다. 실제로 만나 보니 진솔하고 정감이 가는 사람이었다. 프로젝트를 하면서 많은 도움을 받았다. 어느 부서를 통하면 일이 빠르게 진행되는지, 부서장의 성향 등 사소하지만 중요한 정보를 알려 주었다. 어떤 때는 직접 나서서 현업과 소통을 주선하기도 했다.

　　　　　　　　　　　　　　　　　떡볶이 사주

무엇보다 인상 깊었던 건 갈등이 생겼을 때다. 고객과 수행사는 의견이 다른 상황이 빈번하게 발생한다. 그럴 때마다 그는 합리적인 관점에서 자신의 의견을 말해 주었다. 고객사의 입장에 있으면서도 합리적인 관점에서 공정하게 이야기하니, 이해관계에 있던 결정 사항들이 빠르게 정리되었다.

위기의 순간이 찾아왔지만, 그의 도움으로 무사히 프로젝트를 마칠 수 있었다. 그리고 시간이 지난 지금도 오래도록 마음을 나누는 관계로 이어지고 있다.

★ 일주의 이해와 특징

계사 일주는 이슬같이 촉촉한 계수(癸水)와 용광로 같은 뜨거운 사화(巳火)의 결합이다. 겉으로는 차분하고 온화하지만, 내면에는 뜨거운 열정과 명확한 자기 신념이 자리 잡고 있다. 이들은 주변 상황을 빠르게 파악하고 정서적 미묘함을 감지하는 능력이 좋다. 대인 관계에서는 중재자와 조언자로서의 역할에 강점이 있다. 상황을 객관적으로 판단하면서도 타인의 감정을 놓치지 않는다. 그 균형 덕분에 주변 사람들은 그에게 편안함과 신뢰를 느낀다. 중요한 순간에 감정이 아니라 사실을 근거로 판단하면서도 따뜻함을 잃지 않는다.

★ 중요하게 여기는 가치

계사 일주는 조화와 평화 그리고 내면의 성숙을 중요한 가치로 여긴다. 갈등보다는 상호 이해를, 대결보다는 협조를 선호한다. 이들은 인간관계 안에서 안정을 느끼고, 그 안정 속에서 스스로를 돌아보고 성장한다. 외적인 성공보다는 내적인 통찰과 자기 성찰을 통해 삶의 의미를 찾으려는 경향이 강하다.

★ 발전을 위한 성장 가이드

물의 유연성과 불의 열정적인 에너지를 활용하여 내적인 균형을 유지하면서 자신만의 강점을 극대화하는 데 초점을 맞추는 것이 중요하다.

내면의 균형을 찾자 | 계사 일주는 서로 다른 속성인 물과 불을 품고 있기에 감정의 기복이 있다. 이를 다스리기 위해 명상, 요가와 같은 활동으로 감정의 진폭을 완화하고 중심을 잡아야 한다. 마음이 고요해질수록 통찰력은 더 깊어진다.

창의력을 계발하고 실현하자 | 계사 일주는 직관과 상상력이 풍부하다. 이를 예술, 글쓰기, 디자인, 문제 해결 등 창조적인 실천으로 연결하면 내면의 에너지가 건강하게 발산된다. 감정을 표현할 채널을 가질 때 삶의 만족도 높아진다.

목표를 설정하고 실행력을 강화하자 | 물처럼 유연한 성향 때문에 우선순위를 놓치거나 산만해질 수 있다. 단기와 중기 목표를 구체화하고 이를 작은 단계로 쪼개 실행하는 연습이 필요하다. 매일의 실천이 내면의 의지와 연결될 때 힘 있는 추진력을 얻는다.

★ 원만의 꿀팁!

계사 일주에게 추천하는 보석은 비취(Jade)다. 비취는 조화와 치유,

직관의 힘을 담고 있는 보석으로, 계사 일주의 깊은 감수성과 예민한 직관을 부드럽게 정리해 주는 역할을 한다. 특히 감정의 요동이나 판단의 복잡함을 차분하게 정돈하고 내면의 평화를 회복하는 데 도움이 된다.

계묘(癸卯) 일주
– 상상 설계자

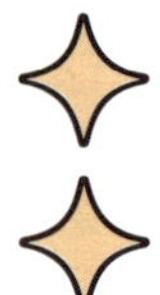

그녀를 처음 만난 건 S보험사의 스마트창구 리뉴얼 프로젝트에서였다. S보험사는 이번 개편을 통해 젊은 신세대가 원하는 디자인과 프로세스 간소화를 목표로 삼았다. 이번 프로젝트에서 그녀는 기획과 디자인 파트를 총괄했다. 프로필을 살펴보니, 국내 주요 보험사들의 프로젝트를 두루 경험했고 보험 판매 자격증까지 보유하고 있었다. 단순히 기획자에 그치지 않고 보험 산업 전반에 대한 깊은 이해를 지닌 전문가였다.

그녀는 섬세하고 다정한 태도로 파트를 이끌었다. 고객과의 의견 조율에서도 원활한 분위기를 만들었다. 그런데 프로젝트에 한 가지 복병이 숨어 있었다. 최종 결정을 내리는 고객사 팀장이 보기 드물게 까다로운 사람이었던 것이다. 말이 통하지 않아 회의는 진행 자체가 어려울 정도였다.

떡볶이 사주

그럼에도 그녀는 묵묵히 자신이 기획한 방향성을 유지하면서 고객사 팀장을 설득해 나갔다. 몇 번의 설득과 제안을 통해 그녀의 아이디어가 채택되기 시작했다. 화면 전환에 게임 요소를 접목한 캐릭터 사용, 보험금 청구 절차의 간소화, 연령대별 사용자 경험을 고려한 디자인 적용 등은 좋은 평가를 받았다.

보수적인 분위기였던 고객사가 점차 그녀의 제안에 마음을 열기 시작했다. 결과적으로 고객과 사용자 모두 높은 만족도를 보였다. 연말엔 디자인 어워드에서 '혁신상'까지 수상하는 성과를 거두었다.

그녀에게는 복잡한 고객의 요구 사항을 단순화하고 창의적인 성과를 내는 능력이 있었다. 그 프로젝트는 단순한 리뉴얼 작업이 아닌 내 안의 열정을 되살리는 계기가 되었고, 그것은 다름 아닌 그녀 덕분이었다.

★ 일주의 이해와 특징

계묘 일주는 이슬같이 촉촉한 계수(癸水)와 화초처럼 생기 있는 묘목(卯木)의 결합이다. 이들은 겉으로는 조용하고 부드러워 보이지만, 내면에는 끈기와 창의력 그리고 조화의 감각이 탁월하게 자리 잡고 있다. 타인의 감정을 세심하게 읽어 내고 정서적인 안정감을 주어 팀의 중심에서 역할을 한다. 판단은 신중하고 추진은 조용하지만 강하게 이어진다. 실수 없는 결과물을 만들어 내는 데 강점을 보인다. 이들은 공감과 배려를 중심으로 관계를 맺는다. 상대의 감정을 자연스럽게 읽고, 불필요한 충돌 없이 의견을 조율하는 능력이 뛰어나다. 조용하지만 핵심을 짚는 스타일로 주변 사람들에게 신뢰를 준다.

★ 중요하게 여기는 가치

계묘 일주는 내면의 성장을 중요한 가치로 여긴다. 크게 드러나지 않더라도 내면에서 조용히 의미를 추구하고, 자신의 자리에서 묵묵히 성장해 간다. 남들보다 빠르게 결과를 내는 것보다 그 과정에서 섬세한 감정 흐름과 배움의 깊이를 중시한다. 이러한 태도는 겉으로 보기엔 소박하지만, 내면은 오히려 성숙하고 단단하다.

★ 발전을 위한 성장 가이드

창의력을 발휘할 수 있는 활동과 대인 관계 스킬을 향상하는 것이 중요하다. 꾸준히 실천하면 더 균형 잡히고 성공적인 삶을 살아갈 수 있다.

창의력을 키우는 활동에 집중하자 | 계묘 일주는 타고난 감수성과 미적 감각이 뛰어나다. 디자인, 미술 등 창의적인 분야에서 자신의 에너지를 표현하면 내면의 감정이 정돈되고 삶에 활력이 생긴다.

대인관계 스킬을 향상하자 | 공감 능력이 뛰어나지만 타인의 감정에 지나치게 몰입하다 보면 자신을 소진하게 된다. '거절해도 괜찮다'는 연습, 그리고 자신의 생각과 감정을 부드럽지만 분명하게 표현하는 연습이 필요하다.

목표를 설정하고 실행력을 강화하자 | 유연한 사고 덕분에 아이디어는 풍부하지만 결단과 실행에서는 망설이는 면이 있다. 구체적인 목표를 정하고 작은 단위로 쪼개 실행해 보자. 매일, 매주 작게 성공

   떡볶이 사주

하는 경험을 쌓아 나갈수록 자신감이 커질 것이다.

★ 원만의 꿀팁!

순수함과 명료함을 상징하는 백수정을 추천한다. 백수정은 내면의 혼란을 정리하고, 자기 본연의 감성을 선명하게 인식할 수 있도록 도와준다. 그녀의 섬세함과 직관이 더욱 빛난다.

계축(癸丑) 일주
– 이상과 현실 조율가

그녀는 딸 부잣집에 둘째 딸로 태어났다. 유년 시절 손을 쓰지 못할 만큼 심한 병을 앓은 적이 있었다. 아이답지 않은 강단으로 병마를 이겨 냈지만, 한편으론 "왜 그런 시련이 어린 자신에게 일어났을까?" 하는 서러운 마음이 오래갔다. 결과적으로 어린 시절의 경험은 그녀를 단단하게 만드는 성장통이 되었고 책임감 있는 여성으로 살게 했다.

그녀는 섬세함과 뛰어난 통찰력을 지니고 있어 사람들 사이에서 '문제 해결사'로 통한다. 항상 배우고 익히는 것이 습관이 되어 마치 한쪽 옆구리에 '지혜의 백과사전'을 품고 다니는 사람 같았다. 문제가 생기면 즉석에서 책을 펼쳐 상황에 맞는 해결책을 찾아 주기 때문이다. 가족의 고민이나 친정의 작은 대소사까지, 그녀를 거치면 복잡했던 문제들이 해결되었다.

성실함은 그녀의 또 다른 삶의 모습이다. 형제가 많은 집안의 특징으로, 누가 챙겨 주지 않아도 스스로 배우고 익혀 성실함이 몸에 배었다. 넉넉하지 않은 집안 형편과 많은 동생들을 챙기기 위해 작은 일을 하나 하더라도 허투루 하는 법이 없었다. 이런 억척스러움으로 변화와 도전보다 평화와 안정을 소중하게 여긴다. 유행을 따라가지 않지만, 한번 받아들인 것에 대해서는 깊은 신뢰감을 주기도 한다.

그녀는 몇 해 전 세상을 떠난 큰언니의 부재로 맏언니의 몫까지 감당하고 있다. 연로한 친정아버지와 동생들을 살뜰하게 챙기고 있다. 그녀의 삶은 화려하지는 않지만 세월에 쌓인 지혜와 노력이 얼굴에 고스란히 담겨 있다. 그녀의 백과사전은 시간이 갈수록 낡고 오래되어 현실에서 쓸 수 없는 페이지가 한 장씩 늘어 가지만 지혜는 깊어지고 있다. 그래서 가족들은 모두 그녀를 존경하고 있다.

★ 일주의 이해와 특징

계축 일주는 이슬같이 촉촉한 계수(癸水)와 언 땅같이 차가운 축토(築土)의 결합이다. 부드럽고 유연한 감수성과 단단하고 현실적인 판단력을 겸비하고 있다. 차분함과 통찰력, 섬세함과 안정감이 조화를 이루고 있다. 이들은 주어진 일을 묵묵히 해내며 말없이 책임을 짊어지는 강인함이 있다. 자신에게 맡겨진 것을 끝까지 책임지는 모습에서 신뢰를 얻고, 현실적인 조언을 통해 주변의 중심을 잡아 주는 조력자 역할을 한다.

★ 중요하게 여기는 가치

계축 일주는 내면의 평화와 현실적인 안정 그리고 신뢰를 중요한 가치로 여긴다. 큰 꿈보다는 발밑의 삶을 가꾸는 데 만족을 느낀다. 인간관계에서도 겉으로 드러나는 화려함보다는 진심 어린 신뢰와 조화를 바탕으로 관계를 유지하고자 한다. 특히 자신이 가진 것을 조용히 나누고 돌보는 일에서 삶의 의미를 발견한다.

★ 발전을 위한 성장 가이드

계축 일주는 성실함과 책임감이라는 무기를 지니고 있다. 여기에 감정의 유연함과 소통 능력을 덧붙이면 더욱 깊고 안정된 삶을 만들 수 있다.

목표를 단계적으로 실행하자 | 장기적인 계획을 작은 단계로 나누어 실행하면 계축의 계획력과 끈기를 빛낼 수 있다. 작은 성취가 쌓이며 자신감이 자라고, 현실을 단단히 다져 가는 삶의 리듬을 만들 수 있다.

감정을 표현하는 연습을 하자 | 감정을 안으로만 누르는 경향은 스트레스를 쌓아 인간관계에 단절을 만들 수 있다. 일기, 그림, 글쓰기와 같은 창의적인 표현은 마음속 감정을 안전하게 풀어내는 효과적인 방법이다.

소통의 기술을 익히자 | 상대방에게 다가가는 대화법과 공감의 기술은 관계의 폭을 넓히고, 계축의 성실함과 내면의 따뜻함으로 많은 사람과 나눌 수 있게 해 준다.

 원만의 꿀팁!

평화와 균형을 상징하는 보석으로 비취(Jade)를 추천한다. 비취는 서툰 감정 표현으로 쌓인 내면의 스트레스를 해소하는 데 도움을 준다. 정서적 안정감은 물론 삶의 균형을 지키는 데 도움이 되며, 자연스럽게 재물과 신뢰를 끌어들이는 힘을 준다.

계해(癸亥) 일주
- 영혼 치유가

엄마가 환갑을 조금 넘긴 나이에 세상을 떠나자 혼자 남겨진 아버지는 곧 꺼질 것 같았다. 엄마 없이 하루도 살 수 없을 것 같다고 하시던 아버지는 엄마가 돌아가신 지 채 1년도 안 되어 재혼을 하시더니 서둘러 분가를 단행하셨다. 그뿐만 아니라 이전과는 전혀 다른 모습으로 다정한 사랑꾼이 되어 신혼의 단꿈에 빠졌다는 이야기를 전해 들었다.

아버지는 평생을 선생님으로 사셨다. 어릴 적 기억은 언제나 엄격하고 자기 절제가 강한 분이었다. 나와 동생에게는 물론이고 병약한 부인에게조차 다정한 말을 아끼는 분이었다. 가부장적인 남자의 모델 같았지만 본래 그 시절의 아빠들은 원래 그렇다고 생각했다. 그런데 새 장가를 가신 아버지는 다시 태어나기라도 한 걸까? 다정한 사랑꾼이라니 도무지 이해가 되지 않았다. 그리고 그때의 배신감이란….

평생 무뚝뚝한 한 사내가 어찌 그리 변할 수 있는지 아버지보다는 문득 아빠를 그토록 변화시킨 여인이 궁금해졌다. 그러던 어느 날, 아버지의 병문안으로 병실 앞에서 단둘이 앉아 있게 되면서 그 비밀을 짐작할 수 있었다.

무슨 말을 해야 할지 몰라 어색한 침묵이 흘렀다. 잠시 뒤 내가 무언가 말을 시작하자 정면을 보고 있던 그녀는 몸을 완전히 비틀어 내 쪽으로 돌리고 앉았다. 그리고 내게서 나오는 작은 숨소리 하나까지 듣고 말겠다는 듯이 몸을 숙이고 내게 집중했다. 사람에 대한 집중력이다.

짧은 순간이었다. 그러나 그 여운은 오래갔다. 그녀가 보여 준 '타인에 대한 집중'이 나를 순간 '소중한 사람'으로 만들었다. 계해 일주가 상대와 이야기하는 모습을 보면, 어지간히 둔한 사람일지라도 그가 얼마나 상대에게 집중하고 있는지 알아차릴 수 있다. 깊은 경청과 포용력, 그것이 바로 계해 일주다.

★ 일주의 이해와 특징

계해 일주는 이슬같이 촉촉한 계수(癸水)와 강물같이 큰 물 해수(亥水)의 결합이다. 계수는 이슬처럼 투명하고 여리며, 해수는 바다처럼 깊고 포용력이 크다. 이들은 부드럽고 조용하지만 그 속에는 헤아릴 수 없는 공감 능력과 강한 힘이 숨어 있다. 타인의 감정을 민감하게 읽고 조율할 줄 아는 타고난 능력으로 상대에게 심리적인 안정감을 준다. 겸손하고 낮은 자세로 관계를 이끌며 주변을 편안하게 만든다. 다만 그 섬세함은 때로 스스로를 소진시키는 요소가 되기도 한다. 타인의 감정에 휘말리기 쉬우며, 지나친 배려가 자기표현의 부족으로 이어질 수 있다.

⭐ 중요하게 여기는 가치

계해 일주는 타인과 갈등 없이 조화롭게 살아가는 삶을 중요한 가치로 삼는다. 동시에 깊은 자기 성찰을 통해 진짜 나를 이해하고자 한다. 관계 속에서 '위로하는 존재'가 되어 자신의 존재가 누군가의 평안이 되기를 바란다. 그 바람은 조용한 실천으로 삶에 녹아든다.

⭐ 발전을 위한 성장 가이드

계해 일주는 내면의 성찰과 감정의 물결 속에서 지혜를 얻는 사람이다. 직관력과 감수성, 사고의 깊이를 활용해 자기 성장을 도모할 수 있다.

깊이 있는 지식을 탐구하자 | 철학, 심리학, 인문학 등 인간의 본질에 접근하는 분야에서 계해의 지적 호기심은 빛을 발한다. 깊고 묵직한 사색의 시간은 내면의 안정감을 제공한다.

직관력과 창의성을 활용하자 | 글쓰기, 음악, 그림, 정원 가꾸기 등 감성을 자극하는 활동은 계해 일주의 감정을 드러내게 한다. 감정이 응축되지 않도록 자신의 내면을 표현하는 통로를 마련하는 것이 중요하다.

감정 조절로 내면의 안정을 찾자 | 명상, 트레킹, 산책 등으로 감정

  떡볶이 사주

의 깊이를 가라앉히고 균형을 유지하는 것이 좋다. 감정을 '생각'으로 바꾸는 습관을 들이면 무게감 있는 삶을 가꿀 수 있다.

★ 원만의 꿀팁!

복잡한 내면을 안정시키는 데 도움을 주는 자수정을 추천한다. 자수정은 깊은 생각을 정리하고 정신을 맑게 해 주는 역할을 한다. 과도한 생각에 빠지거나 마음이 가라앉을 때 차분함과 안정감을 준다.

사주와 점성술의 차이

점성술은 태어난 순간의 별자리와 행성의 위치를 바탕으로 한다. 우리가 흔히 "나는 사자자리야."라고 말하는 별자리 운세는 점성술의 일부에 불과하다. 실제로는 훨씬 더 복잡하고 정교한 분석이 이루어진다. 점성술의 핵심은 출생 차트(Natal Chart, Birth Chart)이다. 이는 한 사람이 태어난 날짜, 시간, 장소를 기준으로 그 순간 하늘에 있는 별과 행성들의 위치를 나타내는 일종의 천체 지도다. 이 차트로 성격과 인생의 흐름을 예측한다. 출생 차트를 구성하는 주요 요소를 알아보자.

- 태양(Sun)은 자아와 본질적인 성격을 나타내며 일반적으로 별자리 운세에서 가장 많이 언급되는 요소다.
- 달(Moon)은 감정, 무의식적인 반응, 익숙한 습관을 의미한다.
- 상승점(Ascendant, Rising Sign)은 외부에 드러나는 모습, 첫인상, 행동 방식을 설명한다.
- 행성들(Mercury, Venus, Mars 등)은 각각 사고, 사랑, 욕망 등 다양한 삶의 영역과 성향을 상징한다.

- 12 하우스(Houses)는 가족, 직업, 연애, 건강 등 인생의 구체적인 분
  야를 나눈다.
- 행성 간의 각(Aspect)은 행성들이 서로 어떤 각도로 연결되어 있는
  지에 따라 조화롭거나 갈등적인 에너지가 형성된다.

점성술은 사람 안에 여러 성향이 동시에 존재한다고 여긴다. 때문에 단순히 태양별자리만 알아서는 충분하지 않다. 예를 들어, 태양이 양자리라면 도전적이고 활력이 넘치는 성격이고, 달이 물고기자리라면 감성적이고 예민한 내면을 가지고 있다. 상승점이 염소자리라면 냉정하고 현실적인 인상을 가질 수 있다. 이처럼 다양한 측면에서 종합적으로 해석해야 진정한 성격과 삶을 이해할 수 있다. 이는 점성술사의 몫이다.

동양의 사주학과 서양의 점성술은 모두 개인의 삶을 이해하고 미래를 통찰하는 도구로 활용되지만, 그 기반 철학과 분석 방식, 그리고 해석의 관점에서는 차이를 보인다.

먼저, 기반 철학을 살펴보자. 사주는 음양오행의 사상으로 운명을 해석한다. 반면, 점성술은 태양계 행성의 운행이 인간에게 미치는 영향인 천체운행론에 기반을 둔다.

두 번째로, 분석 방식에서 차이를 보인다. 두 학문 모두 생년월일시를 필요로 하지만, 점성술은 출생 장소까지 추가로 요구한다. 사주는 네 기둥과 팔자, 대운, 12운성을 활용하고, 점성술은 출생 차트의 행성 위치와 12개 하우스를 사용한다. 그리고 사주는 일간을 중심으로 오행의 상생상극과 조화로 분석적 해석을 하는 반면, 점성술은 태양, 달, 상승점을 기준으로 상징적 해석을 한다.

　마지막으로 해석의 관점에서의 차이점을 살펴보면, 사주는 10년 단위 대운과 세운, 일진으로 시간 흐름에 따른 변화를 예측하고, 점성술은 트랜짓과 프로그레션 기법으로 현재 행성 움직임과 출생 차트의 관계를 분석한다.

삶에 적용하는 사주

단계	항목	세부 내용	풀이 결과
1	사주 명식 구하기	생년월일시 → 사주팔자 8글자 구성	
2	일주 중심 기본 해석	나는 누구인가? (일간+일지 해석)	
3	오행 균형 상태 확인	오행 분포도 과다/과소 항목 시각화	
4	십신으로 인간관계 읽기	일주 주변 십신 분석 부모/형제/배우자/자식 관계	
5	십이운성 에너지 파악	나의 에너지 상태 파악 거법, 좌법, 인종법 확인	
6	용신 찾기	균형 잡는 오행 찾기 용신, 희신의 해석	
7	대운 · 세운 운세 분석	10년/1년 단위 운세 변화 변화 포인트 정리	

한눈에 배우는
사주 풀이 따라 하기

★ Step 1. 사주 명식 구하기

척척만세력

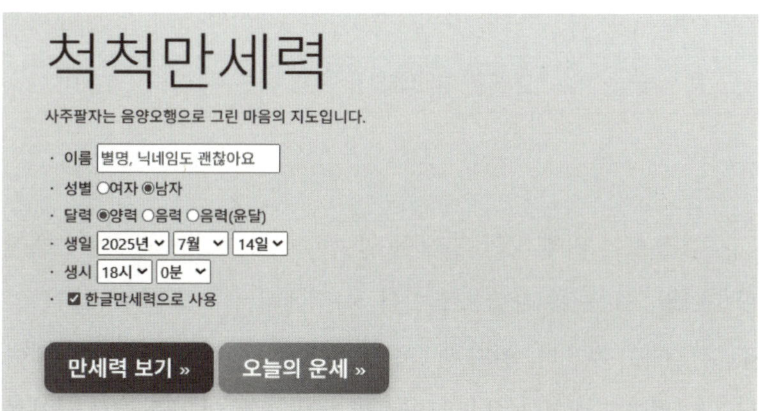

사주팔자

시주	일주	월주	년주	구분
정인	일간(나)	정인	겁재	십신
계	갑	계	을	천간
유	신	미	사	지지 (공망)
정관	편관	정재	식신	십신
경 편관 신 정관	무 편재 임 편인 경 편관	정 상관 정 겁재 기 정재	무 편재 경 편관 병 식신	지장간
단교각살	천덕귀인 월덕귀인	천을귀인 급각살	관귀학관 문창귀인	길신 흉신
장성	망신	월살	지살	12신살
태	절	묘	병	12운성 (봉법)
병	절	묘	목욕	12운정 (거법)
오 상관, 미 정재				공망

 사주를 보기 위해 나의 '명식'을 알아야 한다. 이 명식은 내가 태어난 년, 월, 일, 시를 바탕으로 한다. 사주에서는 이를 년주, 월주, 일주, 시주라고 부른다. 인터넷에서 '척척만세력'을 검색하여 내가 태어난 생년월일과 태어난 시간을 입력해 보자. 나만의 사주 여덟 글자를 확인할 수 있다.

떡볶이 사주

　네 개의 '주'는 각각 두 글자로 구성되어 있다. 위에는 하늘의 기운을 나타내는 천간, 아래에는 땅의 기운을 나타내는 지지가 하나씩 짝을 이룬다. '천간 4개 + 지지 4개 = 총 8글자' 이것이 우리가 말하는 사주팔자다. 한마디로 정리하면 사주팔자는 '내가 태어난 순간의 하늘과 땅의 기운을 문자로 기록한 우주적 지문'이라고 할 수 있다.

★ Step 2. 일주를 중심으로 기본 해석

사주팔자 여덟 글자 중에서 가장 핵심적인 자리는 바로 '일주', 내가 태어난 날의 기둥이다. 일주는 사적인 공간의 의미 담고 있어 사주에서 중심축 역할을 한다.

일주

시주	일주	월주	년주	구분
정인	일간(나)	정인	겁재	십신
계	갑	계	을	천간
유	신	미	사	지지 (공망)
정관	편관	정재	식신	십신
경 편관 신 정관	무 편재 임 편인 경 편관	정 상관 정 겁재 기 정재	무 편재 경 편관 병 식신	지장간
단교각살	천덕귀인 월덕귀인	천을귀인 급각살	관귀학관 문창귀인	길신 흉신
장성	망신	월살	지살	12신살
태	절	묘	병	12운성 (봉법)
병	절	묘	목욕	12운정 (거법)
오 상관, 미 정재				공망

일주는 두 글자로 구성되어 있다. 앞 글자인 천간은 '나 자신'을 의미하고 뒷글자인 지지는 '내가 딛고 선 자리', 즉 내 삶의 환경이자 내면의 기질을 보여 준다. 예를 들어 내 일주가 갑신일이라면, '갑'은 크고 곧은 큰 나무의 성질이고 '신'은 내가 앉은 자리로 날카롭고 차가운 쇠의 기운이다. 이때 갑은 신과 만나면 다소 긴장감을 느끼거나 내면의 갈등이 있을 수 있음을 의미한다.

■ 핵심 원리

사주 해석의 출발점은 일주, 그중에서도 일간과 일지의 속성과 관계를 이해하는 것에서 시작된다.

– 일간은 '나'이다.
– 일지는 '내가 앉은 자리'로 삶의 무대이며 사적인 공간을 의미한다.

사주란 내가 어떤 사람인가를 의미하는 '일간'과 어디에 앉아 있는가를 의미하는 '일지'를 통해 특징을 이해할 수 있다.

★ Step 3. 오행의 균형 상태 확인하기

사주팔자를 나타내는 글자에는 자연의 다섯 가지 기운인 오행이 담겨 있다. 나무(목), 불(화), 흙(토), 쇠(금), 물(수). 이는 사람의 기질과 성향을 나타낸다.

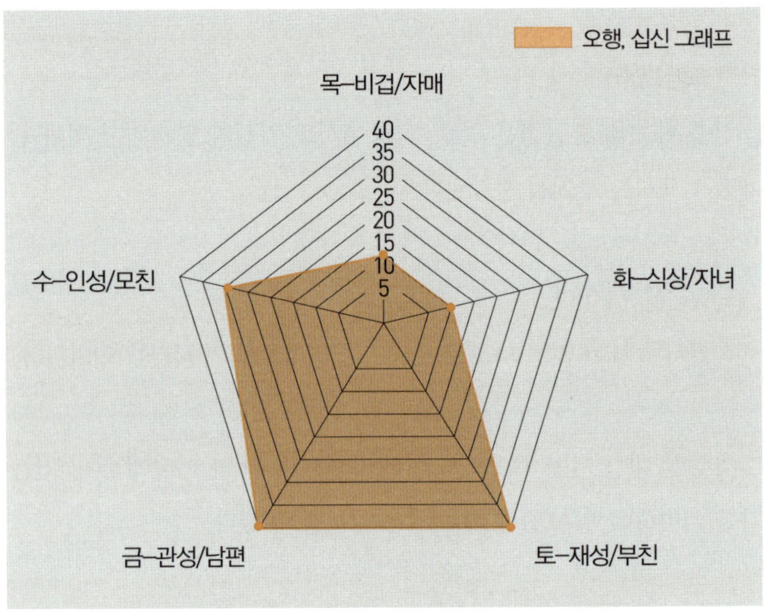

사주팔자에 들어 있는 오행으로 특징을 알아보자.

– 균형 잡힌 상태: 성격이 안정적이고 삶이 비교적 평탄하다.

– 불균형 상태: 과하거나 부족한 기운이 특징으로 드러난다.

떡볶이 사주

■ 오행이 과다하거나 결핍 시 나타나는 특징

오행	과다할 때	결핍될 때
나무	이상은 높지만 실천력 부족	성장 동력과 창의력 부족
불	성급하고 감정적인 반응	열정과 추진력 부족
흙	고집이 세고 변화 거부	안정감과 신뢰성 부족
쇠	과도한 비판과 완벽주의	결단력과 자기주장 부족
물	우유부단하고 생각이 과다	지혜와 적응력 부족

오행으로 자신의 성향을 이해하고 넘치거나 부족한 부분을 어떻게 보완할지 판단하는 중요한 정보가 된다.

★ Step 4. 십신으로 인간관계 패턴 읽기

십신은 일간을 중심으로 다른 글자들이 나와 어떤 관계를 맺고 있는지 보여 주는 10가지 관계 체계이다.

십신

시주	일주	월주	년주	구분
정인	일간(나)	정인	겁재	십신
계	갑	계	을	천간
유	신	미	사	지지 (공망)
정관	편관	정재	식신	십신
경 편관 신 정관	무 편재 임 편인 경 편관	정 상관 정 겁재 기 정재	무 편재 경 편관 병 식신	지장간
단교각살	천덕귀인 월덕귀인	천을귀인 급각살	관귀학관 문창귀인	길신 흉신
장성	망신	월살	지살	12신살
태	절	묘	병	12운성 (봉법)
병	절	묘	목욕	12운정 (거법)
오 상관, 미 정재				공망

■ **십신의 의미와 삶**

십신	주요 의미	삶의 영역
정관	책임감, 사회적 규범	직장, 명예, 질서
편관	추진력, 변화 의지	도전, 경쟁, 권력
정재	안정적인 재물	고정 수입, 부동산
편재	유동적인 재물	사업, 투자, 부업
정인	학습 능력, 보호	교육, 어머니, 지식
편인	직감, 예술성	창작, 종교, 신비
비견	자아의식	형제, 동료, 자존심
겁재	경쟁의식	라이벌, 도전 정신
식신	표현력, 창의성	말솜씨, 예술, 자녀
상관	재능, 반항 정신	개성, 비판력, 변화

■ **실제 활용법**

사주에 특정 십신이 많다면 그 영역에 대한 관심과 욕구가 강하다
는 의미이다. 예를 들어 식신이 많은 경우에는 표현 욕구가 강하고 소
통을 중시하는 성격을 나타내며, 편재가 강한 경우에는 현실적이고
경제적 감각이 뛰어나는 기질로 드러난다.

⭐ **Step 5. 십이운성으로 에너지 크기 파악**

십이운성은 사주 속 글자들의 에너지를 설명해 주는 지표이다. 마치 사람의 생로병사처럼 글자도 탄생과 성장을 거쳐 소멸에 이르는 흐름과 변화를 보인다.

십이운성

시주	일주	월주	년주	구분
정인	일간(나)	정인	겁재	십신
계	**갑**	**계**	**을**	천간
유	**신**	**미**	**사**	지지 (공망)
정관	편관	정재	식신	십신
경 편관 신 정관	무 편재 임 편인 경 편관	정 상관 정 겁재 기 정재	무 편재 경 편관 병 식신	지장간
단교각살	천덕귀인 월덕귀인	천을귀인 급각살	관귀학관 문창귀인	길신 흉신
장성	망신	월살	지살	12신살
태	절	묘	병	12운성 (봉법)
병	절	묘	목욕	12운정 (거법)
오 상관, 미 정재				공망

■ **주요 십이운성(초보자 필수 4가지)**

십이운성	에너지 상태	특징
장생	탄생과 성장	활력 넘치고 발전 가능성 높음
제왕	최고 전성기	매우 강한 에너지, 리더십
병	쇠약 시작	에너지 감소, 신중함 필요
사	극도로 약함	소극적, 에너지 부족

■ **실제 적용**

일간이 '제왕' 상태라면 강한 의지와 추진력을 가진 성격으로 나타나며, 일간이 '병' 상태라면 신중하고 보수적인 성향을 보인다. 십이운성을 통해 사주 속 글자들의 실제 영향력과 활동성을 판단할 수 있다.

★ Step 6. 용신 찾기

용신이란 찾아서 활용하는 수호신의 의미다. 나에게 도움이 되는 기운으로, 내 삶을 안정적으로 만들어 주는 글자를 의미한다. 용신은 과도한 기운을 조절하고 부족한 기운을 보완하여 전체적인 오행 균형 조화를 이루는 역할을 한다.

■ 용신 찾는 방법

- 내 사주의 오행 분포 파악하기
- 과다한 기운 vs 부족한 기운 구분하기
- 균형을 맞춰 줄 기운 찾기

■ 예시

- 나무 기운이 과다한 경우 → 쇠로 나무를 억제하여 조절하거나, 불로 나무의 기운을 빼서 조절
- 불기운이 부족한 경우 → 불로 도와주어 보완하거나, 나무로 도와주어 보완

용신은 사주 해석의 핵심 열쇠로서 내 안의 균형을 맞춰 주는 맞춤형 조력자 역할을 한다.

★ Step 7. 대운 · 세운으로 시기별 운세 분석

사주는 태어날 때 고정되지만 삶은 시간의 흐름 속에서 끊임없이 변화한다. 어떤 운이 들어와 변화를 주기 때문이다. 이를 파악하는 것이 대운과 세운이다.

대운(10년운)

무기명님은 2살을 시작으로 10년마다 찾아오는 특별한 운명의 변화를 경험합니다.

92	82	72	62	52	42	32	22	12	2
정관	편인	정인	비견	겁재	식신	상관	편재	정재	편관
신 유	임 술	계 해	갑 자	을 축	병 인	정 묘	무 진	기 사	경 오
정관	편재	편인	정인	정재	비견	겁재	편재	식신	상관
12운성—봉법(원국의 일간기준)									
태	양	장생	목욕	관대	건록	제왕	쇠	병	사
12운성—거법(대운의 천간기준)									
건록	관대	제왕	목욕	쇠	장생	병	관대	제왕	목욕

세운(1년)

30	29	28	27	26	25	24	23	22	21
2034	2033	2032	2031	2030	2029	2028	2027	2026	2025
비견	정인	편인	정관	편관	정재	편재	상관	식신	겁재
갑 인	계 축	임 자	신 해	경 술	기 유	무 신	정 미	병 오	을 사
비견	정재	정인	평인	편재	정관	편관	정재	상관	식신
12운성—봉법(원국의 일간기준)									
건록	관대	목욕	장생	양	태	절	묘	사	병
12운성—봉법(세운의 천간기준)									
건록	관대	제왕	목욕	쇠	장생	병	관대	제왕	목욕

■ **대운 vs 세운**

구분	주기	영향 범위	주요 내용
대운	10년 단위	인생의 큰 흐름, 환경의 변화	결혼, 이직, 사업 성공/실패
세운	1년 단위	세부적인 변화, 이벤트	건강, 컨디션, 작은 사건들

■ **운세 판단 원리**

현재 들어오는 운(대운/세운)이 내 원국(본 사주)에 어떤 영향을 미치는지를 분석한다. 부족한 기운을 보완하거나 균형을 맞춰 줄 때 도움이 되는 운으로 판단한다. 그러나 이미 많은 기운을 더 강화하거나 필요한 기운을 막을 때엔 방해가 되는 운으로 판단한다. "지금 들어온 운은 나를 도와줄까, 막을까?"와 같은 핵심 질문이 바로 사주에서 운세를 보는 핵심 포인트이다.

무관 사주 여성의 리스타트

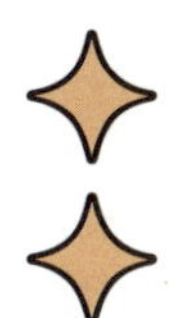

사회적으로 성공한 커리어우먼의 사주다. 이 사주의 주인공은 학문적 성취와 사회적 입지를 모두 이룬 여성이다. 중년의 시기에 부부 갈등을 겪으며 배우자와 이별을 했지만 타고난 자기다움으로 제2의 삶을 열어 가고 있다.

겨울의 차가운 기운이 아직 남아 있는 인월에 태어난 계해 일주다. 일주의 천간과 지지가 모두 차가운 물의 기운이라 내면에는 깊고 예민한 감수성이 깃들어 있다.

일간을 돕는 글자가 월간과 년간에 있고 일간과 같은 오행이 일지와 년지에도 있다. 얼핏 보면, 일간의 힘을 보태는 비겁과 인성이 일간을 돕는 지원군처럼 보인다. 그러나 년지의 해수와 월지의 인목이 만나면 나무의 기운으로 변하고 일지와 시지 역시 나무로 변하여 일간의 기운을 빼는 식상으로 작용한다.

시주	일주	월주	년주	구분
상관	일간(나)	정인	편인	십신
갑	계	경	신	천간
인	해	인	해	지지 (공망)
상관	겁재	상관	겁재	십신
무 정관 병 정재 갑 상관	무 정관 갑 상관 임 겁재	무 정관 병 정재 갑 상관	무 정관 갑 상관 임 겁재	지장간
금여록 단교각살	급각살	금여록 단교각살	급각살	길신 흉신
망신	지살	망신	지살	12신살
목욕	제왕	목욕	제왕	12운성 (봉법)
건록	제왕	절	목욕	12운성 (거법)
자 비견, 축 편관				공망

나를 도와주는 에너지로 보였던 것들이, 실제로는 내가 힘을 써야
하는 대상으로 바뀐 것이다. 일간이 타인을 돌보느라 자신의 기운을
소진하는 모습이다. 결국 원국에 있는 인성과 비겁은 일간을 돕는 대
신 오히려 일간이 돌봐야 하는 대상으로 변했다. 그로 인해 일간의 기
운은 약한 편에 속한다고 볼 수 있다.

그래프는 오행 분포를 보여 준다. 어떤 기운이 강하고 약한지 한눈에 볼 수 있다. 그래프를 보면 인성, 비겁, 식상의 힘이 크고 재성과 관성은 거의 없다. 이렇게 인성과 비겁이 식상으로 흐르는 구조를 '인비식' 사주라고 부른다. 인비식 사주는 인성이 비견을 돕고 비겁이 식상을 돕는 흐름이다. 인비식의 흐름을 가진 사람은 인성의 작용으로 배우는 속도가 빠르고 비겁과 식상의 작용으로 배운 것을 잘 써먹는 특징이 있다.

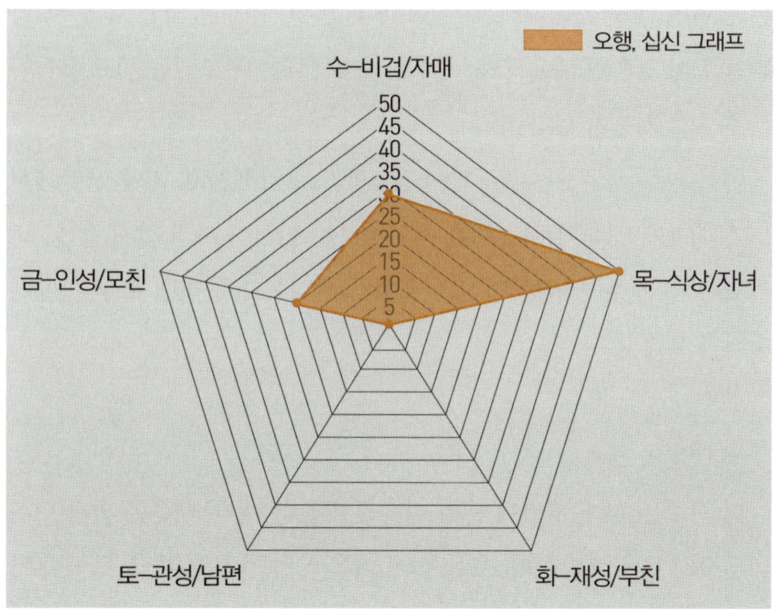

이 구조에서 최종 결집지는 식상이다. 식상의 기운이 강하면 모든 일을 열정적으로 추진하고 호기심이 많아 새로움을 즐긴다. 또한 관성의 힘이 약하면 브레이크가 없는 자동차와 같이 전력을 다해 힘을 소진하기도 하다. 인비식 사주를 가진 사람에게 중요한 것은 무엇을 하는가보다 얼마나 몰입해서 즐길 수 있느냐다. 자신이 진심으로 빠져들 수 있는 분야를 찾는 것이 이 사주의 핵심 과제다.

여성에게 관성은 배우자나 사회적 규율을 의미한다. 그런데 그래프의 아래쪽을 보면 관성의 힘이 없다. 사주에 특정 오행이 없으면 그와 관련된 인식이 없는 것과 같다. 보편적으로 기대하는 기대치가 약하거나 아예 없는 경우가 많다. 주인공은 관성이 없으니 관성을 나타내는 남편에 대한 기대치가 매우 약하다. 반면, 관성은 약한 데 반해 상관의 힘이 강하면 배우자와 나의 관계에서 내가 주도권을 쥐고 끌어가는 쪽으로 기울기 쉽다.

이런 경우 배우자는 존재감이 상대적으로 약해지고, 결혼 생활에서도 상대에게 기대기보다 내가 책임진다는 인식이 자리 잡기 쉽다. 또한 관성의 기운이 약한 명식은 운에서 관성이 흔들리면 부부 관계에 변화가 온다.

■ 대운의 흐름

이 사주는 40대 후반에 을미 대운을 맞는다. 을미 대운은 편관이 십이운성의 묘에 해당한다. 묘는 힘이 매우 약한 자리로 관성, 즉 배우자의 신상에 좋지 않은 암시를 준다. 이 시기에는 대부분의 부부가 각자의 방식으로 권태기를 겪는다. 이때 운까지 관성을 약화시키면 이별이나 심리적 거리감이 커질 수 있다.

떡볶이 사주

대운

99	89	79	69	59	49	39	29	19	9
정인	편관	정관	편재	정재	식신	상관	비견	겁재	편인
경 자	기 해	무 술	정 유	병 신	을 미	갑 오	계 사	임 진	신 묘
비견	겁재	정관	편인	정인	편관	편재	정재	정관	식신
12운성봉법(원국의 일간기준)									
건록	제왕	쇠	병	사	묘	절	태	양	장생
12운성-거법(대운의 천간기준)									
사	태	묘	장생	병	양	사	태	묘	절

주인공은 평소에 부부 관계에 별문제가 없는 것으로 느끼고 있었다. 그러나 신약하고 식상이 강한 사주의 특징으로 관계를 객관적으로 보지 못했고, 상대의 입장을 이해하기보다 자신의 기준으로 판단해 왔다. 관성이 불리한 운이 오면 관성은 그동안 눌려 있던 갈등을 드러난다. 이는 단순한 관계의 끝이 아니라 나를 규정하던 역할에서 벗어나 본래의 모습으로 돌아가려는 의지의 발현이다.

갑자기 찾아온 이별의 과정은 고통스러웠다. 그러나 영원히 끝날 것 같지 않던 어두운 터널은 끝이 있었다. 시간이 흐르고 그녀는 조금씩 본래의 활기를 되찾았다. 타고난 식상의 힘이 다시 살아난 것이다.

이제 그녀는 누군가의 아내라는 역할에서 벗어나 자신의 선택으로 자유를 누리며 살아간다. 이것이 인비식 구조를 가진 계해 일주가 본연의 모습으로 돌아가는 방식이다.

용신 대운에
인생이 180도 바뀐 남자

사주의 중인공은 평범한 공무원으로 살다가 불과 5년 사이에 수십억 자산가로 성장한 사람이다. 경제적인 변화뿐 아니라 자신의 배움을 나누는 영향력도 커져서 오랜만에 만난 지인들은 곧바로 알아보지 못할 정도로 달라졌다. 이 사례는 재물운의 상승이 용신 대운을 만나면 어떻게 변하는지 보여 주는 좋은 예다.

주인공은 술월에 태어난 정묘 일주이다. 술월은 가을에서 겨울로 넘어가기 직전의 늦가을에 해당한다. 가을의 열매를 거두고 새로운 계절을 준비하는 시기다. 이 시기의 불의 기운은 한여름처럼 겉으로 드러나지 않지만 내면 깊숙이 열정의 불씨를 가지고 있다. 그래서 사주의 주인공은 겉으로는 보기엔 차분해 보이지만, 내면에는 지속적인 추진력과 학습 욕구를 품고 있는 사람이다.

먼저 사주 원국에서 강한 오행부터 살펴보자. 가장 뚜렷한 것은 나무의 기운이다. 시간의 을목이 일지 묘목을 뿌리로 두고 있어 힘이 강하다. 을목은 일간 정화를 도와주는 인성으로 배우고 익히는 능력을 뜻한다.

사주팔자

시주	일주	월주	년주	구분
편인	일간(나)	정관	상관	십신
을	정	임	무	천간
사	묘	술	오	지지 (공망)
겁재	편인	상관	비견	심신
무 상관 경 정재 병 겁재	갑 정인 을 편인	신 편재 정 비변 무 상관	병 겁재 기 식신 정 비견	지장간
	문곡귀인 도화살	급각살 관성백호 괴강살	십간록 금여록 단교각살	길신 흉신
망신	년살	화개	장성	12신살
제왕	병	양	건록	12운성 (봉법)
목욕	병	관대	제왕	12운성 (거법)
술 상관, 해 정관				공망

인성은 정인과 편인으로 나뉘는데, 이 명식에서는 특히 편인의 기운이 강하다. 정인이 체계적인 정규 교육이라면 편인은 남들이 가지 않는 길을 스스로 개척하는 비정규 학습의 힘이다. 주인공은 학교에서 배우지 않는 부동산 경매와 공매 분야에 관심을 갖게 되었고 이것이 훗날 인생의 큰 전환점이 되었다.

■ 오행, 십신 그래프

그래프를 보면 흙의 기운, 식상이 강하다. 식상은 배운 것을 밖으로 표현하는 힘이다. 나무의 학습력과 불의 추진력을 현실에서 밖으로 드러내는 역할을 한다. 식상이 강한 사람은 말하고 가르치고 창조하는 일에서 에너지를 얻는다. 주인공 역시 배운 것을 강의하고 콘텐츠를 만들어 내는 과정에서 큰 성취감을 느꼈다. 그의 말과 글이 누군가의 사람에 도움이 되는 순간, 그 식상의 빛이 더욱 강하게 드러났다.

월간의 임수는 관성이다. 관성은 조직과 규율을 상징한다. 정화 일간과 음양이 달라 정관에 해당된다. 정관은 전통과 질서를 존중하는 기운이다. 그러나 임수는 뜨거운 불의 기운에 둘러싸여 제 역할을 다하지 못한다. 그럼에도 '관대'의 자리에 있어 언제든 책임과 역할을 감당할 수 있다는 내면의 자질로 자리 잡고 있다. 즉, 그는 자유로운 편인형 학습자이면서도 사회적 틀을 무너뜨리지 않는 균형 있는 현실 감각을 가지고 있다.

   떡볶이 사주

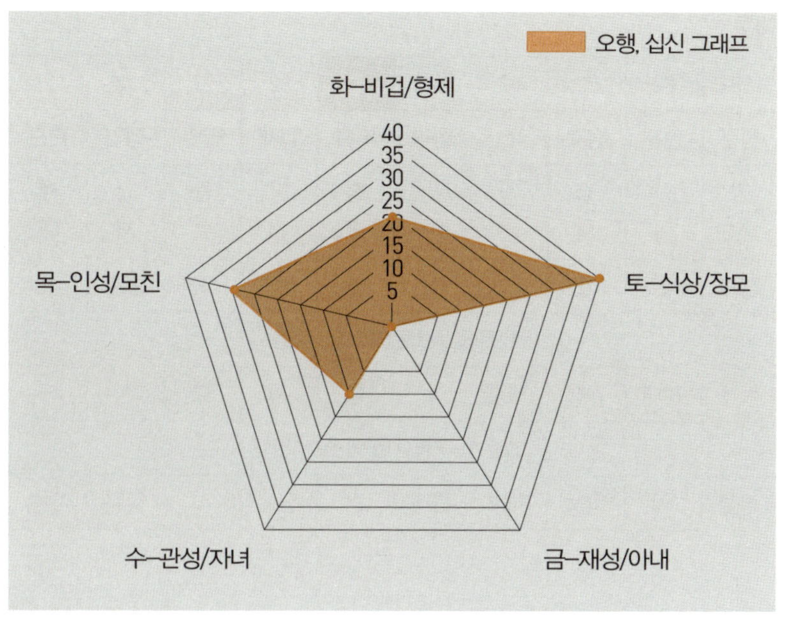

■ 대운의 흐름

대운을 살펴보면 이 사주의 대운은 강한 인성과 비겁의 기운이 식상으로 흐르는 구조다. 정묘 대운에 들어서면서 목과 화의 에너지가 크게 들어왔다. 이 시기는 배움이 성과로 연결되는 시기이고, 에너지를 현실로 바꾸는 전환기였다. 주인공은 이 흐름을 놓치지 않았다. 학원 경매, 온라인 강의, SNS 방송 등 다양한 채널을 통해 편인의 학습력과 식상의 표현력을 적극적으로 활용했다. 결과는 대성공이었다.

대운

92	82	72	62	52	42	32	22	12	2
정관	편재	정재	식신	상관	비견	겁재	편인	정인	편관
임신	신미	경오	기사	무진	정묘	병인	을축	갑자	계해
정재	식깃	비견	겁재	상관	편인	정인	식신	편관	정관
12운성 봉법(원국의 일간기준)									
목욕	관대	건록	제왕	쇠	병	사	묘	절	태
12운성-거법(대운의 천간기준)									
장생	쇠	목욕	제왕	관대	병	장생	쇠	목욕	제왕

그는 현재 자신의 식상의 힘을 활용해 교육 사업가이자 디지털 크리에이터로 활동하고 있다. 상관의 기운으로 기존의 틀을 깨는 아이디어를 내고 독창적인 콘텐츠와 교육 방식으로 많은 사람들에게 영감을 준다.

요즘 그는 "내가 나답게 살고 있다."는 만족감을 자주 느낀다. 타고난 기질을 자연스럽게 발휘하고 있기 때문이다. 배우고, 가르치고, 현실화하는 세 단계를 유기적으로 연결한 결과다.

부족한 정관의 기운은 꾸준한 독서와 자기 훈련으로 보완하고 있다. 아직 이루고 싶은 목표가 많아 편인의 기운을 활용해 지금도 끊임없이 새로운 분야를 공부하고 있다.

사주를 활용하는 커리어 성공기

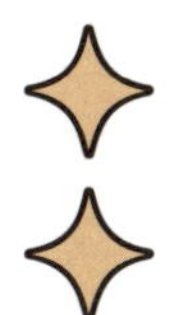

주인공은 신년마다 운세를 보며 다가올 한 해의 흐름을 가볍게 점검하는 20대이다. 결과를 심각하게 너무 받아들이기보다는 인생 선배에게 듣는 조언처럼 도움이 되는 말은 참고하고 불편한 말은 경계로 기억하는 정도로 활용하고 있다.

주인공은 가을에서 겨울로 넘어가는 술월에 태어난 계해 일주다. 이 시기는 수확이 끝나고, 다음 계절을 준비하는 전환기다. 즉, '다음 단계로 나아가기 위해 정리하는 시기'라는 상징을 지닌다. 월간의 나무는 년지에 뿌리를 두고 있어 힘이 강하다. 천간에서 시작된 생각이 공상으로 끝나지 않고 현실에 기반을 두고 있음을 의미한다.

시간의 정관과 년간의 편관 역시 월지에 뿌리를 두고 있어 힘이 좋다. 시지의 오화는 주변에 나무의 도움을 받지 못해 화력이 약하지만, 오화 속에 깃든 정재와 편재의 기운은 정관의 에너지를 북돋아 주는 역할을 한다. 이런 구조는 현실 감각이 뛰어나며 성과 중심의 사고를 하는 사람으로 나타난다.

사주팔자

시주	일주	월주	년주	구분
정관	일간(나)	상관	편관	십신
무	계	갑	기	천간
오	해	술	묘	지지 (공망)
편재	겁재	정관	식신	십신
병 정재 기 편관 정 편재	무 정관 갑 상관 임 겁재	신 편인 정 편재 무 정관	갑 상관 을 식신	지장간
단교각살		급각살	천을귀인 문창귀인 학당귀인	길신 흉신
육회	지살	천살	장성	12신살
절	제왕	쇠	장성	12운성 (봉법)
제왕	제왕	양	병	12운성 (거법)
자 비견, 축 편관				공망

계해 일주는 촉촉한 계수와 큰 물 해수가 만난 조합이다. 물은 여성성과 감수성을 상징한다. 천간과 지지가 모두 물로 이루어진 계해 일주는 상대의 감정에 공감하고 정서적으로 지지하는 능력이 두드러지는 편이다.

■ 오행, 십신 그래프

그래프를 보면, 상관과 관성이 균형을 이루고 있다. 상관은 창의적 아이디어와 표현력 자유로운 사고를 의미한다. 본래 상관은 관성과 대립하는 기운이지만, 원국에서는 상관의 창의성과 관성의 전통적 질서가 균형을 이루고 있다. 전통을 그대로 답습하는 대신, 창의적으로 재해석하고 발전시키는 힘이 있는 구조다.

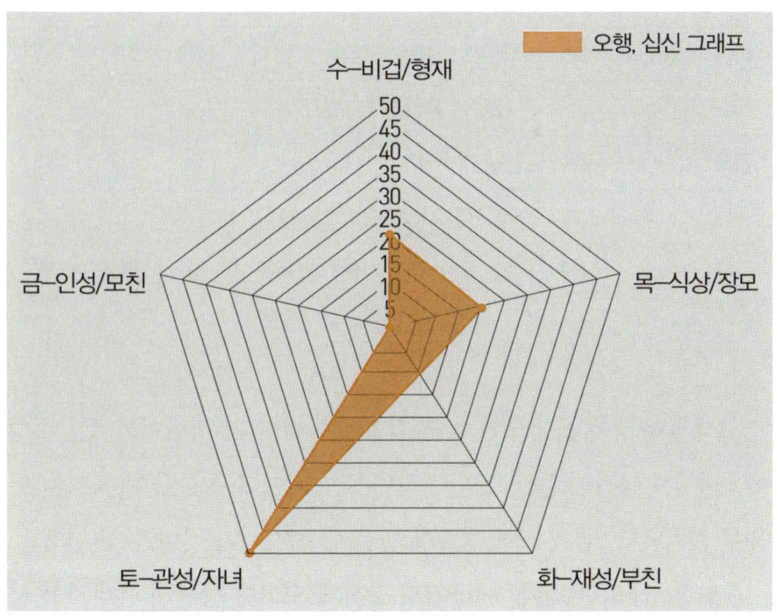

■ 대운의 흐름

주인공은 졸업을 앞두고 원하는 회사에 취업을 할 수 있을지 알고 싶었다. 취업은 전체의 흐름인 대운도 중요하지만 졸업하는 해의 세운에서 성사 여부를 가늠할 수 있다. 졸업하는 해는 갑진년이었다. 천간의 갑목은 상관의 기운이고 지지의 진토는 정관의 기운이다.

대운(10년운)

무기명 님은 10살을 시작으로 10년마다 찾아오는 특별한 운명의 변화를 경험합니다.

100	90	80	70	60	50	40	30	20	10
상관	식신	정재	편재	정관	편관	정인	편인	겁재	비견
갑 자	을 축	병 인	정 묘	무 진	기 사	경 오	신 미	임 신	계 유
비견	편관	상관	식신	정관	정재	편재	편관	정인	편인
12운성 봉법(원국의 일간기준)									
건록	관대	목욕	장생	양	태	절	묘	사	병
12운성–거법(대운의 천간기준)									
목욕	쇠	장생	병	관대	제왕	목욕	쇠	장생	병

지지에 관성이 들어오면 일단 취업에 유리하다. 정관이므로 긍정성이 커진다. 정관이 들어오면 조직에 소속되어 소속감을 가지려는 마음이 일어난다. 쉽게 말해 현실에 발을 딛는 시기가 찾아온 것이다.

상관은 '쇠'의 자리다. 원국에서 강하게 드러난 상관의 에너지가 세운에서도 보강되어 긍정적으로 발휘됨을 의미한다. 상관이 강해진 해에 각종 공모전이나 경진대회에 도전하는 것은 자연스러운 흐름이라 할 수 있다.

여기에 진월이 술토와 충을 일으켜 크게 흔들린다. 월지가 흔들리면 그 속에 숨어 있던 정관이 활동을 시작한다. 이때 계수가 무토를 만나 합을 이루게 된다.

무토는 정관에 해당한다. 월지 술토가 진토의 작용으로 진동하면서 지장간 속 정관이 밖으로 드러난다. 그리고 계수와 결합하는 흐름이 완성된다. 이는 명리에서 '관을 취한다'는 의미로, 사회적 역할을 얻는 것으로 해석한다. 취준생에게는 "취업에 성공한다"는 의미로 읽힌다.

입사 1년 차,
퇴사를 고민하는 신입

주인공은 가을이 겨울로 접어드는 술월에 태어난 기해 일주다. 술월은 가을 수확을 마친 뒤 다음 계절을 준비하는 시기에 해당한다. 현실을 정리하고 새로운 땅을 다지는 시간을 상징한다.

월지가 일간과 같은 흙이고, 년간 역시 흙의 기운이다. 영향력이 큰 월주가 자신과 같은 오행이라 그 힘으로 자기 주도성을 가지고 자신감을 형성하기 좋은 여건이다.

일간의 양옆에는 임수가 있다. 임수는 재성으로 현실적 가치와 성과를 중시하는 에너지다. 일지의 해수와 시지 신금이 재성을 돕고 있어 재물과 결과를 만드는 구조로 볼 수 있다. 눈앞의 결과를 중요하게 생각하고, 보이지 않는 이상보다 손에 잡히는 성취에 집중하는 타입이다. 계획을 오래 세우기보다 일단 실행하며 배우는 편에 가깝다. 십이운성으로 보면 월간은 관대이고, 시간은 장생의 자리에 있다. 모두 기운이 상승하는 자리로 재성의 힘이 왕성하게 작용한다.

사주팔자

시주	일주	월주	년주	구분
정재	일간(나)	정재	겁재	십신
임	기	임	무	천간
신	해	술	인	지지 (공망)
상관	정재	겁재	정관	십신
무 겁재 임 정재 경 상관	무 겁재 갑 정관 임 정재	신 식신 병 편인 무 겁재	무 겁재 병 정인 갑 정관	지장간
천을귀인	관귀학관	급각살 관성백호 괴강살	급각살	길신 흉신
역마	겁살	화개	지살	12신살
목욕	태	양	사	12운성 (봉법)
장생	태	관대	장생	12운성 (거법)
진 겁재, 사 정인				공망

■ 오행, 십신 그래프

그래프로 살펴보면, 비겁과 재성의 에너지가 크게 돋보인다. 겉으로 드러나지 않지만 인성이 자리 잡고 있는 구조이다. 이는 노력한 만큼 성과를 낼 수 있는 힘과 어려움을 이겨 낼 수 있는 끈기가 있다는 의미다. 목표가 정해지면 체계적으로 실행하여 결과가 나올 때까지 포기하지 않는다.

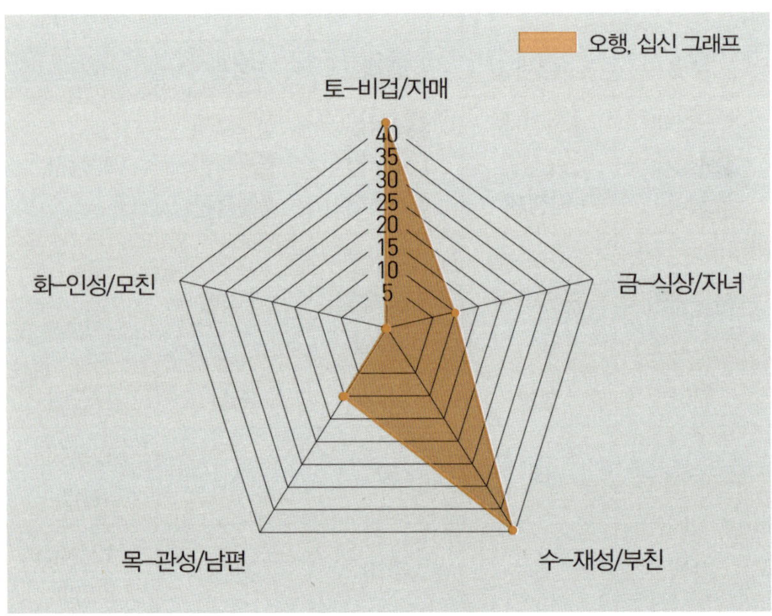

올해는 을사년이다. 을사년의 을목은 편관의 기운이며 목욕의 자리다. 편관의 기운이 목욕으로 오면 새로운 도전과 성장의 기회가 주어지지만 완성되지 않은 미숙함으로 힘에 부치는 상황이 연출되기 쉽

떡볶이 사주

다. 목욕은 씻어 내어 새로워지는 의미를 가지고 있는데, 그동안 가지고 있던 낡은 생각이나 고정관념이 사라지는 시기와 같다. 편관은 나를 압박하는 힘이고, 목욕은 미숙하고 불안정을 가지고 있기에 환경이나 문화에 어려움을 느낄 수 있다.

■ 대운의 흐름

대운(10년운)

무기명 님은 4살을 시작으로 10년마다 찾아오는 특별한 운명의 변화를 경험합니다.

94	84	74	64	54	44	34	24	14	4
정재	편재	정관	편관	정인	편인	겁재	비견	상관	식신
임 자	계 축	갑 인	을 묘	병 진	정 사	무 오	기 미	경 신	신 유
편재	비견	정관	편관	겁재	정인	편인	비견	상관	식신
12운성 봉법(원국의 일간기준)									
절	묘	사	병	쇠	제왕	건록	관대	목욕	장생
12운성–거법(대운의 천간기준)									
제왕	관대	건록	건록	관대	제왕	제왕	관대	건록	건록

　질문자와 같이 학교를 벗어나 취업으로 새로운 환경을 맞이한 경우라면 "이 일이 나와 맞는가?", "내가 이 일을 잘 해낼 수 있을까?"라는 고민으로 이어지기 쉽다. 이것이 환경을 바꾸고 싶은 마음, 즉 이직으로 이어질 수 있다. 환경이 나를 답답하게 한다는 생각으로 이어지기

도 한다. 하지만 을사년의 편관은 외부의 적이 아니라 내면의 압박감
이다. 불안은 변화에 적응하는 과정의 일부로, 지금의 어려움은 새로
운 질서 속에서 자리를 잡는 '성장통'이다.

따라서 이직을 결심하기 전에 "나는 지금 무엇을 배우고 있는가?"
를 먼저 돌아볼 필요가 있다. 환경을 바꿔도 내 마음의 패턴이 변하지
않으면 비슷한 불안이 반복된다.

그러나 다음 해인 병오년에는 상황이 조금 달라진다. 병오는 인성
으로 나를 도와주는 힘이다. 인성의 힘이 강해지면 학습 능력이 향상
되고 멘토나 조력자가 등장하기 쉽다. 다만 이 시기에는 신임을 받아
일이 계속 몰릴 가능성도 크다. 커리어를 높일 수 있는 좋은 기회이기
도 하지만, 자칫 과로로 이어질 수 있다. 어려운 일이 주어지면 혼자
떠안지 말고 주변에 도움을 요청하는 것도 성장의 일부다. 그것이 미
숙함을 벗어난 한 단계 올라서는 방법이다.

떡볶이 사주

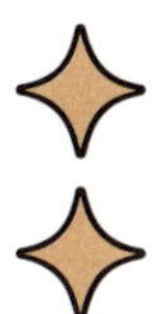

Story 5.

아토피 피부 때문에 괴로운 청년

사주의 주인공은 무더운 여름이 막 끝나고 가을로 접어드는 초가을에 태어난 정유 일주다. 계절은 가을이지만 여전히 늦여름의 열기가 남아 마음속에 뜨거운 불씨를 품고 있는 시기다.

정유 일주는 본래 따뜻하고 다정한 성품이다. 주변 사람을 밝게 하고 관계를 따뜻하게 만드는 힘이 있다. 하지만 일지에 정재와 편재의 기운이 있어 목표를 이루고 결과를 만들어 내려는 의지가 강하게 작용한다. 목표 달성에 대한 지향성은 년지에 뿌리를 둔 월간의 정관으로 모인다. 자신의 재능으로 상황을 수습하고, 결과를 만드는 능력이 조직이나 집단에서 인정받기를 바라는 성향이다.

목적을 이루려면 인성과 비겁이 필요하다. 주인공의 사주에는 시간의 을목과 년간의 갑목이 인성으로 일간을 돕는다. 다만 갑목은 년간으로 멀리 떨어져 있어 작용하는 힘이 약하고, 시간의 을목은 젖은 나무라 불을 키우기에 부족한 부분이 있다. 반면, 시지의 사화는 강한 불 기운으로 쇠를 녹이는 용광로 같은 역할을 하며 정화를 돕고 있다. 이 뜨거움이 정유 일주의 열정을 키워 주지만 동시에 몸의 부담을 주기 쉽다.

사주팔자

시주	일주	월주	년주	구분
편인	일간(나)	정관	정인	십신
을	정	임	갑	천간
사	유	신	자	지지 (공망)
겁재	편재	정재	편관	십신
무 상관 경 정재 병 겁재	경 정재 신 편재	무 상관 임 정관 경 정재	임 정관 계 편관	지장간
	천을귀인 문창귀인 학당귀인 귀문관살(년) 도화살	관귀학관	귀문관살	길신 흉신
겁살	년살	지살	장성	12신살
제왕	장생	목욕	절	12운성 (봉법)
목욕	장생	장생	목욕	12운성 (거법)
진 상관, 사 겁재				공망

그래프로 오행의 크기를 보면 재성과 관성의 기운이 두드러진다. 이 조합은 사회적인 성공과 성취욕을 강하게 자극한다. 주인공은 모임을 만들고 조직 안에서 인정받고 성과를 드러내는 일을 좋아한다.

그러나 문제는 균형의 붕괴다. 사회적 역할을 수행하려면 나의 기운과 외부의 기운이 어느 정도 균형을 이뤄야 한다. 그런데 주인공은 본인이 가진 기운보다 재성과 관성의 힘이 훨씬 강해 조직에 있을 때 버겁다는 느낌을 자주 받는다. 자신의 역량보다 책임과 기대가 더 강하다고 느끼면 결국 "나는 왜 이렇게 힘들까?"라고 생각하게 되는 상황을 맞이하게 된다.

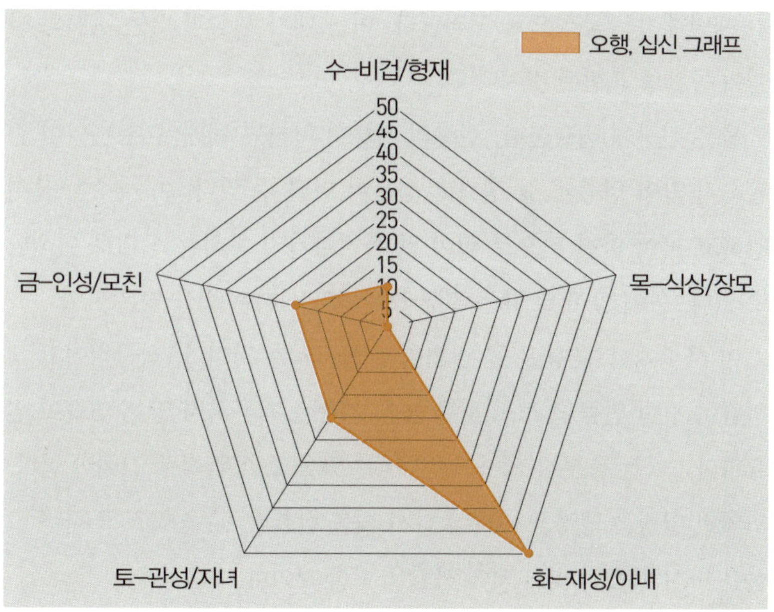

실제로 그는 일을 잘하지만 조직이 자신을 소모시키는 곳처럼 느껴지곤 한다. 그래서 소속감이 필요해 회사를 찾지만, 막상 업무가 주어지면 압박감에 숨이 막힌다. 그 결과 일과 쉼, 몰입과 탈진이 반복되는 패턴이 만들어진다. 이 긴장과 피로가 오래 쌓이면, 결국 몸이 신호를 보낸다.

■ 대운의 흐름

명리에서 금은 폐와 대장에 해당한다. 정유 일주는 불이 강해 금을 녹이기 쉽다. 불이 지나치면 금이 약해지고, 그 결과 폐와 대장의 기능이 약해진다. 이때 나타나는 신호는 피부다. 폐의 기운이 약하면 호흡기와 피부가 동시에 약화되며 피부염·아토피·비염처럼 몸의 경계가 예민해지는 증상으로 드러난다. 이는 내가 세상과 맺는 관계의 방식이 몸으로 표현된 것이다.

물은 신장에 해당한다. 신장의 기능이 약하면 체내 수분 순환이 원활하지 않아 염증이 잘 생기고 회복이 더딜 수 있다. 이 사주는 불이 강하고 물이 약한 편으로 열이 잘 빠져나가지 못하는 상태로 이해할 수 있다. 몸에 탈이 날 때는 열심히 사느라 식히는 법을 잊은 때다.

이 사주에서 '균형'은 곧 열기를 순환시키는 것이다. 적극적이고 책임감이 강한 만큼 스스로 너무 높은 기준을 적용하지 않는 연습이 필요하다. "나는 충분히 잘하고 있다."는 말을 스스로 자주 건네야 한다. 과열된 열정은 냉정을 만나야 다시 빛을 발한다. 숨을 고르고 나면 그 불은 다시 따뜻한 빛이 되어 사람을 비출 것이다.

 떡볶이 사주

대운(10년운)

> 무기명 님은 2살을 시작으로 10년마다 찾아오는 특별한 운명의 변화를 경험합니다.

92	82	72	62	52	42	32	22	12	2
정관	편재	정재	식신	상관	비견	겁재	편인	정인	편관
임 오	**신 사**	**경 진**	**기 묘**	**무 인**	**정 축**	**병 자**	**을 해**	**갑 술**	**계 유**
비견	겁재	상관	편인	정인	식신	편관	정관	상관	편재
12운성 봉법(원국의 일간기준)									
건록	제왕	쇠	병	사	묘	절	태	양	장생
12운성-거법(대운의 천간기준)									
태	사	양	병	장생	묘	태	사	양	병

하고 싶은 일에
시간을 쓴다는 것

프랑스 철학자 미셸 푸코는 근대를 "기준을 세워 구분하고, 배제하고, 억압했던 시대"라고 말했다. 그는 현대인이 이러한 억압에서 벗어나기 위해서는 스스로 능동적 주체가 되어야 한다고 강조했다. 나는 이 말을 들으며 진정한 나로 살기 위해 왼손에 쥔 욕망을 위해 오른손에 들고 있던 의무를 내려놓는 일이라고 생각했다.

주체적인 삶이란 무엇인가?

그것은 내가 나의 주인이 되는 삶이다. 즉, 시간을 지배하는 삶이다. 시간을 지배한다는 것은 효율적으로 사는 것이 아니라 내가 어디에 에너지를 쓸지 선택할 권리를 되찾는 일이다. 고대 로마의 철학자 세네카(Seneca)는 저서『인생의 짧음에 대하여(De Brevitate Vitae)』에서 이를 위해 세 가지 지침을 제시했다.

첫째, 시간의 가치를 깨달아라. 인생은 본래 짧지 않다. 다만 우리가 그것을 허비할 뿐이다. 남이 정해 준 의무에 인생을 맡기지 말고 하루를 나의 손으로 세워라.

둘째, 철저히 사유하고 성찰하라. 타인의 시선에 휩쓸리지 말고 생각하는 시간을 확보하라. 묵상은 삶을 단단하게 만드는 근육이다. 그 근육이 자랄 때 외부의 혼란에도 흔들리지 않는다.

셋째, 지혜로운 사람들과 교류하라. 책 속에서, 역사 속에서 그리고 대화 속에서 자신보다 나은 영혼과 만나라. 그들은 인생을 어떻게 살아야 하는지 보여 주는 살아 있는 지도다.

주체적인 삶은 거대한 혁명이 아니라 오늘의 시간을 의식적으로 쓰는 습관에서 시작된다.

목표가 아닌 목적을 향한 삶은 호흡이 긴 여정이다. 그 길은 성공을 보장하지 않는다. 하지만 하고 싶은 일을 쌓아 올린 시간은 결코 자신을 배신하지 않는다. 때로는 '해야 할 일'을 잠시 내려두고 '하고 싶은 일'에 시간을 써 보자. 그것은 현실의 도피가 아니라 진짜 나를 회복하는 용기 있는 행위다.

다만 이 길에는 한 가지 전제가 필요하다. 바로 "나는 누구인가?"라는 질문과 마주하는 일이다. 몽테뉴는 말했다. "목적지 없는 사공에게는 그 어떤 바람도 순풍이 아니다."라고. 방향을 모른 채 바람을 맞는다면 그 바람은 나를 돕는 것이 아니라 방해가 된다.

나를 안다는 것은 무엇인가?

그것은 내가 누구인지를 아는 것이며, 언제 나아가야 할지 그때를 아는 것이다. 자신을 알면 삶의 바람이 불어도 방향을 잃지 않는다. 그때야 우리는 비로소 두려움 없이 전진할 수 있다.

살면서 끝까지 붙잡아야 할 것이 있다면 그것은 자신에 대한 절대적 믿음과 자기 사랑이다. 자기를 이해할수록 우리는 운명을 따르는 방관자가 아니라, 운명을 끌고 가는 주체자가 되고 운명의 연구자가 아니라 운명의 실천자가 된다. 타인과 비교하는 삶이 아니라 어제의 나와 오늘의 나를 비교하는 사람. 그가 바로 스스로 운명을 실천하는 사람이다. 이보다 더 가슴 뛰는 삶이 있을까?

신화학자 조지프 캠벨(Joseph Campbell)은 'Bliss'를 '진정한 자신이 되기 위해 해야 할 일을 할 때 느끼는 희열'이라 말했다. 사주는 바로 그 Bliss로 향하는 지도 한 장이다. 사주를 통해 나를 발견하고 그 본질을 일상 속에서 실천할 수 있을 때 Bliss를 만날 수 있다. 그리고 그 길에서 만나는 시련들은 나를 좌절시키는 장애물이 아니라, 영웅으로 성장시키는 불쏘시개가 될 것이다.

떡볶이 사주